汉语国际教育核心课程系列教材

丛书主编　阮桂君　　　副主编　张洁　欧阳晓芳

国际汉语语法教学

陆方喆　张未然　马晓娟　编著

WUHAN UNIVERSITY PRESS

武汉大学出版社

图书在版编目(CIP)数据

国际汉语语法教学/陆方喆,张未然,马晓娟编著.—武汉:武汉大学出版社,2017.10
汉语国际教育核心课程系列教材/阮桂君主编
ISBN 978-7-307-19663-6

Ⅰ.国… Ⅱ.①陆… ②张… ③马… Ⅲ.汉语—语法—对外汉语教学—教学参考资料 Ⅳ.H195.4

中国版本图书馆 CIP 数据核字(2017)第 216923 号

责任编辑:白绍华 责任校对:李孟潇 版式设计:马 佳

出版发行:**武汉大学出版社** (430072 武昌 珞珈山)
 (电子邮件:cbs22@whu.edu.cn 网址:www.wdp.com.cn)
印刷:武汉中科兴业印务有限公司
开本:787×1092 1/16 印张:17.5 字数:413 千字 插页:1
版次:2017 年 10 月第 1 版 2017 年 10 月第 1 次印刷
ISBN 978-7-307-19663-6 定价:39.80 元

总　序

2007年，几个朋友在一次会议上碰面，说希望能够把自己正在授课的内容编成教材，大家都觉得是好事，因为在对外汉语本科阶段，那个时候，所用的教材，基本上都是借用汉语言文学专业的，没有自己独有的教材。不过言易而行难，这句话一说，就过去了十年。我们从初涉这个领域，到埋头苦干于这个领域，也整整十年。

从对外汉语的学科名称更名为"汉语国际教育"开始，意味着中国的汉语教学正式开始大规模地从本土走向世界，国际视阈、全球思维、跨文化能力将成为国际汉语教师最基本的修养。随着孔子学院的发展，汉语志愿者外派人数与日俱增，而师资，尤其是优秀的国际汉语师资，依然缺乏。而师资的缺乏又跟培养单位的条件以及是否有合体合身的教材有着莫大的关系。

对外汉语更名为汉语国际教育后，我们认为至少在本科、硕士培养阶段，需要有以下观念的转变：

（1）从"对外"到"国际"的转变。对外汉语，大部分是针对中国境内的汉语大环境下的第二语言教学而言的，而国际汉语教学则涵盖中国境内和境外的第二语言教学，尤其是境外的第二语言教学，需要我们探索。

（2）在理念上增加"国际化"的同时，本科、硕士阶段的教材需要进行全面的调整，需要及时地在教材中增加国际化的元素，创设各种国际汉语教学中的现实场景，并在教材的始终贯穿国际汉语教师的职业精神、职业梦想。

基于此，我们邀请了中国人民大学、武汉大学、华中师范大学、首都师范大学、中南民族大学、广东外语外贸大学、湖北第二师范学院等高校战斗在汉语国际教育第一线的教师们共同来完成这套丛书的编写工作。丛书的总体指导思想是：

（1）编写具有鲜明专业色彩的汉语国际教育专享教材；

（2）改变以往只重视理论阐述，忽略实践应用的教材模式，把理论知识与案例结合起来；

（3）将任课教师多年来对自己所负责课程的教学经验以及心得体会融入课程，彰显各自特色。

我们希望，学生在学习本教材后，提高三个能力：

（1）对该学科的解释能力；

（2）客观系统的观察分析能力；

（3）自主学习勇于创新的能力。

我们在编写的过程中，尽量做到在现有相关材料的基础上，客观、稳妥、积极地吸收最新的成果，通过不同章节多角度开拓学生的学科视野，既让学生掌握本学科的传统基础，又引导学生注重事实，看到不同的观点和理论，进行开放性思考，培养创新意识和素质。

我们也从体例上做了一些探索，每本教材，每个章节下的每一个小节均由 5 个部分构成：

（1）案例导入。通过一个具体的案例导入正文基础知识内容，类似于教案中导入部分，以事实为引导，带学生进入学习内容；

（2）基础知识。同于现在使用的一般教材除练习以外的内容；

（3）思考与练习。由两部分构成，一个是对基础知识的问答，属于识记类型的。另外一个是练习，主要是根据这一节内容，由 2~3 个操作性比较强的练习题构成，多为社会实践操作之类的活动。

（4）案例与分析。学习完基础知识后，对导入部分的案例进行剖析，分析原因，寻求对策；

（5）延伸阅读。这部分列出几篇与章节相关的重要文献，供学生进一步阅读使用。

令人感到高兴的是，这几年专门针对汉语国际教育这个学科本身的专享教材越来越多，众多大家的参与，使得这个专业正经历大浪淘沙的发展阶段，最终走向真正的成熟。我们的丛书愿意作为其中的一颗沙子，为汉语国际教育事业的发展，尽一份绵薄之力。

阮桂君

2017 年 3 月 19 日于法国巴黎东亚语言研究所

前　　言

本书是武汉大学出版社"汉语国际教育核心课程系列教材"中的一种。

语法教学历来是对外汉语教学(汉语国际教育)最为重视、研究成果和教材最为丰富的领域,产生了一大批经典的著作,前有刘月华等人的《实用现代汉语语法》、陆庆和的《实用对外汉语教学语法》,最近的有吕文华的《对外汉语教学语法讲义》,杨玉玲、吴中伟的《国际汉语语法与语法教学》等。

已经有这么多经典的著作,再来编一本关于语法教学的教材难度可想而知。那么这本教材有什么特点,该如何使用呢?

以往的教材通常比较关注汉语语法知识和教学方法的介绍,我们认为语法教学除了"教什么"和"怎么教"之外,还要考虑"教谁"和"如何学"两个因素,因此在本教材的内容安排上,我们专门设置了第二章"面向不同对象的汉语语法教学"和第十章"学习者如何习得语法",使教材内容更为全面、更好地适应汉语教学从国内到国际、从注重教到注重学的转变。

在教材的体例上,我们也做了一些探索。汉语国际教育是一个应用性较强的专业,强调理论与实践相结合,本系列教材在体例安排上统一将每一节内容分为案例导入、基础知识、案例分析、思考练习和拓展阅读五个部分。我们希望能以案例的形式引出相关知识点,并对案例进行分析和解释,从而增强教材的实用性和针对性。每一节后的思考练习可供师生在课上、课下讨论,也可作为书面报告的作业题目。拓展阅读部分列出的书目既是我们编写每一节内容时的主要参考书目,也便于读者进一步研究和自学。

本书的编写分工是:第一、二、三、四章由华中师范大学陆方喆执笔,第五、六章由湖北大学马晓娟执笔,第七、八、九、十章由中国传媒大学张未然执笔,最后由陆方喆统稿。本书编写过程中参考了许多前辈时贤的文章和著作,大多已通过注释、拓展阅读、参考文献等形式注明,但是仍可能存在疏漏之处,还望相关专家学者海涵,在此一并表示感谢!

限于我们的水平和精力,本书的错误和不足在所难免,希望专家、读者多多指正!

编著者

2017 年 7 月

目　　录

第一章　语法与语法教学

第一节　什么是语法

一、语法概说

【案例导入】

　　小赵在美国一所高中教汉语，最近开始教动态助词"了"的用法。他告诉学生，"了"表示动作的完成，不等于英语的过去时，可以用于过去发生的动作，也可以用于现在和将来完成的动作。但学生还是造出了"我喜欢了他"、"我每天吃了一个汉堡"这样的病句。小赵告诉学生，虽然"了"表示动作的完成，但不是所有完成的动作都要用"了"。学生听了大惑不解，抱怨说："我们学法语的时候，过去时用 avoir+过去分词就可以了，英语也只要在动词后加 ed 就能表示过去时，基本没有例外，不像汉语，有时要用"了"，有时又不能用，规则太不清晰了。"学生学得很挫败，甚至提出汉语有没有语法这样的质疑，严重影响了学习的积极性。那么，到底什么是语法，语法的性质有哪些，汉语到底有没有语法？为此，小赵下课之后专门查阅了相关的资料。

【基础知识】

1. 语法的定义

语法是语言中词的构成变化规则和组词成句规则的总和，包括词法（morphology）和句法（syntax）两大部分。

词法主要指各类词的构成、词形变化（形态）和词类。包括：

①词的结构："海啸"是主谓、"兄弟"是联合、"兔子"是附加

②词形变化：英语：tree→trees 汉语动词形容词可以重叠：学习→学习学习、快乐→快快乐乐

③词类：学生（名词）、聪明（形容词）、的（助词）、踢（动词）

句法主要指短语、句子的结构规律和类型。包括：

①结构类型。阳光灿烂（主谓结构的短语）喜欢足球（动宾结构的短语）美丽的校园

(偏正结构的短语) 老师来了。(主谓结构的句子，单句)"快走!"(非主谓结构的句子，单句)

②结构规律。比如名词性词语一般作主、宾语。偶尔也作谓语，作谓语要受限制，一般限于时间(今天星期一)、地点(鲁迅浙江人)、职业(他剧务、我演员)。这就是词组或句子的结构规律。

2. 语法形式和语法范畴

语法形式是反映词语的组合规则和语法类别的形式标志，是表示语法意义的形式手段。包括内部屈折、附加、重叠、异根、重音、词序、辅助词、语调等多种手段，具体如下：

①内部屈折：指在词根内以语音交替变化为手段改变语法意义的一种方法。如英语名词复数的不规则变化形式"foot-feet"、"tooth-teeth"，英语动词的不规则变化也是通过内部屈折改变词的语法身份"drive-drove"、"take-took"。

②附加：指在词根上加词缀或在词干上加词尾改变语法意义的方法，如英语的前缀(un-、dis-、in-)、后缀(-tion、-ful、-ly)、词尾(-ed、-s、-ing)等。

③重叠：利用词根全部或局部的重叠表达一定的语法意义，如汉语动词和形容词的重叠。

④异根：用不同的词根表达同一个词的不同语法意义，如英语的 I-me，用不同的词根表达"我"的主格和宾格。用 good 和 better 表达"好"的原级和比较级。

⑤重音：通过词的某部分重读或轻读表达一定的语法意义，例如 'record 和 re'cord 分别表示动词和名词的"记录"。

⑥语序：利用词与词组合次序的变化表达一定的语法意义。缺乏形态变化的语言，语序具有重要的作用，如汉语的"他给我书"和"我给他书"意思完全不一样。

⑦辅助词：专门用来表示语法意义的词，是一种重要的语法形式，主要有虚词和助动词。虚词如前置词、后置词、连词、助词、冠词或语气词等。

⑧语调：通过整个句子的音高、音重、停顿等来表示一定的语法意义的形式。

其中，①—⑤是通过词的形态变化表达语法意义，属于综合性手段，⑥—⑧通过句子结构的变化表现语法意义，属于分析性手段。如果一种语言的语法较多使用综合性手段就是综合性语言，如俄语、德语；反之则是分析性语言，如汉语、越南语。需要注意的是，分析性和综合性并不是截然二分的，而是形成一个连续统。比如，与汉语相比，英语算是综合性语言；但与大多数的印欧语言相比，英语的综合性程度较小，比西班牙语、德语、拉丁语等小得多，偏向分析性。

语法范畴是语法意义的类，它是通过一定的语法形式表达出来的语法意义归纳在一起得到的类别。狭义的语法范畴是对词的形态变化所表示的语法意义的概括，又称形态语法范畴，常见的语法范畴有性、数、格、时、体、态、式、人称等。

不同语言的语法范畴根据语法形式是否强制性出现可区分为严式语法范畴和宽式语法范畴。前者词与词的关系比较严格，语法形式不可以省略，语义理解的过程更多地通过内在结构。后者词与词的关系比较松散，语法形式可以省略，语义的理解通过上下文展开，对语境的依赖度高。印欧语言中的性、数、格、时、体、态、式、人称等就属于严式语法范畴，而汉语大多是宽式语法范畴。

3. 语法的特点

语法具有抽象性、稳定性、民族性、递归性四大特点。

①抽象性。语法规则是从无数个具体的语言事实中抽象出来的，抽象的结果常常是一些结构、关系、模式、类型等。比如汉语的动补结构就是从"喝醉"、"写完"、"洗干净"、"站起来"等许多"动词+形容词/动词"结构中概括出来的。

②稳定性。语言是发展变化的，但与语言中的词汇和语音的变化相比，语法的变化则缓慢得多，具有极大的稳定性。如汉语主谓宾的基本语序从三千多年前的甲骨文到现代汉语都一直没变。

③民族性。每种语言都有自己的语法，彼此有同有异，相异之处就体现为民族性，如汉语的"两本书"，英语为"two books"，两者相同之处是数词均在名词前，相异之处是汉语的数词和名词间需要一个量词，而英语则不需要，但英语的名词有单复数的形态变化。

④递归性。递归性指语法结构的某个单位可以不断地被一个同功能的结构去替换和扩展，比如"看书"是动宾结构，我们可以通过偏正结构的递归把其中的宾语不断扩展，如"看一本书"、"看一本有趣的书"、"看一本莫言写得有趣的书"等，正因为有递归性，语言才能以有限的规则生成无限多的句子。

【案例分析】

本案例是因学习者不理解、不适应汉语的语法特点引起的习得困难和学习焦虑。我们知道每种语言都有自己的语法，不存在没有语法的语言，只是对语法形式的选择有所不同。对母语为英语等印欧语系的欧美学习者而言，他们的母语多使用内部屈折、附加、异根等词的形态变化表达不同的语法意义。而有的语言则注重用语序和辅助词等分析性手段表达语法，汉语就是其中一种。如果仅仅以形态的标准去看待汉语，就会得出汉语没有语法的错误结论。其实汉语只是缺乏形态，而不是没有语法。汉语虽然在形态方面比印欧语言贫乏，但在语序的安排和虚词的利用方面则比印欧语言丰富得多。树立正确的语法观有助于学习者在面对异质语法时怀有更加包容的心态，求同存异，降低焦虑感。

具体到动态助词"了"而言，"了"表示动作的完成，属于体范畴。印欧语中，体范畴是严式语法范畴，而汉语的体范畴是宽式语法范畴。区分严式和宽式的标准在于标记选择的强制性和非强制性。"了"的使用是非强制性的，也就是说表示动作的完成，汉语并不是一定要在动词后加"了"，"了"的使用有很多限制条件，汉语教师应对学生讲清楚这些限制条件，以防止学习者对目的语规律的过度泛化。

【思考练习】

1. 汉语通过词的形态变化表达语法意义的手段有哪些？
2. 请你比较汉语和英语在语法上的异同。
3. 语法是语言组词造句的规则，那么教语法是不是教规则就够了？
4. 关于语法还有没有其他的定义，不同的语法观意味着什么？

【拓展阅读】

1. 岑运强．语言学概论．北京：中国人民大学出版社，2015.
2. 崔希亮．语言学概论．北京：商务印书馆，2009.
3. 陈保亚．语言影响文化精神的两种方式．哲学研究，1996（2）.
4. 吴福祥．汉语体标记"了"、"着"为什么不能强制性使用．当代语言学，2005.（3）.

二、汉语语法的特点

【案例导入】

　　黄老师任教于中国南方某大学，这学期他要上一门中级汉语精读课，班上的学生主要来自美国、法国、韩国、泰国和俄罗斯。精读课一个重要的教学内容是关于汉语语法的学习。由于学生在初级阶段已经学习了一些汉语的语法，在开学之初，黄老师想找一个机会给学生总结一下汉语语法的主要特点，一方面便于学生对汉语语法有个更系统性的认识，另一方面也便于自己梳理汉语语法教学的重点和难点。那么汉语语法究竟有什么特点呢？

【基础知识】

　　事物的特点在于对比，一般而言，与印欧语相比汉语语法具有以下特点：

　　1. 汉语形态标志和形态变化不太丰富

　　印欧语言有丰富的形态标志和变化，词进入句子时为表现一定的语法意义或语法关系必须改变词的形式，如名词加 s 变复数，动词加 ed 表过去时，加 ing 表进行体等。而汉语的词没有这些变化，在句中无论做什么成分，词形都一样，如：

我正在吃饭。	I am eating
我已经吃了饭。	I already ate
我明天吃饭。	I will eat tomorrow
吃饭很开心。	Eating is fun

　　另外，汉语的词类无形态标志，无法从词形上区分名词、动词、形容词、副词等词类，而英语以-ment，-tion，-ness 结尾的多是名词，以-tive，-ful 结尾的多为形容词，以-ly 结尾的多为副词。

　　2. 词类和句法成分不一一对应

　　这一特点与汉语缺乏形态标志和形态变化直接相关。印欧语中，名词一般作主宾语、动词作谓语、形容词和副词分别作定语和状语，两者是一一对应的关系。而汉语的词类和句法成分之间是一对多的关系，名词除了作主宾语外，还能作定语和谓语，动词还可以作主宾语，形容词更为多功能，可以作所有的句法成分。这一特点带来的结果就是汉语里同样的词类序列可以表示许多不同的句法结构，如：

①学习汉语　（动宾关系）
②学习材料　（偏正关系/动宾关系）
③学习努力　（主谓关系）

3. 语序和虚词是表达语法意义的重要手段

汉语不依赖形态表达语法意义，所以语序和虚词就极为重要。语序改变，结构关系和意义也随之改变，比如：

①下来坐　　（连动关系）　　坐下来　　（述补关系）
②吃饭了　　（动宾关系）　　饭吃了　　（主谓关系）
③来早了　　（述补关系）　　早来了　　（偏正关系）

虚词的有无也会导致结构关系和意义的改变，比如"我们战友"是复指关系，"我们的战友"则是偏正关系，"吃饭"表示一个动作，"吃了饭"表示这个动作的完成。虚词不同，会造成句法结构的不同或语义发生变化，比如"他打了人"（主谓）和"他打的人"（偏正），"把他打了"和"被他打了"，结构和意义均不相同。

4. 只要语境允许，句法成分，包括重要的虚词都可以省略

汉语在表意清楚的前提下，许多句子成分可以省略，在语篇中尤其如此，而印欧语很少省略，比如：

①他说他想去旅游　　He said he wanted to go traveling.
　他说想去旅游　　　* He said wanted to go traveling.
②你是谁啊？　　　　Who are you?
　你谁啊？　　　　　* Who you?
③他的面孔黄里带白，（　）瘦得叫人担心，（　）好像大病初愈的人，但是（　）精神很好。

例③先后省略了主语"他的面孔"、"他"和定语"他的"，这些成分不但可以省略，而且必须省略，如果把它们补出来反而显得极不自然。但当把这句话翻译成英文时，这些成分又必须出现。

5. 有丰富的量词和补语

说明事物数量时，汉语不能直接用"数词+名词"的形式，中间一定要有量词，且不同的名词使用的量词往往也不一样。汉语的补语系统发达，有结果、趋向、可能、程度、情态、数量等多种类型。只要语义允许，动词后加一个动词或形容词就可以形成动补结构，印欧语没有与这种结构相对应的格式。

【案例分析】
黄老师在上精读课之前认真梳理了汉语语法的特点，做到了胸有成竹，有的放矢。掌握汉语语法的特点有利于明确语法教学的重点，对不同国家的学习者而言，尽管母语背景

不同，但有些汉语语法的重点和难点还是具有普遍性的。对外汉语学界和业界比较公认的语法教学重点包括：

（1）严格但又灵活的语序；

（2）助词，如动态助词"着、了、过"；

（3）量词，特别是动量词和一些近义的名量词；

（4）用法复杂的副词，如"才、就、并、又、倒、反而"等；

（5）用法比较接近的量词、介词、副词的辨析，如"对"和"双"、"据"和"根据"、"赶忙"、"赶快"等；

（6）丰富的补语系统；

（7）特殊句式，如"把字句"、"被"字句、"是……的"句、"连"字句等。

（8）语段篇章的衔接、连贯的手段①。

以上 8 条归纳起来主要就是语序、虚词、量词、补语和特殊句式五大部分，这几大部分对每个国家的汉语学习者而言都是难点，只是不同母语者的难易侧重点会有不同，比如韩国学生对动词和宾语的语序，泰国学生对定语和中心语的语序的掌握就比美国学生更难一些。

【思考与练习】

1. 你觉得汉语语法特点中最重要的是哪一点？

2. 与日语相比，汉语语法有哪些特点？

3. 怎么理解汉语语序的作用？

4. 为什么说汉语的补语十分特殊？

【拓展阅读】

1. 陈一．汉语语法学史上对汉语语法特点的探索．通化师范学院学报，2010(9)．

2. 崔应贤、张爱琴．汉语语法特点研究的回顾与思考．河南师范大学学报(哲学社会学版)，1991(2)．

3. 威廉·克罗夫特．语言类型学与语言共性．上海：复旦大学出版社，2009.

4. 陆丙甫、金立鑫．语言类型学教程．北京：北京大学出版社，2015.

第二节　为什么要教语法

一、语法教学的意义

【案例导入】

张老师作为国家汉办志愿者被派往澳大利亚一所高中教汉语。到达新学校后，张

---

① 杨玉玲、吴中伟．国际汉语语法和语法教学．北京：高等教育出版社，2013.

老师开始准备新学期要上的课程。在备课过程中，有一个问题让她纠结了很久：到底要不要教语法？根据她自己学习外语的经历，她觉得学语法很枯燥乏味，担心教语法会让学生失去学汉语的兴趣，而且现在流行的交际教学法和任务型教学法似乎也不强调语法的教学。另外，她又隐隐觉得学习语法很有必要，不能全然舍弃。那么，究竟要不要学语法呢？语法教学的意义在哪？

【基础知识】

1. 语法的有限性和创造性

语法是对语言规律的描述，是一套组词造句的规则。任何语言都可以生成无限多的句子，但用于生成句子的规则却是有限的。语法能够帮助学习者在学习语音、词汇的同时尽快掌握组词造句、连句成篇的能力，收到举一反三的学习功效。比如教"如何表示比较"时，如果不教语法，只是一个句子一个句子地教给学生："姚明比成龙高"、"我的英语比你的汉语好"，那么学生就只会教过的内容，没教过的句子就不会表达了。相反，如果告诉学生汉语表示比较的基本格式是"A 比 B+形容词"，那么除了老师教过的句子外，学生还能类推和创造出"我比他高"、"他比我胖"等许许多多的新句子，从而大大提高教学的效率。

另外，任何语言从"外表"来看都像是一堆庞大的、无形的东西，对学习者来说是不可逾越的挑战，而由于语法明显是由一套有限的规则组成，因此它可以帮助教师和学生减轻非常艰巨的语言学习任务。通过把语言整理和组织成有条理的类别，语法学家让语言成为能被消化吸收的东西。著名外语教育专家 Brumfit（1981）指出，人类更善于学习看上去有系统的事物，而不善于学习看上去杂乱无章的事物（转引自吴中伟，2007）。

2. 不同教学法中语法的地位

人类外语教育史上出现过许多不同类型的外语教学法流派，对以下两个基本问题的回答区分了不同的教学法流派：

①应该教语法吗？

②语法需要明确讲解吗？

以下是几种主要的外语教学法流派对这些问题的回答。

语法翻译法：把语法作为教学的起点，遵循一个语法大纲，课程开始于一条语法规则的清晰讲解，然后作母语和目的语的互译练习。

直接法：直接用外语讲练外语，不用翻译，也不做语法分析，主张像儿童习得母语一样自然习得外语，因此也叫自然法。

听说法：继承了直接法重视口语教学的理念，以结构主义语言学和行为主义心理学为理论基础，主张先听后说，经过反复操练形成正确的语言习惯。虽然反对语法教学，但是听说法以句型为中心，通过对比语言结构确定教学难点，通过语言结构的替换、扩展和转换操练句型的原则其实仍然源于语法，与语法直接相关。

交际语言教学法：以培养学生用目的语进行交际的能力为目标，主张不仅学外语是为了交际，而且应该在交际中学习外语。但是交际语言教学法（至少是弱式交际法）并不完全反对语法教学。事实上，语法仍然是交际法课程大纲的主要内容，尽管被冠以功能的标签，如"问路"、"点菜"等。对语法规则明确的关注也还是与交际实践相符合的，毕竟连交际法的代表人物 Wilkins 也说过"对一种语言的语法体系的习得，依然是语言学习的重要环节。语法是获得语言运用创造性的手段，缺乏语法知识会严重影响交际能力"。

任务型教学法：是一种强式的交际法，主张模拟人们在社会、学校生活中运用语言所从事的各类活动，把语言教学与学习者在今后日常生活中的语言应用结合起来，在完成任务中学会语言。任务型教学法既反对以语法为基础的教学大纲，也反对语法教学。但是近年来，任务型教学法通过认可聚焦形式（focus on form）活动的价值已经开始接纳语法。

综上，不难看出尽管对语法教学的意义和作用存在一些争议，但大多数二语教学流派还是承认语法教学的地位的。甚至可以说，在相当长的时间里，语法教学一直是二语教学的核心。只是对于如何讲解语法上，不同的流派可能存在分歧，比如语法翻译法用语法术语明确地介绍语法规则，这被称作显性（explicit）语法教学，有的教学法通过对语言交际性运用归纳出语言规则，在进行交际活动过程中处理出现的语法问题，如交际法和任务型教学法，这被称作隐性（implicit）语法教学。

3. 语法对语言习得的促进作用

虽然已有不少研究证明语法教学不能改变习得的顺序，但许多研究者证实语法教学能加快第二语言习得的速度和达到的成功度（罗德·埃利斯，2015）。接受课堂语法教学的学习者比那些没有接受课堂教学的学习者学得更快，其化石化的时间更晚，最终达到的目的语水平也更高。即便从课堂中学到的第二语言知识不能马上应用于自然谈话，但只要学习者有机会在这种交际中使用第二语言，学到的知识很快会变成可用的知识。

【案例分析】

对于在第二语言教学中要不要教语法的问题，无论是从语法的特性还是历史上不同语言教学法中语法的地位抑或是语法教学在促进二语习得中的作用都表明对这一问题的回答应该是肯定的。尤其是对成人的教学，语法教学更是必不可少。语言教师要考虑的不是要不要教语法，而应该是如何教语法。

语法教学对不同的人有不同的含义。它可能只意味着按一个语法教学大纲进行教学，但在课堂上根本不提语法。另一方面，它也可能指的是按交际大纲或功能、任务大纲教学，但在进行交际活动中处理出现的语法问题，更典型的是按语法大纲进行教学，并使用术语明确地介绍语法规则，究竟以何种方式教语法应该针对具体的教学对象而定，比如对成年人可能适合明确地介绍语法规则，而对青少年可能在交际中处理语法问题更为合适。

【思考与练习】

1. 为什么语法教学给人留下枯燥乏味的印象？
2. 什么是聚焦形式活动？
3. 怎么解释有的人没专门学语法也学会了外语？
4. 如果你给儿童上汉语课，应该怎么教语法？

【拓展阅读】

1. 罗德·埃利斯. 第二语言习得概论. 北京：商务印书馆，2015.
2. 章兼中. 国外外语教学法主要流派. 福州：福建教育出版社，2016.
3. 杨玉玲、吴中伟. 国际汉语语法和语法教学. 北京：高等教育出版社，2013.
4. 斯科特·索恩伯里. 朗文如何教语法. 北京：人民邮电出版社，2011.

二、语法教学的目的

【案例导入】

李老师在教学中十分重视语法教学，他教语法特别注重规则的讲解与练习。比如教主谓谓语句时，他先给学生分析这种句子的结构形式是"大主语+谓语（小主语+小谓语）"，然后给出许多例子，如"他汉语很好"、"北京人很多"、"这本书我看完了"等。接着让学生做替换练习生成新的句子。最后通过组词成句（如给出"性格、他、很好"这几个词让学生排序）检验学生是否学会了主谓谓语句。然而，他发现尽管学生的练习都做得很好，但在实际生活中除了"他头疼"、"我肚子疼"等最简单的主谓谓语句之外，一般不会在别的场合再使用这种句子，也不知道该在什么情况下用。他一直觉得教语法只要让学生掌握正确的语法规则从而造出合乎语法的句子就可以了，但现在学生明白规则也能造出正确的句子，却不知道如何使用，这让他十分困惑，他也在反思是不是自己的观念和方法错了？

【基础知识】

1. 语言能力与语言运用

语言能力（language competence）和语言运用（language performance）是乔姆斯基区分的一组概念。前者指语言使用者所具有的知识，它是由这种语言的语法规则所规定的。后者指的是语言使用者在实际语境中的言语行为或话语。根据乔姆斯基的观点，语言能力是对语言系统的一种抽象的掌握。"语言运用"只不过是"语言能力"的实际表现，而且往往是不十分理想的表现。因此，语言的研究重点应放在语言能力而不是语言运用上。

2. 交际能力

乔姆斯基关于语言能力和语言运用的区分遭到了美国社会语言学家海姆斯的反对，他认为一个人的"语言能力"不仅仅指他能否造出合乎语法规则的句子，而且包括得体地使用语言的能力。他提出"交际能力"的概念，与乔姆斯基的"语言能力"直接对立。海姆斯认为，乔氏的"语言能力"只包括了语言规则，而抛弃了"语言运用"的社会规则，而后者恰恰是作为社会现象的语言交际功能的重要特征。根据他的观点，"语言能力"是指学习者在特定的环境中所具有的运用语言顺利与人进行交际、沟通的能力。他曾经写道："一个发音正常的孩子所获得的关于句子的知识，不仅是判断合乎不合乎语法，而且还有判断是否得体的一方面。什么时候说什么话，什么时候不该说，说的时候说什么，对谁说，什么时候、什么场合、什么方式说，这些也都是一个孩子所获得的语言能力。"他提出的交际能力既包括语言能力，又包括语言运用，即一个人的交际能力不但包括获得有关语言规则的知识，而且包括在实际的语言环境和社会交往中适当使用语言的能力。

此后，Savignon、Canale & Swain、Byram 等学者进一步发展和完善了海姆斯的学说，他们把交际能力分为四个方面：语法能力（grammatical competence）、社会语言能力（sociolinguistic competence）、语篇能力（discourse competence）和策略能力（strategic competence）。语法能力指句子层次的语法形式，能够识别语言的词汇、句法和语音特点，正确理解和使用这些规则组词造句。社会语言能力指语言使用的社会文化规则，即交际中言语行为的得体表达，如对交际背景、目的、常规、参与者等因素的合理考虑。语篇能力是指对独立的信息成分之间的相互关系的理解力，以及对篇章结构上语篇意义表达上的理解力。策略能力指在语言交际中如何开篇、结束、进行、修正和重新进行语言交流的能力，包括改写、委婉语、重复、停顿、猜测、避免使用特定的字词、结构或主题、改变风格，修改信息等

3. 合乎语法性和可接受性

合乎语法性属于语言能力研究的概念，可接受性则是属于语言运用的研究范畴。语言能力与语言运用之间存在着一定的差别，我们决不可把两个概念混为一谈。衡量一个人的话语是否是可接受的，不仅仅是以其合乎语法性为准绳的，而更多取决于语言运用方面的因素。合乎语法的句子不一定都是可接受的，如"无色的绿色想法疯狂地睡觉"。这句话虽合乎语法，却是不可接受的，因为它所表达的意思在语义结构上是不能成立的。相反，不合乎语法的句子也不见得都是不可接受的，如口语中经常出现的省略了诸多语法成分的句子。合乎语法性和可接受性各有一个程度问题，而且它们之间的程度关系有时是不成正比的。换言之，语法性程度高的句子在可接受性程度上不一定都是高的，相反，语法性程度低的句子有时在可接受性程度上却是高的。

【案例分析】

本案例中，李老师的问题就在于只重视学生语言能力的训练而忽视了交际能力的培养，语法教学的目的不应该只是为了掌握语法规则，更应该是培养和提高学生的语言交际能力。语言交际能力不仅包括语法知识，还包括何时对何人以何种方式说什么的语言得体性。这就要求在教语法时还要向学生说明该语法使用的情景和功能。有研究表明，汉语的主谓谓语句一般不是只有一个主谓词组做谓语，而常常是两个、三个甚至更多的主谓词组同时作谓语，这些主谓词组从多个角度、不同方面对前面的大主语分别加以描述和说明，即大主语为一个总话题，多个主谓词组则是对总话题的分述，这样的用法占全部主谓谓语句的 57.8%（张旺熹，1993），比如：

（1）她个子高高的，眼睛大大的，身材非常标致。
（2）现在的中关村再也不是以前的"中官村"了，这里经济发达，交通便利，环境优美，吸引了很多国内外的投资者。

针对这种情况，学生学会了主谓谓语句的基本结构后，教师应阐明这种句型的主要使用情景（多个主谓词组连续使用）和使用功能（对总话题的描写和说明），以便学生掌握该在什么条件下使用主谓谓语句。具体教学思路如下：

形象直观地引入、展示主谓谓语结构的基本结构形式和语义模式。具体做法是：第一步展示图片(如拿出北京的图片)，引出话题(北京)；第二步针对图片提问，引导分述(北京人多不多？马路宽不宽？公共汽车挤不挤？东西贵不贵？你喜欢北京吗?)；第三步回答问题构成语段(北京人很多，马路很宽，公共汽车很挤，东西很便宜，我很喜欢北京。)(张旺熹，1993)

【思考练习】

1. 语言能力和语言运用与语言和言语这两组概念有什么异同？
2. 交际能力除了语法知识外还包括哪些方面？
3. 语法教学应该以合乎语法性还是可接受性为标准？
4. 语法教学的最终目的应该是什么？在教学中如何体现出这一目的？

【拓展阅读】

1. 韦储学．"语言能力"与"语言运用"的区别及其对外语教学的启示．广西师范大学学报(哲学社会科学版)，2002(2)．
2. 海姆斯、俞如珍．论交际能力．现代外国哲学社会科学文摘，1984(9)．
3. 张旺熹．主谓谓语结构的语义模式．世界汉语教学，1993(3)．
4. Chomsky. N. Aspects of the Theory of Syntax. Cambridge University Press. 1965.

第三节　教什么样的语法

一、理论语法与教学语法

【案例导入】

　　小赵刚开始当汉语老师没多久，最近在教动态助词"了"。小赵一直听闻前辈说"了"很难教，这几天他碰巧看到一篇用认知语言学理论解释"了"的多种语法意义的论文，他读后豁然开朗，觉得也可以给学生讲讲，于是上课时他说："就一个事件而言，在认知图景上大致可以分为三个阶段：起始点、过程和终结点。在这三个不同的阶段中，随着凸显阶段的不同，"了"会产生不同的语法意义。当凸显终结点位置时，"了"表示结束"；当凸显事件发展过程的某一阶段时，"了"表示"告一段落"；当凸显起始点位置时，"了"就表示"开始"。"了"的语法意义和述词的类别也存在一定的关联，状态意义述词与"了"结合多表示"开始"；表示瞬间意义的述词与"了"结合表示"结束"；而一般的动作述词多表示"结束"或者"告一段落"，也可以表示"开始"。讲完后，学生不但没有像他那样豁然开朗，反而更迷惑了。这是为什么呢？小赵老师讲错了吗？

【基础知识】

1. 理论语法

理论语法把语言作为一种规律的体系来研究，目的在于揭示通则，对语法的系统和语法的规律作出理论的概括和说明。理论语法本质上是一种假设性解释模型，由于科学信仰上的不同，可以有多种理论语法，比如转换生成语法、蒙太古语法、系统功能语法、认知语法、篇章语法等。理论之间难分对错。然而，衡量理论的优劣却有可能，就是所谓理论在方法上的内部一致性（系统性）、理论本身的简洁性和对事实的解释力与可操作性。这也是理论语法的基本共性。理论语法具有以下三个特征：

（1）理论性。理论语法可以只注重如何从科学角度对语言规律进行描写，作理论上的研究探讨，而不考虑其对象是否能掌握这些规律及掌握规律后有无使用价值。

（2）详尽性。乔姆斯基曾经提出好的语法理论应该具备描写的充分性和解释的充分性，即对语言系统的规则体系进行全面、详尽的描写，在此基础上做到解释的充分性，旨在探索人类语言共有的普遍一致的原则和特征。

（3）创新性。理论语法贵在创新，不断从新的角度发现问题，用新的方法解决问题，只要能自圆其说，任何新的理论都是值得称道的。

2. 教学语法

教学语法是根据语法教学的要求所制定的语法系统，它以服务教学为目的，以提高学习者的语言运用能力为目标，内容规范，简洁扼要，具有系统性，着重研究语法形式的用法。教学语法具有以下特点：

（1）实用性。教学语法的任务是教会学生运用语法规则正确地理解所学的语言，从而正确地生成所学语言的话语，其重点在于应用而不是理论的描写与阐释。因此，教学语法应该注重联系生活实际中实用的语法，服务于学习者的交际交流。

（2）简明性。教学语法应简明扼要地描写那些常用的、基本的语法规则，并用通俗易懂的语言解释其使用条件，做到化繁为简、深入浅出，使其易学、易懂、易用，以便学生学习掌握。同时，简明性并不一味强调删繁就简，教学语法也是一个完整的、包容性强的语法体系，不要求面面俱到，但要能够解决学习者常常遇到的语法问题。

（3）稳定性。教学语法应保持语法体系和教学内容的相对稳定，它面向众多的教师和学生，影响广泛，应尽量采用有定论的知识，不采用有争议的学说，对新的观点、学说的态度比较谨慎，一旦形成一个教学语法体系就不能轻易变动。但是教学语法在总体稳定中也包含渐变的因素，应不断吸收已被公认的新的理论成果，以做到与时俱进。

具体到对外汉语的实践中，教学语法是教外国人的语法而不是教本族人的语法；是从意义到形式而不是从形式到意义；不仅是分析的语法更是组装的语法；不仅是描写的语法，更是讲条件的语法；不是孤立地讲语法而是在语际对比中讲汉语语法。（赵金铭，1994）

3. 理论语法与教学语法的关系

理论语法把语言作为一种规则体系来研究，教学语法则把语言作为一种运用的工具来学习，两者有一定的区别，但两者的联系也十分紧密。一方面，理论语法是教学语法的基础，教学语法是对理论语法研究成果的普及、推广和应用，也是对理论语法的验证和检验。另一方面，在教学语法的教学过程中会不断发现新的问题，对理论语法的研究提出新的课题，从而推动理论语法研究的进一步深入。

以动态助词"了"为例，理论语法揭示"了"的语法意义为完成体，位于动词后表示动作的完成或实现，其常见句法结构为 S+V+了+（定语）+N，教学语法吸收了理论语法的成果，在教学中一般也把"了"解释为完成体，并介绍其常见的句法结构。然而在教学中发现仅仅教给学生"了"表示完成并不够用，因为汉语里不是所有动作完成的情况都要用"了"，学生出现大量过度使用"了"的偏误。这一事实反过来推动理论语言学家思考除句法和语义外的其他限制"了"使用的条件，于是就产生了从篇章和语体角度对"了"用法的探索，比如屈承熹（2006）指出"了"在篇章中是"先时性"与"高峰事件"的标志，就很好地解释了一部分"了"不用的原因，其成果又为教学语法所吸收，可以告诉学生，在一连串连续动作小句中，尽管所有的动作都已经完成，但只将"了"放在说话人认为最主要动作之后，如："我昨天去书店买书，来到书店，看到好多各种各样的书，最后我买了一本小说。"

【案例分析】

本案例中小赵老师对动态助词"了"的讲解之所以不成功就是因为混淆了理论语法和教学语法的区别，把理论语法当作教学语法，把外国学生当作中国学生，这样的教学自然很难取得满意的效果。在对外汉语教学中，教师讲授的是教学语法，这就要求其所教的语法应具有实用性、简明性和稳定性的特点。

具体到本案中，用认知语言学理论解释"了"的语法意义首先不实用，因为它并没有告诉学生在什么条件下应该使用"了"，它只是解释"了"为什么具有不同的语法意义，这对学生而言是不实用的，学生最想知道的是"了"具体该怎么用而不是为什么有这么多不同的语法意义。有时候学生只需知其然就可以了。其次，用认知语言学理论解释"了"不简明，在解释中有大量的理论术语，如"认知图景"、"凸显"、"述词"、"瞬间意义"等，这样的叙述对非语言学专业的中国学生而言都有些困难，何况是连汉语都没掌握的外国学生呢？这样讲只会把问题复杂化，加深学生理解的难度。最后，认知语言学是新兴的理论，用其解释"了"的语法意义有一定的新意，在理论语法中欢迎从不同的角度探讨问题。但教学语法一般不轻易跟风，对还没达成共识或被公认的新观点、新学说不轻易采纳，因此用认知语言学解释"了"应更为慎重，确有必要的话也应换一种表达方式使其语言更为通俗易懂，即便这样也应点到为止即可，不宜过度阐释，将语法课上成语法理论课。

【思考练习】

1. 理论语法和教学语法有什么区别？
2. 教学语法的特点有哪些？
3. 怎么理解"不是孤立地讲语法而是在语际对比中讲汉语语法"？
4. 教学语法应该怎么讲解"了"？

【拓展阅读】

1. 陆俭明．对外汉语教学中的语法教学．语言教学与研究，2000（3）.
2. 李泉．对外汉语教学语法研究述评．世界汉语教学，2006（2）.
3. 赵金铭．对外汉语教学语法与语法教学．语言文字应用，2002（1）.
4. 赵金铭．教外国人汉语语法的一些原则问题．语言教学与研究，1994（2）.

二、对外汉语教学语法体系

【案例导入】

　　黄老师被派到非洲某国教汉语，由于是一个新的教学点且交通、网络都不方便，学生们一时还没有拿到汉语教材。眼看快要开学了，订的教材迟迟还未送到，黄老师决定自编教材。编教材涉及每课主题的确定、课文内容编写以及语法项目的编排，前面两项黄老师觉得还能把握，但对于语法项目他实在不知道该如何确定教哪些语法以及这些语法项目该怎么排序。那么对外汉语语法教学有没有什么体系可依呢？编教材时有没有可参考的教学大纲呢？

【基础知识】

　　1. 对外汉语教学语法体系的建立及发展

　　对外汉语教学语法体系指专门为学习汉语的外国人编写的书中所使用的语法教学体系，其体系大致经历了三个阶段：

　　（1）《汉语教科书》阶段。现行的对外汉语教学语法体系是在1958年出版的《汉语教科书》基础上建立起来的。该书语法点的选择和解释都注意针对外国人的难点，按照由易到难、循环前进的原则排列先后顺序，跟对本族人教语法的方法显然不同，符合外国人学习的要求。书后的语法复习提纲对分布在各课的语法点做了横向归纳，从中可以看到完整的语法体系，这一体系成了此后各个版本教材编写语法部分时的主要参考依据。从1958年到1988年这30年间，对外汉语教学语法没有一个官方的规范体系，教学语法体系存在于以《汉语教科书》为代表的一些基础汉语教材中。

　　（2）"等级大纲—教学大纲"阶段。从1988年到现在，教学语法体系主要存在于官方制定的汉语水平等级大纲和教学大纲中。国家对外汉语教学领导小组办公室（以下简称汉办）1988年颁布了《汉语水平等级标准和等级大纲》（试行）。1995年汉办组织十多位一线专家学者，由王还教授担任主编，编写了《对外汉语教学语法大纲》。1996年又颁布了《汉语水平等级标准与语法等级大纲》。2002年，汉办同时颁布了两个教学大纲，即《高等学校外国留学生汉语言专业教学大纲》和《高等学校外国留学生汉语教学大纲（长期进修）》。

　　（3）"等级大纲—教学大纲"和"课程大纲"并行阶段。2008年，汉办发布《国际汉语教学通用课程大纲》[以下简称为"《课程大纲》（2008版）"]，其附录五为"常用汉语语法项目分级表"；2014年，国家汉办出版了《国际汉语教学通用课程大纲》的修订版[以下简称为"《课程大纲》（2014版）"]，其附件四为"常用汉语语法分级表"。

2. 对外汉语教学语法体系的内容

由于先后出现过多个等级大纲和教学大纲，不同大纲中的教学语法体系略有不同，其中在系统性和等级性上贡献最大的是《汉语水平等级标准与语法等级大纲》，它把语素和句群作为语法体系的两大单位，形成了"三等四级五层次"的语法体系。所谓"三等"，就是初、中、高三个等级。所谓"四级"，即甲、乙、丙、丁四级语法。所谓"五层次"，即语法体系由语素、词类、词组、句子和句群五级语法单位构成。具体内容如下：

语素：自由语素；粘着语素

词类：名词、动词、代词、形容词、数词、量词、副词、介词、助词、连词、兼类词、离合词

词组：联合、偏正、动补、动宾、主谓、数量、介宾、的字、复指、连动、兼语

句子成分：主语、谓语、定语、状语、宾语、补语

特殊句型：是字句、有字句、存现句、连动句、兼语句、是……的句、被动句、把字句、比较句

句类：疑问句、陈述句、祈使句、感叹句

单句：主谓句(动词谓语句、名词谓语句、形容词谓语句、名词谓语句)；非主谓句

复句：并列、承接、递进、条件、选择、解说、因果、目的、转折、假设、让步、紧缩

句群：并列、承接、递进、条件、选择、解说、因果、目的、转折、假设、让步、总括

在最新出版的《课程大纲》(2014版)中，对语法项目作了一定的精简，将语法体系分为六级三个层次，三个层次为词(实词、虚词)、单句(句子成分、句型和句类)和复句(因果、转折、并列、承接、选择、假设、紧缩、递进、让步、条件、目的)，没有了语素和句群。

3. 语法项目的选择与排序

确定对外汉语语法项目一般应遵循以下原则：

(1)选取最基本、典型、常用的语法项目。这些是学习者表达汉语时迫切需要的，是教学的重点。语法项目的选取应综合考虑使用频率、母语者语感和教师教学经验这几方面因素。

(2)细化分解语法项目，适当选入语法项目的下位类。几条最一般的语法规律对学习者来说是不够用的。这时候语法就要深化和细化，一般的规则下还要有细则。

(3)选取体现语言对比的内容。一方面应选取体现语际对比的内容，并适时提供偏误；另一方面应选取汉语相似、相近语法项目间对比的内容。

(4)选取具有针对性的语法项目。根据教学对象的年龄、母语、汉语水平、学习需求等条件选择合适的、具有针对性的语法项目。

根据吕文华(2002)，语法项目的排序包括结构序、语义序和用法序三种，它们又各自从不同方面、不同角度成序。

(1)结构序。从结构角度排列出的由易到难的次序，主要有以下几种类型：

① 从简式到繁式。如"买了一本书"——"买了一本英文书"

② 从有标志到无标志。由于汉语缺乏严格意义上的形态标志，有些语法意义有标志，比较容易习得，有些语法意义无形态标志，就比较难以掌握。如用"被"表示被动比较容易，但不用"被"的被动句就常常出错。

③ 从基本式到衍生式，有些句式在结构上存在互相依存的内在联系，有些句式必须在某些句式之后才能出现，如可能补语必须在结果补语和趋向补语出现后才能生成。

（2）语义序。语法项目的语义序是由浅入深、由实义到虚化义、由基本义到引申义或比喻义。

① 由实义到虚化义，同一个词或结构在语义上有虚实之分，虚化义较难学习，如"吃什么饭"和"生什么气"，"一团头发"和"一团和气"，前者好学，后者难教。

② 由原型到非原型，前者代表一个句型的典型意义和形式，后者在形式和意义上都会有一些变化。如"他把妻子接到北京"和"他把妻子气个半死"，前者原型后者非原型。

③ 从常规搭配到超常搭配。主要表现在述宾搭配中，汉语的述宾之间语义关系多样，常常使学习者很困惑，如考语文/考研究生、救人/救火、打扫教室/打扫卫生、吃面包/吃父母，前者是常规搭配，后者是超常搭配。

④ 从一般义到文化义，如"采光/采风""知情/知音"，前者可以从语素义推求出词义，后者却不可推求出词义，必须从汉文化的历史或典故中找到理据。

（3）用法序。

① 从常用到非常用，在频率统计的基础上，可以确定出常用句型、非常用句型和罕用句型，这为语法项目的选择和安排提供了科学的依据。

② 从一般用法到灵活用法。如疑问代词的一般用法是表示疑问，但也有表示任指、虚指、肯定、否定、列举等灵活用法。

【案例分析】

本案例中，黄老师可参考《汉语水平等级标准与语法等级大纲》或《国际汉语教学通用课程大纲》后的汉语语法分级表中的初级语法项目，以便对需要教授的语法有大致了解。接下来，他可以在学生中间做一个教学调查，分析学生的学习目标和需求，以此确定大致的学习主题和范围，比如根据学生的投票选出最感兴趣的前 10 个话题，再根据话题选择相应的语言材料，包括可能用到的词汇和语法。如果黄老师对学生的母语有所了解还可以通过比较确定语法教学的难点和重点。

我们以"买衣服"为主题试着来编一篇课文。对照语法等级大纲，我们可以确定买衣服可能用到的语法项目有动词重叠式"看看""试试"，量词"条""件""一点儿"，表示感叹的结构"太+形容词+了"。可能用到的词汇有表示颜色的词如"红、白、黑、绿"等，表示衣裤的词汇如"衣服、裤子、T恤、衬衫"等，形容衣裤的词汇如"大、小、长、短"等。接下来我们试着把这些词汇和语法编入课文中：

> 售货员：你好，要买一点儿什么？
> 大卫：我看看衣服。这里有衬衫吗？
> 售货员：有啊，这件白衬衫怎么样？

大卫：好，我试试。这件衣服太大了，有小一点的吗？

售货员：您试试这件。

大卫：这件好，多少钱？

售货员：200 元。

大卫：好的，我要一件。

这样，一段对话就编好了，黄老师可以根据课文再编一些练习和补充课文就可以了。其他主题的课文也可以依据这样的步骤和方法编写，在教材没送到之前应该可以帮助黄老师完成教学任务。

【思考练习】

1. 教学语法体系包括哪些内容？
2. 请你简述教学语法体系的发展历程。
3. 目前的教学语法体系有什么不足？
4. 你对改进教学语法体系有什么建议？

【拓展阅读】

1. 李泉、金允中．对外汉语教学语法体系纵览．海外华文教育，2008(4).
2. 卢福波．对外汉语教学语法的层级划分与项目排序问题．汉语学习，2003(2).
3. 孙德金．对外汉语教学语法体系的历史与现状．玉溪师范学院学报，2012(05).
4. 吕文华．对外汉语教材语法项目排序的原则及策略．世界汉语教学，2002(04).

第二章　面向不同对象的汉语语法教学

第一节　教学对象与语法教学

【案例导入】

李老师9月份被派往英国某初中任教，学生去年学了一年汉语，有一定的基础。这学期的汉语教材中出现了方位词、能愿动词"能"、"可以"、动态助词"着、了、过"等语法项目。李老师在国内是某大学的对外汉语老师，经验丰富，这些语法点在大学里上过很多遍了，各种方法、步骤、例子都烂熟于心。在给初中生上课时，李老师想都没想就把国内大学课堂里的那一套全搬了过来：先给出语法结构，讲解语法结构的形式和意义，然后给出例句，接着做大量的句子替换和转换练习。为了使自己的语法讲解更精确，李老师还专门查了英语语言学术语词典，本以为会取得不错的效果，结果几次课下来学生很不适应，课堂气氛沉闷，很多学生还反映听不懂老师说的"aspect marker"、"the perfect tense"、"modal verbs"等术语是什么意思。李老师很纳闷，同样是老外，在国内这么上挺好的，怎么到了国外就不管用了？究竟是怎么回事呢？

【基础知识】

1. 教学对象分析

教学对象分析是教学设计十分重要的一个环节。著名教学设计专家肯普（Kemp）认为，任何教学设计都是为了解决以下三个主要问题：①学生必须学习到什么，即确定教学目标；②为达到预期的目标应如何进行教学，即根据教学目标的分析确定教学内容和教学资源，根据学习者的特征分析确定教学起点，并在此基础上确定教学策略、教学方法；③检查和评定预期的教学效果，即进行教学评价。

对教学对象的分析往往是整个教学设计的起点，包括分析教学对象的年龄、水平、动机、需求、风格、背景等多个因素。通过分析教学对象的需求和背景确定教学目标与内容，分析教学对象的水平以确定教学的起点，分析教学对象的年龄、动机和风格以确定教学策略和方法。教学对象特征的不同常常导致完全不同的教学设计，有经验的教师往往根据教学对象的改变而调整其教学目标与方法。

2. 年龄因素

教学对象的年龄因素是影响教学设计的一个重要方面，不同年龄阶段的学习者在汉语学习过程中会表现出完全不同的认知、心理及其他学习特征，教师应设计符合特定年龄阶段学习者的教学方法。下表是对不同年龄段学习者的特征分析以及对教学的影响。

不同年龄段学习者特征及教学影响

特征＼年龄	4~10 岁 幼年学习者	11~17 岁 青少年学习者	18 岁以上 成年学习者
认知特征	形象思维	形象思维较强，开始发展抽象思维能力	具备多种思维能力
心理特征	注意力不集中，自律性差，不能承担太大压力	注意力不易集中自律性较弱	自律性较强 学习积极性高
语言学习特征	自然习得，内隐学习，语音较好	内隐和外显学习之间	外显学习
教学设计注意事项	生动形象、趣味性强的教学；形式多样的课堂活动、鼓励学生参与	生动实用的教学内容，形式多样的课堂活动，鼓励参与、包含适量理论化讲解	注意教学内容的系统性和知识性；保持理论讲解与操练活动的平衡

如果教学对象是幼年学习者，教师不必在教学中过分地强调语言形式，系统地讲授语法，而应让他们在大量直观形象的课堂语言实践中去学习语言、建立语言习惯。相反，如果教学对象是成年人，教师则应有目的地在教学过程中介绍语法规则，使他们能够通过分析有意识地去把握语言规律，更快更好地学习二语。

3. 汉语水平

根据教学对象的汉语水平可将学习者大致分为初级、中级和高级三个层次，不同层次的学习者其教学的起点不同，教学的方法和侧重点也不一样。赵金铭（1996）对不同学习阶段汉语语法教学的要点进行了总结：

初级阶段，首先得解决正误问题，就是得把词语的位置摆对，解决语言形式问题。所讲语法为形式语法，讲究句法结构，掌握汉语的句型、词序，是一种语法模式教学。在初级阶段，习得者必须先掌握基本句式，与此同时，必须将习得这些句式过程中会遇到的各式各样的词语的用法及出现条件交代清楚，使习得者能明辨正误。否则习得者难以辨误，最终也不能掌握基本句式。

中级阶段侧重语义语法的教学，使习得者具备区别语言形式异同的能力。对外国人进行的语义语法教学不是进行繁琐的语义分析，而是比较语言格式不同的语义，特别是相同或相似的格式所具有的不同语义用以培养习得者区别异同的能力。如"三斤鱼"不同于"三斤的鱼"，前者指鱼的多少后者指鱼的重量。从初级阶段的形式语法、句型教学到中级阶段的语义语法教学，语法教学上了一个层次。在初级阶段偏重形式、兼顾意义。到了中级阶段用形式来验证语义，可以说是形式与意义交互验证把语法教学推向深入。

高级阶段侧重语用功能语法的教学，使习得者具备区别语言形式之高下的能力。对外汉语语法教学从习得句子结构开始，继而学习结构形式所包含的语义，进而扩大到对结构形式的得体使用。语言形式得体使用的教学牵涉到形式语法和语义语法等静态描写之外的动态因素，关涉到句子结构在表达中的应用和变化。从语法的语用平面来观察包括主题、述题、表达重点、焦点、语气、口气、增添、倒装、省略、变化及语值等。高级阶段语法教学的关键在于让学生了解在什么样的语言环境中，为了何种表达需要才会使用某语言形式，这样学生才能准确、得体地使用汉语交际。

4. 学习动机

动机是学习者的内驱力，是第二语言习得中的一个重要因素，动机的类型和强弱影响学习的速度和成功程度。对学习动机的划分有多种方式，比较常见的是分为内在动机/外在动机或融合型动机/工具型动机。

内在动机：二语学习者个人对所做事情本身感兴趣，学习的动力来自学习者内部因素，如求知欲、好奇心、表现自我等。

外在动机：二语学习者受到外力推动，或外部诱因的激发而产生学习动力，如为获得文凭、升学、高分数，甚至是父母、老师的表扬奖励等。

融合型动机：学习者对目的语社团有所了解或有特殊兴趣，希望与之交往或亲近，或期望参与、融入该社团的社会生活。例如对某个国家的文化兴趣浓厚，渴望了解该国历史文化及社会知识，都会促使学习者抱着积极态度努力学习该国语言。

工具型动机：学习者的目的在于获得经济实惠或其他好处，如通过考试、获得工作、提职晋升、出国、改变社会地位等。这种把外语当作使用工具的动机，强调学习外语的某些实用目的。

一般而言，内在动机与长期成功有联系，外在动机与短期成功相关；而融合型动机和工具型动机的作用则与语言学习所发生的环境有关，当目的语是一种"外语"时(即课堂外对学习者来说不重要，比如在美国学汉语)，融合型动机有促进作用；当目的语是一种"第二语言"时(即在课堂外用来进行更广泛的交际，如在中国学汉语)，工具型动机更有效。

学习动机的强弱会受到下列因素的影响：

①学习者本人、教师及社会环境对该语言所持的态度、所认同的程度。

②学习成功是否会给他们带来益处，是否与其学习目的有直接关系。

③学习者语言学习中的表现，即是否感到自己的语言水平在不断提高。

【案例分析】

本案例中，李老师把自己在国内那一套讲解语法的方式搬到国外之所以不成功就是因为没有根据教学对象的特点调整自己的教学方式。李老师现在教的是初中生，年龄在12到15岁，虽然已经开始发展出一定的抽象思维能力，但其认知方式还是以形象思维为主，且注意力不易集中、自律性较差。如果像对待大学生那样大段大段地讲语法知识和规则，学生很快就会失去兴趣。并且由于英国中学的英语母语教育早已淡化了语法内容的教学，英国中学生对语言学术语并不了解，甚至不能解释英语完成体和过去时的区别(比如 have lived 和 lived 有什么区别)，所以跟学生讲"aspect marker"、"the perfect tense"、"modal verbs"这样的术语肯定是不合适的。

　　那么对初中生该如何教语法呢? 我们认为可以寓语法于句子和语境中, 进行隐性语法教学, 比如能愿动词"可以"的一个主要义项是表示"准许", 如"可以抽烟吗?"、"可以停车吗?"。在课堂教学中, 学生经常需要请求教师的"准许", 因此可以告诉学生教学环境中常用的"可以"句子, 如"老师, 我可以去厕所吗?"、"可以吃东西吗?"、"可以明天交吗?""可以问一个问题吗?"、"可以再说一遍吗?", 然后让学生两人一组用"可以"互相请求, 如"我可以看一下你的手机吗?"、"我可以坐在这里吗?"、"我可以借你的铅笔吗?"等, 通过具体的句子和有意义的练习让学生自然习得"可以"的用法, 而不必大谈"可以"是 modal verb。

　　另外, 在英国教汉语, 属于汉语作为外语的教学, 学生的融合型动机对语言学习有促进作用, 因此教师应该加强课堂的趣味性和对中国语言、文化的介绍, 使学生愿意学汉语, 希望了解中国的历史文化, 增强他们的学习动力。

【思考练习】

　　1. 为什么要进行教学对象分析?

　　2. 教学对象分析包括哪些方面?

　　3. 学习动机有哪些类型?

　　4. 如何增强学生的学习动机?

【拓展阅读】

　　1. 何克抗. 教学设计理论与方法研究评论(上). 电化教育研究, 1998(2).

　　2. 赵金铭. 对外汉语语法教学的三个阶段及其教学主旨. 世界汉语教学, 1996(3).

　　3. 王建勤. 第二语言习得研究. 北京: 商务印书馆, 2014.

　　4. 夏纪梅、孔宪. 外语课程设计的科学性初探. 外语界, 1999(1).

第二节　儿童要教语法吗?

【案例导入】

　　　小张通过国家汉办汉语教师志愿者的选拔被派到韩国一所小学担任汉语教师, 负责教授 1 到 3 年级学生的汉语课程。小张之前从未教过 6 到 8 岁左右年龄段的学生, 在学校里学的也都是面向成年学习者的教学方法。新学期马上就要开始了, 他知道肯定不能像教成年人一样地教小学生, 但不知道具体该怎么给这些低龄学生上课: 小孩子会不会很吵, 怎么吸引他们的注意力, 要安排什么样的课堂活动, 要不要教语法? 这些问题让他很苦恼, 他到底该怎么办呢?

【基础知识】

　　1. 儿童心理认知特点

根据发展心理学的观点，人的一生大致可分为婴儿期(1~3岁)、儿童期(3~12岁)、青少年期(12~18岁)和成年期(18岁以上)四个阶段(林崇德，2002)。其中儿童期又可细分为学龄前儿童(3~6岁)和学龄儿童(6~12岁)两个阶段，基本与幼儿园和小学相对应。本案例是关于小学生语法教学的问题，因此我们将主要介绍学龄儿童在心理和认知上的特点，以下从思维、记忆和注意力三个角度加以说明。

(1)思维能力

皮亚杰把儿童的智力发展分为感知运动阶段(0~2岁)、前运算阶段(2~7岁)、具体运算阶段(7~11岁)和形式运算阶段(11~15岁)。学龄儿童的思维特征大致处于具体运算阶段，在这一阶段，儿童发展出了初步的逻辑思维能力，之所以叫具体运算是因为①这种运算思维一般还离不开具体事物的支持，离开具体事物而进行纯粹形式逻辑推理会感到困难。比如一种传递关系问题，"A比B高，A比C矮，问谁最高"有的学龄儿童就不能顺利解决，但若要让A、B、C三人站在儿童前，再问谁最高，就完全没有问题。②这种运算还是零散的，仍不能组成一个结构的整体，一个完整的系统。

(2)记忆能力

小学1~3年级儿童的记忆以无意记忆为主，随着学习动机的激发、学习兴趣的发展、学习目的的明确，4年级以后有意记忆的主导地位逐渐显著，但总体来说，小学生大量地需要通过无意记忆来积累知识。

较强的机械记忆能力是小学生记忆的另一大特点。小学低年级学生运用机械记忆较多，机械记忆是依靠机械重复进行的识记，主要是根据材料的外部联系，采取简单的重复。随着语言和思维能力不断发展，知识经验日益丰富，学生的意义理解记忆一天天增加，一般而言，5~6岁儿童机械记忆能力最强，随着年龄的增长而减弱，通常8岁和12岁分别为两个减弱期(王鸿雁，2002)。但总体而言，儿童的机械记忆能力强于成年人。

(3)注意力

相比于成人，儿童的注意力维持时间短，关注对象也易变。注意力维持时间根据年龄不同是有差距的，但一般情况下儿童的注意力能维持5~15分钟。外形独特、色彩艳丽、夸张，会突然转换的事物容易吸引儿童的注意。另外，对越喜欢、感兴趣的事物，儿童关注的时间也会越长。换句话说，兴趣与注意力保持时间成正比。大部分儿童在游戏过程中可以长时间地保持注意力，不易被外界一些一般程度的无关刺激所干扰。

2. 儿童第二语言习得特点

在第一语言与第二语言习得领域存在一个关键期假说，所谓关键期是指在人生发展的某个特定阶段，通常是在2~12岁，人可以在没有外部干预、不需要教授的条件下，轻松、快速地学习一门语言。过了关键期之后，多数人的大脑发生了侧化，学习语言也就越来越难了。与成年人的二语习得相比，儿童习得第二语言有自身特点：

(1)儿童习得第二语言主要是凭直觉在实际的社会和交流环境下进行。儿童由于认知能力和智力水平不高，不能理解对第二语言结构和语法规则的显性讲解和说明。儿童主要靠自我发现总结语言规则来掌握语言。在"关键期"之前的儿童，头脑中的先天语言习得机制发挥作用，它使儿童对语言素材进行加工，在头脑中形成抽象的深层语言体系，再通过接触大量语言，使他们的语言能力不断提高。

（2）儿童的语言学习受到认知能力的制约。儿童一般在 2 岁时开始用符号进行思考，他们最早的词汇和话语一般来自他们直接经历的实物、社会事件和情感。一些用来谈论抽象概念或经历的新的语言技能，如果尚未进入他们的知识库则非常难学。所以，必须创造机会使语言学习与代表他们当前能力和知识的经历结合起来。这样，学习用新的语言技能来谈论已知或已经经历的东西就容易多了。这些语言技能一旦掌握，又可以用来习得和掌握其他概念与技能。

（3）儿童学习第二语言的发音有绝对的优势，这与儿童的动作技能发达有关。动作技能在第二语言的学习中指控制发声器官（如舌、唇、下巴、声带等）的能力。根据 Steinberg（1993）的研究，控制这些器官的运动神经技能在 10～12 岁时开始衰退，这就是为什么很多移民家庭中的孩子能够获得近乎本地人的语音，而他们的父母却带有很重的外语口音的原因。

3. 儿童语法教学的原则

根据儿童认知、心理和第二语言习得的特点，研究者们总结了一些儿童语法教学的原则，主要有以下几点：

（1）多重复。儿童理解能力差，机械记忆和模仿能力很强，短时记忆很好，但长时记忆差，因此对于儿童的汉语教学不应过急，进度要慢，而且应多重复，通过反复的模仿、操练来逐渐培养学生的汉语语法意识。（李沛，2010）

（2）多游戏。儿童生性好动、注意力容易分散，游戏能天然地吸引儿童的注意力。通过游戏辅助语言学习，可以形成一种轻松愉快的学习氛围，并且增强学习者的自信心。在相对较小的压力下，学习者能够更多地关注于语言本身，并且在游戏的过程中对相关联的语言点进行更好地操练，从而促进学习者语言能力的提高。（周钰烨，2013）

（3）以语块和构式学习为主。儿童二语习得跨越了从字到词组，然后再到句子的循序渐进的习得过程，一开始便进入语块和构式输入阶段（Mckay，2006），对儿童而言，无需进行语法规则的显性讲解和教学，而应该通过隐性学习的方式，输入大量的语块和构式，使其自动内化。对于已经积累了大量的基于记忆的语块和构式的儿童，通过使用自上而下的加工方法，他们能构建句子并从听到的语言中推出语言规则。

4. 儿童语法教学常见方法

（1）视觉刺激法。儿童喜欢鲜艳的颜色，可爱的卡通形象、色彩鲜明的图片、适当的视觉刺激能够引起学生的学习兴趣，吸引其注意力，加深学生对语法结构的理解。因此，教学中应注意对儿童视觉的刺激。导入环节中，教师可以采用色彩艳丽、学生感兴趣的图片来快速吸引学生的注意力，为语法知识点的出现做准备。讲解环节中，教师可在 PPT 中用鲜明的色彩对语法项目的结构进行标识，区分学习的重点内容，如在"数词+量词+名词"结构的教学中，教师可将教学重点"量词"调节为红色，让学生充分观察到量词的位置，明确"数+量+名"的结构。

（2）全身反应法。儿童活泼好动，全身反应法通过教师发布指令来训练学生的听力，并要求学生做出相应的反应，一般多适合于动词、方位词的教学。全身反应法的主要特点是听力理解领先。儿童在开口前有大量的听力阶段，能减轻他们的学习负担，激发他们的学习热情，但不要求听后马上就学说，而是让学生听了一段时间后，跟随着体态语言自然地产生说。

（3）游戏法。游戏法在小学汉语语法教学中必不可少，但是游戏不可喧宾夺主，而应紧紧围绕语法内容开展，最终目的是服务于语法教学。适合语法教学的游戏有看图说话、老狼老狼几点了、吹牛、拼句子等。（具体可参见《中文游戏大本营：课堂游戏 100 例》）。

（4）儿歌法。儿歌节奏轻快，和谐的韵律，朗朗上口，深受儿童喜爱，在儿童难以用汉语进行成段表达的阶段，儿歌可以帮助学生丰富语言，抒发情感。因此，儿歌在小学汉语语法教学中具有重要的意义，教学工作者既可以使用传统的中国儿歌，也可以将外国儿童所熟知的本国儿歌翻译成中文或加以改编以服务于教学需要。比如学习情态补语时，可教学生唱《两只老虎》，学习把字句时，可教《小兔子乖乖》等。

【案例分析】

儿童与成年人在生理和心理上有诸多不同，对儿童的汉语语法教学应充分考虑他们自身及语言学习的特点，制定有针对性的策略和原则。以下主要从四个方面加以说明：

（1）以强化记忆手段培养小学生的汉语语法意识。教师可充分利用儿童记忆力好、模仿能力强的特点，通过反复的模仿、操练来逐渐培养学生的汉语语法意识。比如讲解动词"学习"，教师可以不断给出"学习汉语、学习书法、学习游泳、努力学习、认真学习、好好学习"等短语，让学生在替换中理解"学习"的语法位置及其前后的语法成分。

（2）选择合适的教学方法。儿童第二语言的教授可以听说活动为主，读写则相对少些，多以游戏形式进行，寓教于乐，亦可以行为主义语言学习为理论基础，通过刺激反应来训练儿童的听说技能。教学法可采用听说法、直接法和全身反应法等。

（3）教学手段以直观形象为主。儿童的思维形式以具体形象思维为主，抽象思维不发达。在教学过程中，教师应当使教学内容的呈现更加具体化、形象化。对儿童应当输入具体的语言形式，用高亮、下划线、标色等方法突出语言结构特征，并用图片、玩偶等实物教具的方式来展示教学内容。

（4）教学内容与儿童生活经验相符。与成人相比，儿童的生活范围要小很多，因此在为儿童选择教学内容时要更加注意这个问题。比如同样是讲"就餐"这个话题，对于成人来说，老师要教如何在餐馆点餐，而对于儿童来说，则要教他们在家中如何告诉父母自己想吃什么。

【思考练习】

1. 儿童有什么生理、心理特点？
2. 儿童习得第二语言与成年人一样吗？
3. 给儿童讲解语法规则合适吗？
4. 如何教儿童把字句？

【拓展阅读】

1. 张西环．儿童二语习得过程研究．海外英语，2014（2）．
2. 王鸿雁．二语习得中的年龄差异与语言教学．国外外语教学，2002（3）．

3. 高静．二语习得中的年龄因素与儿童外语教学．聊城大学学报(社会科学版)，2006(3)．

4. 李沛．对外儿童汉语教学策略探讨——以韩国学生为例．华中人文论丛，2010(1)．

第三节　对日语母语者的语法教学

【案例导入】

王老师即将被派到日本的一所孔子学院任教，他此前教的学生以欧美的学生居多，此番要去日本王老师略有些紧张，他不懂日语，也没教过日本学生，不知道会碰到什么问题。为此，他花了一个暑假的时间做准备工作，还报了一个日语培训班，总算心里有些底了。那么日语和汉语有哪些异同，日本学生学习汉语的特点是什么，对日汉语教学应注意哪些问题呢？

【基础知识】

1. 汉日语法对比

汉语和日语在语法方面的差异主要表现在以下几个方面①：

(1)从语言形态看，汉语属于孤立语，缺乏形态变化，各种词类在形态上缺少明显的标志，词与词之间的语法关系以及词在句中的语法功能等一般都是通过语序和虚词等语法手段来体现。日语属于黏着语，具有如下特点：①具有一定语法意义的附加成分按照一定的规则粘附在词根或词干后构成新词或同一个词的不同形态；②每个附加成分只表示某种语法意义，而每种语法意义也总是固定由一个附加成分来表示；③语素结合地不够紧密，词根和附加成分都有较大的独立性，因此比较容易根据读音和所表示的语法意义将附加成分区别开来。

(2)从语言类型来看，汉语属于 SVO 型(主语—谓语—宾语)语言，日语属于 SOV 型(主语—宾语—谓语)语言，所以汉语说"我吃苹果"，日语的对应形式是"我苹果吃"(私はリンゴを食べます)。同时，由于汉语缺乏形态变化，语序是表示语法关系的重要手段，因而汉语语序相对固定，如"我追狗"和"狗追我"意义并不一样。相比之下，日语格助词发达，格助词可以明确地表示出句子中每个成分的语法关系和意义，所以除了谓语必须位于句尾外，其他各语法成分的顺序相对灵活和自由，改变顺序并不改变意义，如汉语"我追狗"的日语对应形式为"私は犬を追いかけます(我狗追)"，将"私は"和"犬を"的位置互换，变成"犬を私は追いかけます(狗我追)"，由于有格助词"は"和"を"，因而无论"私"和"犬"的位置在哪依然分别是主语和宾语。但是一般来说，日语句子成分的顺序是主语-状语-补语-定语-宾语-谓语，也就是说，修饰语一律位于被修饰语之前，此外状语和补语位置也没有那么严格，两者的顺序可以调换；而汉语一般的顺序是主语-状语-谓语-补语-定语-宾语，既有修饰语在前(如定语-宾语，状语-谓语)也有修饰语在后(如谓语-补

---

① 此部分内容主要参考张岩红：汉日对比语言学．高等教育出版社，2014 年．

语)的情况。

（3）汉语前置而日语后置的语序倾向。汉日两种语言在很多情况下均显现出汉语前置而日语后置的倾向，体现在两种语言的谓语、介词和格助词、否定表达和语态、情态等语法现象的语序差异上，见下表：

汉语与日语的前后置语序差异

汉语谓语的前置倾向	日语谓语的后置倾向
我<u>学</u>汉语	私は中国語を<u>勉強します</u>
我<u>去</u>公司	私は会社へ<u>行きます</u>
我<u>扫</u>干净了	私はきれいに<u>掃除しました</u>
汉语介词的前置倾向	日语格助词的后置倾向
我<u>在</u>学校学习	私は学校<u>で</u>勉強します
我<u>用</u>筷子吃饭	私は箸<u>で</u>食べます
我<u>从</u>学校出发	私は学校<u>から</u>出発する
汉语否定表达的前置倾向	日语否定表达的后置倾向
我<u>不</u>吃苹果	私はリンゴを食べ<u>ません</u>
我<u>不</u>去学校	私は学校へ行き<u>ません</u>
昨天<u>没</u>看电视	昨日、テレビを見<u>ませんでした</u>
昨天<u>没</u>做作业	昨日、宿題をし<u>ませんでした</u>
汉语语态、情态的前置倾向	日语语态、情态的后置倾向
我<u>被</u>老师批评	私は先生に<u>叱られました</u>
他<u>被</u>老师表扬	彼は先生に<u>褒められました</u>
<u>也许</u>来	来る<u>かもしれません</u>
<u>应该</u>去	行<u>くべきだ</u>

（4）汉语虽然也有书面语和口语的差别，但是并不像日语在动词、形容词以及名词的谓语形式上都具有鲜明的一对一的简体和敬体的对立。

如果以英语作为参照，汉语和日语的相同点主要表现在以下方面：

（1）英语的定语可以在被修饰语后，但汉语和日语都是定语在被修饰语前，即"定语＋中心语"的语序。

（2）疑问句中，英语的疑问词一定在句首，但汉语和日语的疑问词位置都无需提前，疑问词在句中的位置与普通陈述句完全相同。

（3）英语里没有疑问助词，但汉语和日语里都有疑问助词，如"呢、吗、吧"，均位于句尾。

2. 日语母语者常见汉语语法偏误

根据崔立斌（2001）、王顺洪（2008）的研究，日语母语者常见的汉语语法偏误有如下几类：

（1）语序偏误

日语语序与汉语大不相同，日语的宾语位于动词之前，修饰语总是在被修饰语之前，且在句中的位置比较灵活，而汉语修饰谓语的词语在句中的位置相对比较固定。受母语影响，日本学生使用汉语时常出现语序偏误，比如：

① *我好久考虑，终于自己克服了困难。（我考虑好久，终于自己克服了困难。）
② *我也当然拼命地跑了。（我当然也拼命地跑了。）
③ *已经春天到了。（春天已经来到了。）
④ *我很长时间跟姐夫没有说话了。（我很长时间没有跟姐夫说话了。）
⑤ *有时学习很累了，去听音乐自己放松。（有时候学习很累了，去听音乐放松自己）
⑥ *我1980年北京师范大学外语系进入，是日语专业。（我1980年进入北京师范大学外语系，是日语专业）

上述例句分别是补语（例①）、状语（例②至例④）和宾语（例⑤和例⑥）语序偏误。

（2）补语偏误

汉语补语是个复杂的系统，包括结果补语、趋向补语、可能补语、状态补语、数量补语等，日语没有与补语直接对应的形式，汉语的补语在日语中是通过状语、词尾等多种形式来表达，因此补语对日本学生来说是一个难点，经常出现偏误，比如：

① *我看那本杂志已经完了。（我已经看完了那本杂志。）
② *他从书包里拿出去课本。（他从书包里拿出来课本。）
③ *你说得太快，我不能听懂。（你说得太快，我听不懂。）
④ *房间太小，不会容纳那么多人。（房间太小，容纳不下那么多人。）
⑤ *你睡觉得晚不晚？（你睡得晚不晚？）
⑥ *你休息休得好不好？（你休息得好不好？）

以上分别是结果补语（例①）、趋向补语（例②）、可能补语（例③、例④）和状态补语（例⑤、例⑥）的偏误。

（3）离合词偏误

离合词对日本学生来说是一个极为难懂的问题。这是因为日语中，与汉语同形的词如"发言""移民""摄影""施工"等有很多，但这些词汇在日语中绝对不能像中文一样分开使用（韩越，1999）。因此，日本学生常常不知道汉语中哪些动词要离析，怎么离析，从而造成偏误，如：

①＊周末，我们几个留学生唱歌很多。（唱了很多歌）

②＊昨天我不舒服，只吃饭一次。（只吃了一次饭）

③＊孩子变了成钢琴迷，每天弹。（变成了）

④＊商店里的商品已经陈了列。（已经陈列）

⑤＊我吃了饭三碗。（吃了三碗饭）

例①和例②的动词"唱歌"和"吃饭"应该离析但没有离，例③和例④的动词"变成"和"陈列"不是离合词，学生却把它们拆开了。例⑤学生意识到"吃饭"应该拆开，但有数量短语时又不知道该如何正确地拆开离合词。

3. 对日汉语语法教学要点

（1）总体原则

王顺洪（2008）总结了对日汉语语法教学的原则，兹摘要引述如下：

① 注重对照比较。在教学中，需要进行比较的内容包括语序比较、句型比较、词语搭配比较等，找出两种语言在语法上的共同点和不同点，特别要向学生强调不同点。

② 正确对待偏误，培养学生语感。在语序的偏误上，教师不可急于求成，忽视学生的学习水平。对于与语义理解有关的偏误，如果教师过于苛刻，留学生会因为无法理解而出现厌学情绪。

③ 适当使用"双语法"教学。在初级阶段的课堂上使用汉语与日语的"双语法"教学，可以减少语言障碍，使学生更容易接受，更快地理解授课内容。

（2）具体语法点的教学要点

① 离合词。韩越（1999）提出，有必要在教材编写中单独立项，明确阐述离合词。具体方法：一是语音阶段结束后，一进入短文阶段，出现动词时安排出现一些常用的离合词，如"见面""吃饭""结婚"等，并简单介绍动宾结构及离合词的概念。二是出现"了"后将所学离合词加上时量补语进行练习，如"见了一次面""吃了一顿饭""结过一次婚"等。三是补语部分结束，基础语法告一阶段时，可以进行一个综合练习，如"见过面""见过一次面""吃饭吃得很多"，并列举一些偏误例，引起学生们注意。

② 动补结构。日语的短语没有动补式，但词汇却有这种结构，如类似趋向补语"て来る""て行く"（相当于"～来""～去"）。与中文同形同义的"说明""打倒"以及虽不同形但意义相近的如"书き终える"（相当于"写完"）。据此，韩越（1999）指出教日本学生动补结构可采用以下方法：

首先，在进入句法之前，应该先从词法入手。尤其是中日文相近的用法，如"说明""打倒"等。其次，在教材编写中，可以将"趋向补语→结果补语→时量补语→状态补语→可能补语"作为出现顺序，因为除趋向、结果补语之外，日语在形式上与汉语补语相近的不多。最后，复合趋向补语中引申用法的意义很繁琐，在初级阶段不宜讲解过多。除了"～起来"这种使用频度较高的词以外，有一些简单介绍就可以了。

【案例分析】

日本人学汉语在词汇和汉字的学习上有先天优势，汉字自不必说，日语中还有大量的汉日同形同义和同形近义词，如"政府""经济""学校""教授""警察""兄弟""家族"等，这些对日本学生都是巨大的帮助。然而，一到语法学习上，由于两种语言在语序和类型上的较大差异，会给日本学生带来许多困难。

日语的基本语序是主-宾-谓，受母语负迁移影响，学生刚学汉语之初也容易将汉语的宾语提前，这类偏误经过一段时间的学习和训练后会得到改善。比较难改的是修饰语和被修饰语的位置。日语中修饰语一律放在被修饰语之前，无论定语、状语还是补语都在中心语之前，而汉语的补语位于动词之后，因此学生经常搞错汉语补语的位置，比如将数量补语放在动词之前，造出"＊弟弟很长时间睡觉了""＊他一个星期一次做家教"这样的病句。此外，日语属于黏着语，通过词尾变化表达语法意义，有些词尾与汉语助词有相似之处容易造成混淆，比如日本学生经常把动态助词"了"当成日语的过去时词尾"た"，从而造成"了"的过度使用。

由于日本国内学生在学习汉语时最常用的是母语策略（刘凤芹，2012），即阅读时先翻译成母语，表述前需用母语构思，汉语教师应引导学生注意汉语和日语在语序与类型上的不同，尽可能减少母语的干扰。同时也要利用日语和汉语的相似之处形成正迁移，比如定语和状语都在中心语之前，疑问句中疑问代词不移位等。针对日本学生上课不爱开口，不善于用汉语交际的特点，教师应多使用交际教学法与任务型教学法，设置情境鼓励学生开口，使用汉语进行有意义的沟通和交流。

【思考练习】

1. 简要概述日语语法特点。
2. 日本学生的学习风格和策略是什么？
3. 日本学生学习汉语有什么优势和劣势？
4. 教师应如何针对日本学生的特点教学？

【拓展阅读】

1. 王顺洪．日本人汉语学习研究．北京：北京大学出版社，2008.
2. 张岩红．汉日对比语言学．北京：高等教育出版社，2014.
3. 崔立斌．日本学生汉语学习的语法错误分析与汉日语言对比．语言文字应用，2001(4).
4. 韩越．论日本学生的母语负迁移及其对策．湖南大学学报(社会科学版)，1999(4).

第四节　对韩语母语者的语法教学

【案例导入】

根据 2016 年来华留学官方数据显示，来华留学生数量最多的国家是韩国，约有70540 人，比排名 2 至 4 位的美国(23838 人)、泰国(23044 人)和巴基斯坦(18626

人)的总和还要多。韩国学生是对外汉语教师最常碰到的一个群体,那么韩国人学习汉语语法有什么特点和难点,汉语和韩语有什么异同,对韩汉语语法教学有哪些原则和方法?

【基础知识】

1. 汉韩语法对比

汉语属于汉藏语系,为孤立语;韩语属于乌拉尔——阿尔泰语系,和日语一样是黏着语。我们可以从以下几个方面对汉语和韩语语法进行对比:

(1)形态对比

汉语的词没有形态变化,主要借助词序和虚词来表示句子中各个词之间的关系,而韩语形态标志比较丰富,主要依靠助词和词尾来表示每个词在句中的地位和语法功能。

韩语的主语必须加表示主语的主格助词"가(이)",同样,表示谓语、宾语、定语、状语时都有一定的词尾变化。此外,韩语的谓词还有阶称、时制、体相等语法范畴,这些同样依靠词尾和助词来体现。

(2)语序对比

汉语的基本语序是 SVO(主语—谓语—宾语),韩语的基本语序则是 SOV(主语—宾语—谓语),比如:

　①　我打乒乓球。
　　　나는 탁구를 칩니다.
　　　(我乒乓球打)

但是在修饰语和被修饰语的语序上两种语言是一致的,都是修饰语在被修饰语之前,比如:

　②　黑色的汽车　　　(定中结构)
　　　검정색 자동차　(定中结构)
　③　立刻出发　　　　(状中结构)
　　　바로 출발하다　(状中结构)

表示动作次数的数量短语,汉语常常放在动词后充当补语,而韩语则放在动词前充当状语,比如:

　④　这本书看了两遍。
　　　이 책은 두 번 읽었습니다.
　　　(这本书两遍看了)
　⑤　每天来一次。
　　　하루에 한 번씩.

（每天一次来）

汉语有时是通过一些介词来表示各个词之间的语法关系，介词要放在名词前组成介宾结构，韩语则用词尾表示各个词之间的语法关系，而词尾都必须加词的后边，比如：

⑥ 我们在大田开会。

우리는대전에서회의를합니다.（我们大田在会议开）①

（3）词类和句子成分对比

韩语的词类可分为名词、代名词、数词、量词、动词、形容词、冠形词、副词、叹词和助词，其中名词、代名词、数词和量词统称体词；动词、形容词总称谓词。冠形词、副词起限定修饰作用都称为修饰词。感叹词在句中是独立成分，为独立词。助词在句子中表示与词语的关系，称为关系词②。汉语的词类可分为名词、动词、形容词、数词、量词、代词、副词、介词、连词、助词、叹词。

汉语和韩语虽然都有助词，但两者的意义和功能大不相同，汉语的助词包括结构助词、动态助词和语气助词，而韩语的助词是附于体词之后，表示该词与其他词的语法关系的词，包括格助词、补助词和接续助词三大类，每类又各分为几个小类。其中，属于格助词的冠形格助词"의"相当于汉语结构助词"的"，副词格助词的功能相当于汉语的介词，比如表示处所的"에"相当于汉语介词"在"，表示工具、手段、材料的"（으）로"相当于汉语介词"用"等。汉语的动态助词和语气助词在韩语中一般用词尾来表示。

汉语有 6 种主要句子成分：主语、谓语、宾语、定语、状语和补语，韩语没有补语，只有前五种句子成分，汉语的补语在韩语中大多用状语来表示，比如：

⑦ 听明白　　**듣고이해하기**（明白听）
⑧ 好极了　　**매우좋다**（非常好）
⑨ 睡了一个小时　**한시간동안잠을잤다**（一个小时睡了）
⑩ 飞得高　　**높이날다**（高飞）

以上分别是汉语的结果补语、程度补语、数量补语和状态补语，翻译成韩语得用相应的状语来表达。

2. 韩语母语者常见汉语语法偏误③

（1）语序偏误

汉语和韩语语法最大的差异就是语序不同，汉语基本语序为主—谓—宾，而韩语是

---

① 王海峰.《国别化：对韩汉语教学法（上）——语言要素教学篇》，北京大学出版社，2011 年.
② 许维翰.《现代韩国语语法》，北京大学出版社，2004 年.
③ 本节内容主要引用王海峰：《国别化：对韩汉语教学法（上）——语言要素教学篇》，北京大学出版社，2011 年.

主—宾—谓，初学汉语的韩国学生常受母语影响把宾语放到谓语之前，比如：

① *我们一块儿商店去吧。（我们一块去商店吧。）
② *你什么东西买吗？（你买什么东西吗？）
③ *每天下午我的衣服洗洗。（每天下午洗我的衣服）

随着学习的深入，学生在修饰成分方面的语序也会出现一些偏误，比如：

④ *请再一遍说吧！（请再说一遍吧！）
⑤ *我在青岛四年住了。（我在青岛住了四年。）
⑥ *吃完饭，就我们出去玩了。（吃完饭，我们就出去玩了。）
⑦ *我在成均馆大学中国大学院学了已经三个月。（我在成均馆大学中国大学院已经学了三个月。）
⑧ *我很多买了。（我买了很多。）
⑨ *他很努力学了汉语。（他学汉语很努力。）
⑩ *我和妈妈一起去旅行了桂林。（我和妈妈一起去桂林旅行了。）

例④和例⑤是数量结构的语序偏误，例⑥和例⑦是状语位置偏误，例⑧和例⑨是补语语序偏误，例⑩是连动句宾语的位置偏误。

（2）介词偏误

韩国学生介词学习是一个难点，偏误较多，根据崔立斌（2006）的统计，介词偏误中占比最多的是多用介词（占35%）和漏用介词（占33%），比如：

① *在中国跟韩国的饮食文化上不同的地方很多。（中国跟韩国的饮食文化上不同的地方很多。）
② *从今年打算去台湾。（今年打算去台湾。）
③ *下面我要对饮食，说明一下儿。（下面我要简单说明一下儿中国的饮食。）
④ *这个成语没有在中国。（这个成语中国没有。）

以上病句是多用介词的情况，韩语是黏着语，助词和词尾很丰富，施事、受事、时间、处所等各种语义角色都有标志。受母语影响，韩国学生总爱在跟时间、空间、对象等意义相关的词语前面加上一个介词。

漏用介词的情况如：

⑤ *我1992年来三星公司以后，一直开发部门工作。（……一直在开发部门工作。）
⑥ *那些书中，我觉得能得到人生的智慧。（从那些书中，我觉得能得到人生的智慧。）

　　⑦ ＊晚上打电话爱人和孩子。（晚上给爱人和孩子打电话。）
　　⑧ ＊爱人的想法也一样我。（爱人的想法也跟我一样。）

　　以上分别漏用了介词"从""给"和"跟"，崔立斌（2006）指出韩国学生知道汉语介词在句中的位置跟韩语助词不同，但一时又不能摆脱母语思维的影响。说话或写作文时常常受母语影响先说出体词性成分，然后会想到汉语介词不能像韩语助词那样用在体词性成分的后面，所以就不用介词，造成漏用介词的错误。

　　（3）"了"的偏误

　　"了"是一个语法难点，据崔圭钵（2014）对学汉语的韩国大学生的调查，无论是汉语专业还是非汉语专业的韩国学生都把"了"的使用视为最困难的语法点，同时也是最难理解的语法说明。在"了"的偏误中，最多的是"了"的误加，比如：

　　① ＊我没买了那个礼物。
　　② ＊听说妈妈身体不好，我担心了妈妈。
　　③ ＊我们决定了去上海。
　　④ ＊来北京后我常常病了。
　　⑤ ＊我们刚开始了。
　　⑥ ＊我今天起得很晚了。
　　⑦ ＊我去了买衣服。

　　以上偏误中，例①属于否定句不能用"了"，例②和例③是动词性质不能带"了"，例④和例⑤不用"了"与动词前的副词有关，例⑥是因为状态补语不加"了"，例⑦是连动句中"了"的使用问题。由于汉语的"了"是一个非强制使用的体标记，它的使用受到许多条件的限制，而韩国学生又容易把"了"与韩语中的过去时制词尾等同起来，从而造成滥用。

　　（4）补语的偏误

　　汉语补语出现频率很高，而韩语没补语，所以缺少必要的补语是韩国学生比较容易犯的语法错误之一（丁崇明，2009），比如：

　　① ＊找工作以后，每个星期五晚上的聚餐是免不了的。（"找"后面缺少结果补语"到"）
　　② ＊最近制作好的假的很多，不容易分假的。（应为"分清"）
　　③ ＊A：你听完相声以后去哪儿了？B：我一听就去见朋友。（应为"听完"）
　　④ ＊你能不能把这本书给我翻译？（缺动量补语"一下"）

　　还有是把补语误作为状语来用。韩语没有补语，所以韩国汉语学习者在写比较复杂的句子时，有时会把做补语的成分放到状语的位置上去，造成补语语序方面的偏误，前文已有论述，不再赘述。

3. 对韩汉语语法教学要点

（1）语法点的选择。王海峰（2011）指出，首先应该分清主次，一些语法项目体现汉语的语法特征，如汉语的基本语序、基本句型等，虽然汉语和韩语语法差异很大，但这些对韩国学生来讲并不太难，可以作一般性的介绍和训练。应该将语法教学的重点放在韩国学生经常和容易产生偏误的语法项目上，如复杂句子的语序、"了""着""过"的用法（其中"了"是重点中的难点）、介词的用法、补语、把字句、无标记被动句、形容词谓语句、比较句等。其次，在语法点的选择上还要注意先后，即先教什么，后教什么，一般来讲要遵循先易后难、循序渐进的原则。

（2）语法点的讲解。对语法点的讲解一般从形式、意义和功能三个方面展开。对语法点形式的讲解包括语法格式基本结构、变式结构（肯定式、否定式、疑问式）、必要成分（如把字句的补语）、语法成分的排列顺序（如时量补语）和虚词的位置等（王海峰，2011）。常见的语法点讲解的技巧有公式法、图片道具法、情景演示法、语言对比法等。

【案例分析】

从前文可知，介词是韩国学生十分容易犯错的一个语法项目，我们就以介词"向"和"往"为例，具体分析如何进行教学。

"向"和"往"是表示动作趋向的介词，都可译成韩语的"（으）로"，所以学生总是混淆两个词，认为在任何情况下都可以互换使用，从而造成偏误，比如：

① ＊他往我招手。（他向我招手）
② ＊周末我坐了开向北京的火车。（周末我坐了开往北京的火车）。

为此，我们可以通过对比的方法揭示"向"和"往"的异同。具体教学方法如下：
（1）"向"和"往"的相同点
"向"和"往"都可以表示动作的方向，用板书展示所在句子结构：
板书：向/往+方位名词/处所名词/表处所的专用名词+动词
例句：①大家向（往）前看。
　　　②走到路口向（往）左拐就是图书馆。
　　　③他下课就向（往）操场跑。
（2）"向"和"往"的不同点
"向"还可以指明动作的对象，"往"不能介引动作的对象。

板书：	表示方向		表示对象	
	……+动词	动词+……	身体动作等具体动词	抽象意义动作
向：	向前看	通向教学楼	向他眨眼/打招呼	向你学习/请假/致敬
往：	往前看	通往教学楼	＊	＊

"向"和"往"用于动词后时，对搭配的动词也有不同的要求：
V向：动词V一般是"转、冲、走、奔、驶、指、射、飞、通"等单音节动词，如"转

向市场经济、冲向大海、走向光明、奔向未来、驶向西部、指向大地、射向大门、飞向天空、通向食堂"。

V 往：动词 V 一般是"开、送、寄、运、飞、赶、通、迁、派、逃"等单音节动词，如"开往北京、送往学校、寄往中国、运往武汉、飞往上海、赶往现场、通往教室、迁往郊区、派往美国、逃往国外"。

相同的动词只有"飞"和"通"两个，也就是说在这两个动词后，"向"和"往"都可以，其余都不能互相替换。

最后可以给学生一些判断对错的练习，比如：

(1) 大家一起向操场走去。　　　(　　)
(2) 我们应该往她学习。　　　　(　　)
(3) 我往他挥了挥手。　　　　　(　　)
(4) 这列火车从武汉开向北京。　(　　)

【思考练习】
1. 简述韩语和汉语语法的异同。
2. 韩语母语者学习汉语语法的难点有哪些？
3. 为什么韩国学生在"了"的使用上总是犯错？
4. 请你针对韩国学生的偏误，设计一份"了"的教案。

【拓展阅读】
1. 崔立斌. 韩国学生汉语介词学习错误分析. 语言文字应用，2006(S2).
2. 崔圭钵. 韩国大学生汉语及其语法习得难易度分析——以韩国高丽大学中文系二、三年级为对象. 双语教育研究，2014(02).
3. 王海峰. 国别化：对韩汉语教学法（上）——语言要素教学篇. 北京：北京大学出版社，2011.
4. 肖奚强. 韩国学生汉语语法偏误分析. 世界汉语教学，2000(2).

第五节　对泰语母语者的语法教学

【案例导入】

刘老师在泰国某孔子学院已经任教一个多月了，教汉语初级班的高中学生。他发现学生在汉语的语序掌握上存在很大问题，经常说出"我吃饭在""我走先""作业我的交了"这样的病句。此外，学生上课比较自由散漫，积极性不高，课后作业完成率也相对较低，教学效果始终不太理想，刘老师自己又不懂泰语，为此忧心如焚。那么泰国学生为什么会出现上述语序偏误？如何解决？怎么有效地教泰国人学汉语呢？

【基础知识】

(一)汉泰语法对比

(1)语言类型与语序

泰语和汉语同属汉藏语系,从语言类型来看都属于孤立语,两种语言都缺乏形态变化,语法意义主要依靠虚词和语序来表达,泰语的基本语序和汉语一样是 SVO,即主语+谓语+宾语,如:

ผมอ่านหนังสือ

我　看　书

但在修饰语和中心语的词序上两种语言有较大区别,汉语修饰语在中心语前,而泰语的修饰语在中心语之后,比如:

① **ดินสอสีแดง** 红色铅笔

　　铅笔　红色

② **ครูภาษาจีน** 中国老师

　　老师　中国

③ **เริ่มต้นได้ทันที** 马上动工

　　动工　马上

④ **วิ่งได้อย่างรวดเร็ว** 飞快地跑

　　跑　飞快

例①和例②是定中结构,泰语的定语在中心语之后,因此汉语的"红色铅笔"在泰语中应为"铅笔红色"。例③和例④是状中结构,汉语状语在中心语之前,如"马上出发""飞快地跑",泰语顺序正好相反,状语在中心语之后,要表达同样的意思,泰语说为"出发马上""跑飞快"。两种语言修饰语和中心语次序的不同直接导致许多表达方式的差异,比如:

①表示时间、地点的成分与谓语动词的词序不同,汉语是"时间/地点+动词"而泰语是"动词+时间/地点",比如:

ผมนอนตอนหกโมง(我睡觉六点)我六点睡觉

ผมอ่านหนังสือที่สำนักงาน(我看书在办公室)我在办公室看书

②方位词与名词词序不同,汉语方位词在名词后面,泰语方位词处于名词前面,比如:

ด้านหน้าของธนาคาร(前面银行)　　　银行前面

ข้างหลังของโรงเรียน（后面学校）　　　学校后面
ด้านซ้ายของเตียง（左边床）　　　　床的左边
บนโต๊ะ（上面桌子）　　　　　　　　桌子上面

③数量词和名词词序不同，泰语也有量词，与数词结合时位于名词后面，比如：

หนังสือ1 **เล่ม**（书 1 本）　　　一本书
รถ1 **คัน**（车 1 辆）　　　　一辆车

因此，汉语的自然语序是主语(定语+名词)+状语+动词+补语+宾语(定语+名词)，比如："聪明的学生马上学会复杂的方法。"

相对的，泰语的自然语序则是主语(名词+定语)+谓语+宾语(名词+定语)+状语，上述汉语句子翻译成泰语就变成了：

นักเรียนฉลาดเรียนรู้วิธีการที่ซับซ้อนได้ทันที
　学生　聪明　学会　方法　复杂　马上
　聪明的学生马上学会复杂的方法。

（2）句法结构与构词法

汉语有主谓、述宾、述补、偏正、联合、连谓六种句法结构，而一般认为泰语只有主谓、述宾、偏正、联合、连谓五种，没有与汉语述补结构直接对应的成分。陈楚华(2005)总结了汉泰句法结构的异同，现转引如下：

汉　语	泰　语
1. 主谓结构 主+谓：你+漂亮	1. 主谓结构 主+谓：**คุณ + สวย** 　　　你　　漂亮
2. 述宾结构 述+宾：读+书	2. 述宾结构 述+宾：**อ่าน + หนังสือ** 　　　读　　　书
3. 联合结构 联合：跳水+举重+射枪 　　　（跳水、举重和射枪）	3. 联合结构 联合：**กระโดดน้ำ ยกน้ำหนัก และ ยิงปืน** 　　跳水　　举重　和　射枪

续表

汉　　语	泰　　语
4. 偏正结构 　　4.1　定+中：古代+故事 　　4.2　状+中：慢慢+走 5. 述补结构 　　述+补：吃+完	4. 偏正结构 　　4.1　中+定：**นิยาย + สมัยโบราณ** 　　　　　　　　故事　　　　古代 　　4.2　中+状：**เดิน + ช้าช้า** 　　　　　　　　走　　　慢慢 　　　　　　　　**กิน + หมด** 　　　　　　　　吃　　 完 　　4.3　状+中：**มัก + นอนหลับ** 　　　　　　　　常常　　　睡觉
6. 连谓结构 　　谓+谓：送孩子去+学校	5. 连谓结构 　　谓+谓：**ส่งลูกไป + โรงเรียน** 　　　　　　送孩子去　　　学校

　　他指出泰语的偏正结构包含汉语的述补结构，且泰语的偏正结构中修饰谓词的修饰语有的置于谓词之前，有的置于谓词之后，所以泰语不分"状中结构"和"述补结构"，因此"快走"和"走得快"翻译成泰语是一样的。

　　从构词法来看，两种语言中，词根复合构成新词都是最常见的构词方式，例如汉语的"手"可以跟其他词根构成大量新词，如：手表、手艺、手册、手工、手巾、手段、手腕，等等。泰国语里的"**มือ**"也可以构成新词，如：**ถุงมือ**（手套）、**มือปืน**（枪手）、**มือดี**（好手）、**กุญแจมือ**（手铐）、**งานฝีมือ**（手艺），等等，并且复合词的结构类型也很相近，包括偏正型、联合型、主谓型、动宾型等几种。如下表所示：

复合词结构类型	汉　　语	泰　　语
联合型	兄弟、朋友	**พี่น้อง**（兄弟）**พี่**：兄，**น้อง**：弟。 **เลือดเนื้อ**（骨肉）**เลือด**：血，**เนื้อ**：肉
偏正型	电车、卧铺	**รถนอน**（卧铺）**รถ**：车，**นอน**：睡觉。 **รถมอเตอร์ไซด์**（摩托车）**รถ**：车，**มอเตอร์ไซด์**：摩托
主谓型	地震、胆小	**แผ่นดินไหว**（地震）**แผ่นดิน**：地，**ไหว**：震 **ใจเสาะ**（胆小）**ใจ**：胆，**เสาะ**小
动宾型	担心、鼓掌	**ปรบมือ**（鼓掌）**ปรบ**：鼓，**มือ**：掌 **กังวลใจ**（担心）**กังวล**：担心；**ใจ**：心

（二）泰语母语者常见汉语语法偏误

（1）语序偏误

由于泰语和汉语在修饰语和中心语语序上的差异，泰国学生使用汉语时经常出现定中和状中结构的语序偏误，比如：

①＊我爸爸是经理的公司。

　　改：我爸爸是公司的经理。

②＊因为清莱有山和树很多。

　　改：因为清莱有很多山和树。

③＊我爸爸是泰国人，他可以讲中文一点儿。

　　改：我爸爸是泰国人，他可以讲一点儿中文。

④＊有一个泰国菜有名是 spicy sauce。

　　改：有一个有名的泰国菜是 spicy sauce。

前三例分别是名词、形容词、数量结构作定语时定中结构语序的偏误，由于泰语的定语位于中心语后，受母语负迁移影响，初学者特别容易犯上述错误。例④是多项定语排序的偏误，汉语中多项定语一般按照表示领属关系的词语>表示时间、处所的词语>指示代词或量词短语>动词性词语和主谓短语>形容词性词语>表示质料、属性或范围的名词、动词排列。同样由于母语负迁移，泰国学生还经常把汉语的状语放在中心语之后造成偏误，比如：

⑤＊我每天早上起床七点，因为我有课八点。

　　改：我每天早上七点起床，因为我八点有课

⑥＊妈妈有外贸公司在马来西亚。

　　改：妈妈在马来西亚有外贸公司。

⑦＊晚上六点半我去拍照跟朋友。

　　改：晚上六点半我跟朋友去拍照。

⑧＊她从来厦门大学。

　　改：她从厦门大学来。

以上分别是时间、地点以及介词短语作状语时语序上发生的偏误。在多项状语的排序上，泰国学生也容易犯错，比如：

①＊因为他们和我要一起爬山。

　　改：因为他们要和我一起爬山。

②＊我们跟老师常常一起去食堂吃饭。

　　改：我们常常跟老师一起去食堂吃饭。

汉语多项状语的次序按照离谓语距离从远到近大致是(1)条件(2)时间(3)处所(4)语气(5)范围(6)否定(7)程度(8)情态(9)对象。例如：许多代表昨天在休息室里都热情地同他交谈。例①将对象"我"置于情态"要"之前，例②将对象"老师"置于时间"常常"之前产生偏误。

(2)副词偏误

泰语的副词在语序和语义上与汉语副词有较大差异。汉语副词只能出现在动词之前作状语，但是泰语副词有的如汉语一样位于动词之前如否定副词，但是有的只能置于动词之后如程度副词。最复杂的是泰语的时间副词，有的可以在动词之前，如**เคย**(曾经)，有的则必须在动词之后，如**แล้ว**(已经)，因此泰国学生在使用汉语副词时往往造成错序偏误。比如：

  ①＊他去看你常常。
  ②＊你叫我走，我就走马上。
  ③＊这朵花大非常。
  ④＊他忙很。
  ⑤＊我们班中，他年龄小最。
  ⑥＊我今天非常吃得多。

上述例①、例②是时间副词，应该位于动词前，改成"常常去看你"和"马上走"，初级阶段的泰国学生往往根据母语的习惯把这两个副词放在动词之后。例③到例⑥是程度副词的错序偏误，由于泰语程度副词一律在动词之后，因此在学习汉语程度副词时，错序偏误最多。例③到例⑤通过强调语序差异，学生往往能改正，比较特殊的是例⑥，学生已经意识到"非常"应该位于动词之前，但由于此处"非常"是修饰"多"，应改成"吃得非常多"。

除了错序偏误外，由于汉语副词比泰语丰富，泰语的一个副词往往对应汉语的多个副词，比如汉语的"不"和"没"翻译成泰语都是**ไม่**，"都""所有""全部""一概"的泰语对应形式都是**ทั้งหมด**，"还""仍""仍然"都是**ยัง**，在语言迁移的困难层次等级中属于最难的分化，即母语的一个语言点对应第二语言的两个或多个语言点，从而造成误代偏误，比如：

  ①＊我好久不见到他了。
  ②＊他明天没去北京。
  ③＊这本书不谈到这个问题。
  ④＊这是我都的想法。
  ⑤＊下周大家一概去 pp 岛玩。

例①到例③是**ไม่**对应形式"不"和"没"的误代偏误，例④、例⑤是**ทั้งหมด**对应形式"都""所有"和"一概"的混淆使用，这些偏误均与学生的母语有关。另一方面，由于汉语有许多近义副词，泰国学生也会因分不清近义副词之间的区别从而造成语内的误代偏误，比如：

⑥＊我很很喜欢孩子。

⑦＊我看见他正在站在门口。

⑧＊我希望你以后往往锻炼身体。

例⑥是"很"和"非常"的误代，"非常"和"很"语义相近，但是前者可以重叠，"很"不能重叠。例⑦是"正在"和"正"的误代，动词后有"在"时，动词前只能用"正"。例⑧是"常常"和"往往"的误代，"常常"仅强调动作经常出现，不一定有规律性。"往往"除了强调经常出现外，还有一定的规律性。例⑧仅表示"锻炼"经常出现，没强调规律性，因而用"常常"更合适。

(三)对泰汉语语法教学要点

在教授泰语母语者学习汉语语法时要考虑两个方面，一是汉语和泰语之间的差异，二是泰语母语者的汉语学习策略和特点，因此教师在教学时应注意以下两点：

(1)坚持汉、泰语对比，具体体现为①通过对比，利用汉泰语的共性促进正迁移，如两种语言均是主谓宾结构，都利用虚词和语序表达语法意义。②通过对比，突出汉泰语之间的差异性克服母语的负迁移，比如在定中结构和状中结构的语序上，汉、泰两种语言截然相反，教师应不断地突出、强化两者差异，克服母语惯性，建立新的汉语习惯。③通过汉、泰语对比，预测学生在学习过程中可能出现的困难，从而灵活地把握教学中的重点和难点。汉语和泰语之间相互对应而又有明显差异的知识点往往就是对泰汉语教学中的重点和难点，应该给予足够的注意。例如，汉语和泰语都有量词，泰国学生学习汉语一般不会漏掉量词，但可能会由于不习惯汉语中量词用法复杂多变而张冠李戴。

(2)了解、引导学生汉语学习策略和特点。泰国学生比较自由、散漫，缺乏竞争意识，学习计划性不强，在学习上比较缺乏预先计划、自我监控、自我管理等。这就要求老师在课堂和课外以恰当的方式引导，比如和学生一起制订汉语学习计划并定期检查，学习任务尽量在课堂上完成等。卢晓等人(2011)调查发现，泰国学生最常使用的学习策略是认知策略，具体表现为利用语境、记笔记、声像、重复等方法学习汉语，教师应利用这一习惯，在上课时多设置语法项目使用的语境，并用公式化的形式给出语法结构，写在黑板上方便学生记笔记。

【案例分析】

泰国学生之所以会说出"我吃饭在""我走先""作业我的交了"这样的句子，是因为受到母语语序的影响。由于汉语和泰语在定中和状中结构上的语序差异，初学汉语者非常容易在这两种结构上犯错，为此，教师应具有对比意识，在课堂上反复强调汉语和泰语在语序上的不同，可以用下划线或波浪线的形式将汉语的定语和状语位置突出。比如：

我的电脑　新衣服　黑色钢笔

在学校见　努力学习　8点上课

展示大量的例子之后，再用公式化形式加以总结：

主语+定语（的）+宾语

主语+［时间］/［地点］/［其他（地）］+谓语+宾语

我们以定中结构的语序教学为例，展示具体的课堂教学步骤。汉语定语的形式标志是结构助词"的"，泰语的定语标志是 ของ，我们首先告诉学生 ของ 相对应的汉语是"的"，意义和功能一样，但是"的"前后成分不一样。

第一步，在黑板上给出等式：ของ B = B 的 A

解释这个等式的意义，即用汉语说"A ของ B"这个结构时，后面的那个"B"要提前到"A"的位置，中间用"的"连接。

第二步，做翻译练习

给出以下泰语 แม่ของฉัน（我的妈妈）、ครูของคุณ（你的老师）、เพื่อนของครู（老师的朋友），请学生翻译，做错的加以纠正。

第三步，强化训练，加强记忆

准备好写着人称代词"你""我""他"和名词"老师""妈妈""朋友"的生词卡片，老师或者同学随意抽取两张卡片，请全班同学拼读并翻译，比如抽到"你"和"老师"，学生应该说出"你的老师"，并翻译成泰语。如此反复多次以帮助学生建立汉语的语序模式，克服母语负迁移。

【思考练习】

1. 简要概述汉语和泰语语法的异同。

2. 泰国学生常见的汉语语法偏误有哪些？

3. 泰国学生学习汉语副词的主要问题是什么？

4. 汉语多项定语的顺序要告诉初学者吗？

【拓展阅读】

1. 朱华、曾昭聪．泰国学生汉语语序学习的偏误分析及教学对策．云南师范大学学报（对外汉语教学与研究版），2010（6）.

2. 华玉明、黄艳梅．泰语干扰和对泰汉语教学对策．邵阳师范高等专科学校学报，2000（6）.

3. 邓丽娜、厉芹．泰语与汉语的同异性与对泰汉语教学．成都大学学报（教育科学版），2008（4）.

4. 裴晓睿．泰语语法新编．北京：北京大学出版社，2001.

第三章　汉语实词教学

第一节　名 词 教 学

一、名词及教学要点

【案例导入】

　　小李是汉语国际教育专业的研究生，平时他给一个外国留学生辅导汉语。最近他的学生请他修改一篇作文，在改作文过程中他发现除了常见的动词以及虚词的使用错误外，该学生在汉语名词的使用上也有很多错误，比如作文里出现"我认识了很多朋友们""我有三本书本""上年我来到中国"等病句。他一边帮学生修改作文，一边也在思考：学生为什么会出现这些问题，是不是与汉语名词的特点有关，在名词的教学中要注意哪些方面？

【基础知识】

　　1. 名词分类

　　表示人或事物名称的词叫做名词，一般可分为以下几类：

　　普通名词：手、床、电视、自行车、专家、教授、学生

　　专有名词：中国、北京、长城、欧洲、鲁迅、姚明、《西游记》

　　集体名词：人类、书本、纸张、马匹、车辆、河流、树木

　　抽象名词：概念、原则、意识、气氛、道德、品质、成就

　　时间名词：今天、昨天、早上、下午、星期一、将来、现在

　　方位名词：上、下、前、后、左、右、北方、中间

　　处所名词：学校、银行、图书馆、公司、邮局、火车站等

　　分类是为了更好地体现名词内部的差异性，不同类别的名词具有不同的语义和句法表现，比如：

　　(1)为什么可以说"很有成就"但不能说"很有自行车"？

　　"很有成就"的意思是"成就很高"，能替换"成就"的还可以是"原则""道德""气氛""品质"等抽象名词，这里"有+抽象名词"的意义比较虚化，具有形容词的性质，所以可以

用"很"修饰。但是普通名词就不能进入"很+有+名词"格式中，如不能说"我很有自行车""中国很有人"。

再比如，"毫无"后面所接的名词也必须是抽象名词，例如"毫无原则""毫无兴趣""毫无道德"等，如果是普通名词则不能被"毫无"修饰。

> ①　*我家毫无电视。
> ②　*我刚来中国的时候毫无朋友。

（2）为什么可以说"一个人"，但不能说"一个人类"

汉语名词在接受数词修饰时一般需要添加量词，量词可分为个体量词和集合量词，前者如"个、只、张、条、跟、本、朵、棵"等，后者如"群、片、些、排、批、帮"等。其中个体名词既能受个体量词修饰也能受集合量词修饰，而集体名词则只能受集合量词修饰。"人"是个体名词，而"人类"是集体名词，因而不能说"一个人类"，只能说"这些人类"。

2. 名词的语法功能

汉语名词最主要的语法功能是作主语和宾语，其次是作定语，少数名词在特定的句子中能作谓语，还有一部分名词能作状语，比如：

> ①　<u>学校</u>很新。（主语）
> ②　他不打<u>篮球</u>。（宾语）
> ③　我买了<u>语法</u>教材。（定语）
> ④　我<u>明天</u>去北京。（状语）
> ⑤　今天<u>星期天</u>。（谓语）
> ⑥　大家<u>客厅</u>坐吧。（状语）

能作谓语的名词有限，一般是表示日期、天气、籍贯等名词，如例⑤。作状语的大多是时间名词和处所名词，如例④和例⑥。汉语名词还可以直接修饰名词而不发生任何变化，除例③的"语法教材"外，再如"教材质量""石头房子""红色衣服"等，两个名词间不需要用"的"连接。

汉语名词没有"数"的范畴，单数名词和复数名词在形式上完全一样。表示人的名词有时可以用后缀"们"表示复数，但有了"们"后，一般前面不能再加表示复数意义的数量词或其他修饰语，如：

> 　*三个学生们　　*很多老人们　　*一些同志们

汉语名词也没有"性"的范畴，要表示人的名词的性别，要在名词前加"男"或"女"，如"男老师""女老师"。表示动物的性别，家畜一般用"公""母"，比如"母鸡""公牛"，家畜以外的动物，书面语用"雌""雄"，如"雄狮""雌豹"，口语也可以用"公""母"，如

"母老虎""公鹿"。

3. 名词教学要点

在对外汉语教学中，名词相对比较容易，但在教学中要注意以下几点：

（1）"们"的问题

"们"可以表示复数，但一般仅跟在表人名的词后，有"数"范畴语言的学生容易把"们"与母语中的复数等同，这可能导致三种类型的错误发生：

① 非表人的名词后接"们"，如"苹果们""桌子们"等；

② 表人名词前有具体数量，名词后添加"们"，如："两位老师们""几个顾客们"等。

③ 集合名词、类指或泛指名词以及其他代词等，想表达复数就加"们"，如："博物馆里人们真多，差不多有好几百人们"。

（2）时间名词

汉语时间名词的表达方法比较复杂，有用横向的前后关系表示时间先后的，如"前天""后天""前年""后年"；也有用纵向的上下关系表示时间的，比如"上周""下周""上月""下月"。如果不加以区别，学生就可能将"去年"说成"上年"。此外，留学生还容易混淆时点和时段，从而造成偏误。关于时间名词教学的内容详见本章第二节分析。

（3）方位词

汉语方位词的使用比较严格，在有些句式中不可缺少（如"我在床上睡觉"，"上"不能少），有的又不能乱加（如＊"我在北京里工作"，不能有"里"），也不可与其他方位词随意互换（"放在桌子上"和"放在桌子里"意思不同）等，因此成为名词习得中最大的问题，学生的偏误很多，在教学中应加以注意，本章第三节将详细分析方位词的教学。

【案例分析】

小李学生的错误在于将"们"等同于复数标记，忽略了"们"的使用条件，即当表人名词前有数量词或其他修饰语时，不能加"们"。因为"们"表示的是一个模糊的概数，有了它就已经传递了一种模糊概数的信息，所以不能再接其他确数或有概数意义的词语。同样的，汉语的数量或其他限定语能直接起到划定数范围的作用，有了它们，也无需再用"们"表示复数了，因此当"朋友"前有"很多"修饰时，已经确定了"朋友"的数量范围，就不能再用"们"了。"三本书本"则是用个体量词修饰集体名词造成的偏误。"上年我来到中国"是不清楚汉语时间名词表达的多样性造成的过度泛化，即从"上周"错误类推到"上年"。

【思考练习】

1. 跟普通名词相比，时间名词和处所名词有什么特点？

2. 什么样的名词可以直接作谓语？

3. 为什么"天"和"年"用"前/后"修饰，"周"和"月"用"上/下"修饰？

4. 方位名词"里"和"中"有什么区别？

【拓展阅读】

1. 杨玉玲、应晨锦．现代汉语语法答问（上）．北京：北京大学出版社，2011．
2. 陆庆和．实用对外汉语教学语法．北京：北京大学出版社，2006．
3. 缑瑞隆．方位词"上""下"的语义认知基础与对外汉语教学．语言文字应用，2004（4）．
4. 陈满华．从外国学生的病句看方位词的用法．语言教学与研究，1995（3）．

二、时间名词教学

【案例导入】

在对外汉语教学中，时间名词没有被当作一个重点问题来教，留学生自己对时间名词也未给予应有的重视。因而，留学生在汉语学习的初级阶段常常出现以下的错误：

＊见你明天！（明天见！）

＊我到中国上年四月。（我去年四月到中国。）

＊他两个年学汉语了。（他学汉语两年了。）

＊我们早晨八小时整上课。（我们早晨8点整上课。）

括号里是学生想要表达意思的正确句子，对比括号里外的句子可以发现，问题都出在时间名词上，说明时间名词并不是想象中那么好学。那么上述错句产生的原因是什么？背后体现了汉语时间名词的哪些特点？作为汉语教师，该如何帮助学生尽快克服这些困难？

【基础知识】

1. 什么是时间名词，它的语法功能是什么？

时间名词是指表示时间且能用"这个时候""那个时候"指称的名词，根据所表示意义的不同，时间名词大致可分为以下几种类型：

（1）表示年、月、日的，如"今年、去年、前年、明年、后年、上月、下月、今天、昨天、前天、明天、后天、星期日、星期二"等。

（2）表示节日的，如"元旦、春节、元宵节、端午节、国庆节"等。

（3）表示时令和节气的，如"春天、夏天、秋天、冬天、立春"等。

（4）表示一天内各种时间的，如"早晨、白天、上午、中午、下午、晚上"等。

（5）表示较长时间的，如"前期、后期、世纪、时期、时代、当代"等。

（6）表示相对时间的，如"过去、现在、刚才、将来、从前、当时"等。

这里要注意的是年月日的表达方法，有的以"前/后"指示，如"前年"和"后天"，有的以"上/下"指示，如"上个月"和"下个星期/礼拜/周"。时间名词与普通名词一样可以作主语、宾语和定语，与普通名词不同的是，时间名词还经常用在动词之前作状语，说明动作发生的时间，如：

① 小张今年考大学。
② 我们明天去北京。
③ 我刚才去办公室了。

2. 时点和时段

留学生在汉语学习的初级阶段经常会造出"我学汉语四月了""我三个小时上课"这样的病句，主要是因为学生没明白时点和时段的区别。所谓时点是指时轴上一个刻度点，时点表示的时间称为时点词，时点词有大小之别，大的如"21 世纪"，小的如"9 点 21 分 19 秒"。而时段指的是时轴上两个刻度点之间的距离，时段有长短之别，长的如"一个世纪"，短的如"一分钟"。

时点经常作状语，表示动作发生的时间，时段经常作补语，说明动作持续的时间，比如：

① 我每天 5 点起床。
② 他明天去学校。
③ 我在中国生活三年了。
④ 他在操场上玩了一下午。

区分时段和时点及其句法位置在对外汉语教学中有较大价值，在有些语言中（如英语）时点和时段词都位于动词后面，如"get up at 6 am"，"sleep for 7 hours"，如果不告诉学生汉语时点词和时段词的句法位置，学生就容易犯错。在教学中，还可以用通俗易懂的方式说明时点词和时段词的区别，即时点词可以用"什么时候"（when）提问，而时段词则是用"多长时间"（how long）提问。比如：

提问	回答
你什么时候上课？	我 8 点上课。
你上课多长时间了？	我上课一个小时了。
你什么时候来中国的？	我去年来中国的。
你来中国多长时间了？	我来了一年了。

3. 时段词与量词"个"

表达时段概念时要特别注意量词"个"的使用。即要让学生明白三种情况：

一是必须用"个"的情况。用时间单位"世纪""季度""月"表达时段概念，其前面必须用"个"，如"两个世纪""四个季度""六个月"等。

二是决不能用"个"的情况。在时间单位"年""天""分""秒"之前决不能用"个"，如"十年""两天""三十分钟""五十秒钟"等。

三是可用可不用的情况。"星期""小时"之前既可用"个"也可不用。

留学生常犯的错误之一是量词"个"使用不当。比如不该用而用了"个"，把"两年"说

47

成"两个年"，把"五天"说成"五个天"等。该用"个"而未用的错误也很多，比如把"六个月"说成"六月"结果从时段词变成了时点词。

4."大+时间名词(的)"结构

在现代汉语口语中，有一种跟时间名词有关的常用结构，即"大+时间名词(的)+后续句"，表示说话人对这一时间适宜或不适宜做某事的主观看法，比如：

① 大清早的，打什么电话啊。
② 大周末的，谁想上班啊？
③ 大夏天的，就应该吃冰西瓜。
④ 大冬天的，出门多穿点。

例①和例②的后续句以反问形式表达"清早不应该打电话"和"周末不应该上班"的意思，体现了说话人对"清早"和"周末"不适宜做某事的看法。例③和例④则以肯定形式体现说话人对"夏天适宜吃冰西瓜"和"冬天适宜多穿点"的主观认识。

"大+时间名词(的)"结构对所能进入的时间名词有一定限制，不是所有的时间名词都能进入该格式，如"大星期三""大春天""大世纪""大刚才"等就不能成立。一般认为，能够进入该格式的时间名词所表示的时间应该是比较重要或者比较特殊的，如"周末""清早""夏天""晚上"等，这些时间名词一般具有某种显著且突出的语义特征，能在人脑中激活某种意象，如"周末"激活的意象是"娱乐、休息""夏天"激活的意象是"炎热"，那么后续句就可以是顺着或者逆着该意象得出应该或不应该做某事的结论。

【案例分析】

案例中留学生的偏误主要是没有弄清楚时点词和时段词的区别及它们各自的语法功能，为了使学生对两者的区别有更好的认识，教师可以用格式化的形式配以大量的例句和操练，帮助学生掌握两者的区别，比如：

主语+时点+动词 　　　　 主语+动词+了+时段
我九点上课。 　　　　　　 他跳了三个小时。
他明天回国。 　　　　　　 我睡了一下午。
你下个星期来我办公室。 　 他写了一年。

对于年月日的表达方法，教师可以用表格形式清楚地展现给学生，如：

天	今天	明天	昨天	前天	后天
年	今年	明年	去年	前年	后年
周	这周	下周	上周	两周前	两周后
月	这个月	下个月	上个月	两个月前	两个月后

至于时段词用不用量词"个"的情况，教师应告诉学生必须用"个"的"月"和一定不能用"个"的"年"和"天"。

【思考练习】

1. 时间名词有什么特点？
2. 时段和时点怎么区分？
3. 英语的时段词和时点词与汉语有什么不同？
4. 为什么不能说"大秋天的"？

【拓展阅读】

1. 周小兵. 谈汉语时间词. 语言教学与研究, 1995(3).
2. 温云水. 对外汉语教学中的时间词问题. 天津外国语学院学报, 1997(3).
3. 沈阳. 关于"大+时间词(的)". 中国语文, 1996(4).
4. 顾倩. "大+时间名词(的)"的情感倾向及其认知解释. 宁夏大学学报(人文社会科学版, 2013(2).

三、方位词教学

【案例导入】

方位词是名词教学中的一个难点，黄老师在教学中发现学生们的错误主要集中在以下几点：(1)方位词的遗漏，即该用的没用，如"把手机放在桌子""从他的眼睛我看到了希望""我从心感谢黄老师"，上述病句分别少了"上"(桌子上)和"里"(眼睛里、心里)；(2)方位词的误加，即不该用而用了，如"我在中国里生活""我在武汉里找到了工作"；(3)错序，即方位词的词序错误，比较常见的有把"以前"和"以后"放在动词或动词词组前面，比如"以前我来中国没学过中文"，"以后我毕业我想教中文"；(4)误代，即不同方位词的误用，常见的有"上"和"下"的误用，比如"在朋友的鼓励上我适应了中国的生活""教室天花板下挂着一个电风扇"。

为什么"桌子""眼睛"后一定要加方位词，为什么"中国""武汉"后面又千万不能用方位词？电风扇明明在天花板下面，为什么不能说"天花板下挂着电风扇"而非要说"天花板上挂着一个电风扇"？

【基础知识】

1. 什么是方位词

方位词是表示方向和相对位置关系名称的词，根据结构可以分为单纯方位词和合成方位词两类：

单纯方位词：最基本的方位词，都是单音节的，如"上、下、前、后、左、右、里、外、内、中、间、旁、东、西、南、北"。

合成方位词：是由单纯方位词在前边加上"之"或"以"，或者在后面加上"边""面"

"头"等构成的，如"以前""之后""上边""下面""上头"等。见下表。

汉语主要方位词

	上	下	前	后	左	右	里	外	东	南	西	北
以-	以上	以下	以前	以后	——	——	——	以外	以东	以南	以西	以北
之-	之上	之下	之前	之后			——	之外	之东	之南	之西	之北
-边	上边	下边	前边	后边	左边	右边	里边	外边	东边	西边	南边	北边
-面	上面	下面	前面	后面	左面	右面	里面	外面	东面	西面	南面	北面
-头	上头	下头	前头	后头	——	——	里头	外头	东头	西头	南头	北头

2. 方位词的基本用法

方位词的基本用法包括表示方位、处所和时间。

（1）表示方位。方位词的基本功能是表示方位，单纯方位词与名词结合时，无论在名词的前面还是后面都不用"的"，如"前门""门前""桌上""桌下"等，合成方位词指示方位时基本结构为"名词+（的）+方位词"，如"大楼（的）前面""学校（的）后面"，"的"可以出现也可以省略。单纯方位词一般不单独作主语和宾语，只有在对举结构或介词"往、向、从"后边作宾语；而合成方位词的用法要灵活、自由得多，可单独充当主语和宾语，试比较：

① ＊前是一个学校。

② 前面是一个学校。

③ ＊学校在左。

④ 学校在左边。

⑤ 一直往前/前面走就到了。

⑥ 小偷向东/东边跑了。

（2）表示处所。处所一般由处所词表示，包括地名（如"北京""武汉""中国""亚洲"等）和可以看作地方的机构和单位（如"图书馆""学校""邮局""银行"等）。如果用普通名词表示处所就要在后面加上方位词，否则就会产生病句，如：

①他把书放在桌子了。

　＊他把书放在桌子上了。

②＊我从心觉得来中国太好了。

　我从心里觉得来中国太好了。

③＊我躺在床看书。

　我躺在床上看书。

"桌子""心"和"床"都是普通名词，表示处所时一定要用方位词。要注意的是，表示地名的专有名词后不能再加方位词，以下均是病句：

④ * 我在北京里学汉语。
⑤ * 黄鹤楼是在武汉里的著名景点。

而机构和单位名称后面加不加方位词都可以，如"我在学校（里）""他在图书馆（里）看书"。

（3）表示时间

有些单纯方位词（如"前、后"）和合成方位词（如"以前、以后、之前、之后、中间、当中"）可用在动词、动词短语或主谓短语后面，表示时间，比如：

毕业前　结婚后　做作业前　到中国留学前　你走后
上课以前　下课以后　来武汉之后　谈话中间　教育改革当中

需要注意的是，"以前"前面的词语无论是肯定还是否定，意思都相同，如"结婚以前"和"没结婚以前""毕业以前"和"没毕业以前"意思都是动作行为还没有发生。

3. 方位词的引申用法

方位词也可以引申用来表示范围、方面、条件、情况等。如单纯方位词连用经常表示范围和概数，比如：

① 他 40 岁上下/左右。
② 23 号左右/前后开运动会。
③ 来听讲座的有 300 人左右。

……上，表示"在……方面"，例如：

④ 学生在智力上的差别不大。
⑤ 他主观上很努力，客观上条件差了点。
⑥ 中国在高铁技术上领先世界。

……下，表示"在……条件下"，例如：

⑦ 在我们的坚持下，他们同意了。
⑧ 在老师帮助下，我汉语水平提高了很多。
⑨ 工人在高温下坚持工作。

【案例分析】

　　针对学生方位词的偏误，教师可以从汉语自身特点和汉外语对比两个方面加以说明。从汉语自身特点来说，普通名词表示处所时一定要在后面加上方位词，如"放在桌子上""在沙发上睡""从抽屉里拿出""从心里感谢""在眼睛里看到""从口袋里掏出"等。而地名、国名则千万不能加方位词。"上"和"下"虽然是两个方向相反的方位，但它们指称的范围并不对称，"上"的指称范围大，物体之上和物体表面都可称为"上"，而表空间意义的"下"则限于物体之下有空间的部分。由于电风扇是吊在天花板上的，即附着于天花板的表面，因此尽管从视觉上看是在天花板之下，但不能说"天花板下挂着电风扇"。

　　另外，也要加强汉语和英语的对比分析，学生的许多偏误可能是受到英语的影响，比如英语中普通名词可以直接表示处所，"He stole it from my pocket."翻译成汉语就必须在"口袋"后加表示方位的"里"。方位词的错序也与英语的习惯有关，比如英语的"before"和"after"虽然意思与汉语的"以前""以后"一样，但"before"和"after"都位于动词前表示时间，而汉语的"以前"和"以后"都在动词后。

【思考练习】

　　1. 汉语方位词有什么特点？
　　2. 汉语方位词有哪些引申用法？
　　3. "在图书馆"和"在图书馆里"一样吗？
　　4. 方位词"里"和"中"有什么区别？

【拓展阅读】

　　1. 储泽祥. 汉语"在+方位短语"里方位词的隐现机制. 中国语文，2004(2).
　　2. 李清华. 外国留学生在方位词使用上的几个问题. 语言教学与研究，1980(1).
　　3. 谢红华. 单双音节同义方位词补说. 语言教学与研究，2001(2).
　　4. 富克萍. 方位词教学浅谈. 语言与翻译，2003(2).

第二节　动　词　教　学

一、动词及教学要点

【案例导入】

　　小赵老师刚开始教汉语没多久，在教动词时碰到了一大堆问题。有一节课教"结婚"这个词，他说"结婚"就是"marry"的意思，"我结婚了"就是"I am married"，否定形式是"我没结婚"，然后他问一个学生，"你结婚了吗？"，学生回答说"我没结婚"，小赵老师很满意，觉得学生掌握了。但在作业中，学生造出了"我想结婚她"这样的病句。教"开始"时，他说"开始"后面可以不带宾语，如"比赛开始""游戏开始"，也可以带上宾语，如"开始比赛""开始学习"。可是学生却说"明天 8 点开始汉语课"。还有一次，他教动词的重叠形式，他说动词重叠有一种轻松、随便的意味，比如"我周末洗洗衣服、看看书、听听歌"等，结果学生跟他说"放假的时候，我每天去去公园"。几次下来，小赵老师很丧气，他不知道哪个环节错了，为什么学生会出现这么多错误，动词到底应该怎么教？

【基础知识】

1. 动词的小类

动词是主要表示动作行为的词，汉语动词内部情况比较复杂，可进一步分为多个小类，不同类的动词具有不同的语法特征。对动词的分类也有多种标准，体现不同的意义和用途，以下简要介绍 4 种。

(1)根据动词的语义特征，可分为：

动作动词：吃、喝、跑、跳、走、写、唱、打、玩、买等。

关系动词：是、姓、属于、等于、像、当作、叫等。

能愿动词：能、会、要、可以、应该、必须、可能、愿意等。

心理动词：爱、喜欢、恨、讨厌、希望、想、想念等。

(2)根据能否带宾语，可分为：

及物动词：看、闻、听、剥、学习、研究、保护等。

不及物动词：毕业、结婚、见面、说话、休息、问世、送行等。

(3)根据动词所表示的动作能否持续，可分为：

持续性动词：写、坐、站、挂、放、听、说等。

非持续性动词：死、来、完、懂、成为、提高等。

(4)根据动词所表示的动作能否被人的意识控制，可分为：

自主动词：说、唱、跑、学、买、打、借、帮助等。

非自主动词：病、知道、怕、漏、塌、是、像等。

对动词分类有助于说明它们之间不同的语法功能，比如持续性动词一般可以加动态助词"着"，如"他坐着""墙上挂着画"等，而非持续性动词则不能用"着"，如不能说"我来着""他懂着"。再如自主动词可被人的意识控制，因而可以用于祈使句，如"你说吧""快跑"，而非自主动词不能为意识控制，因而不能用于祈使句，如不能说"你病吧""快知道"等。

2. 体宾动词和谓宾动词

有的动词只能带体词性宾语，不能带谓词性宾语，这类动词就是体宾动词，如骑(马)、吃(东西)、喝(啤酒)；有的动词只能带谓词性宾语，这类动词就是谓宾动词，如打算(参加)、希望(成功)、进行(测试)、加以(重视)等。汉语中的及物动词大多是体宾动词，谓宾动词数量有限，常见的有"给予、给以、开始、继续、结束、值得、敢于、乐于、勇于、装作、打算、企图、觉得、以为、认为"等。汉语中还有一部分动词既能带体词性宾语，又能带谓词性宾语，如"喜欢、讨厌、记得、同意、听"等。

留学生经常犯的错误是将谓宾动词当成体宾动词用，比如他们会造出"我希望儿子"

(其实想表达"我希望生儿子")、"××手机值得这个价格"(其实想说"××手机值这个价格")、"他嫌他的朋友"(其实想说"他讨厌他的朋友"),"希望、值得、嫌"都是谓宾动词,后面不能带体词性宾语"儿子、这个价格、他的朋友"。

3. 动词的重叠

动词重叠是汉语很有特色的一个语法现象,动词重叠有不同的形式和意义,表达不同的功能,在教学中需要详细说明。

(1)动词重叠的形式

根据动词的结构形式,重叠可分为 5 种类型:

① AA(包括双音节动词 ABAB 式):看看、想想、商量商量、讨论讨论。
② A 一 A:看一看、想一想、说一说、比一比。
③ A 了 A:试了试、坐了坐、尝了尝、修了修。
④ A 了 一 A:走了一走、想了一想、笑了一笑、玩了一玩。
⑤ AAB(离合词的重叠):散散步、跳跳舞、游游泳、健健身。

(2)动词重叠的意义

动词重叠后表达的语法意义多样,主要有表示短时、尝试、委婉、轻松等不同意义。

① 表示动作的时间比较短,比如:

我去外面走走,马上就回来。
他很快地数了数手中的钱。

② 表示尝试,比如:

你试试这件衣服。
快尝一尝我做的菜。

③ 表示语气轻缓,委婉,比如:

这题我不会,你教教我吧。
这事我们可以商量商量。

请求别人做某事时一般用动词重叠,使语气委婉,如果使用动词原形则会显得生硬,甚至有如命令,试比较"你帮我"和"你帮帮我""给我看"和"给我看看"。

④ 表示轻松、随意,比如:

写完作业后,我听听歌、看看小说。
周末我一般逛逛商店。

（3）动词重叠的限制

动词重叠有一定的限制条件，往往跟语体、动词自身性质等密切相关。归纳起来有如下几条：

①用于口语及文艺语体，不用于公文语体、政论语体及科技语体等。如上级跟下级交谈时说："请你们把这件事调查调查，尽快处理。"而公文上写道："请你们调查此事，迅速处理。"

② 能重叠的主要是持续性动作动词（如"看看""听听""说说"）和自主动词（"学学汉语""打打球"）。非持续性的动作动词如"杀、摔、死、来、去"等往往不能重叠。非自主动词如"吐（呕吐义）"、打（嗝）、作（梦）、伤心、吃惊"等动作者主观上无法控制，也不能重叠。

③ 动词之后有各类补语的不能重叠。如带有程度（玩个痛快，＊玩玩个痛快）、可能（干得完，＊干干得完）、结果（吃饱，＊吃吃饱）、趋向（走出，＊走走出）、数量（跑一趟，＊跑跑一趟）等补语的动词不能重叠。

④ 贬义双音节动词大多不可重叠，褒义及中性动词大多可重叠。贬义的非意愿的动作行为，人们总不希望它反复、经常、持续，拒绝对它们进行状态的描写，所以动词很难重叠；褒义、中性动词大多可重叠。如"微笑""计算"可以重叠，"奸笑""暗算"则不能重叠。

⑤ 动词重叠不能作定语，动词或动词短语作定语则是自由的，如可以说"试衣服的时候"，但不能说"试试衣服的时候"。

【案例分析】

本案例中，小赵老师的问题在于教学时没有对动词使用条件作细致的说明，如教"结婚"时没告诉学生该词是不及物动词，后面不能加宾语。如果要引入结婚对象则要用"A和B结婚"这一结构，类似的动词还有"见面、聊天"等。在教"开始"时不仅要指出该词可以带宾语，还要说明所带宾语必须是谓词性而不能是体词性的，因此只能说"开始上汉语课"而不是"开始汉语课"。在教动词重叠形式时也要注意讲解重叠的条件，非持续性动词"去"就不能重叠。

总而言之，由于动词句法表现复杂，内部成员繁多，按小类突出用法教学是汉语动词教学中必不可少的环节。教师应该准确地讲解每个动词的意义，尽量避免简单地用英语互释，以免学生将两个动词的意义和用法等同。同时要细化动词使用条件的说明，包括动词本身的语义特征、及物不及物、所带宾语的类型、能否重叠等都是教学中应该注意的方面，否则学生极易出现偏误。

【思考练习】

1. 心理动词有什么语法特征？

2. 动词重叠的限制条件有哪些？

3. 关系动词能重叠吗？

　　4. 为什么能说"假扮警察"，但不能说"假装警察"？

【拓展阅读】

1. 王俊毅．及物动词与不及物动词分类考察．语言教学与研究，2001(5)．
2. 陈祖荣．浅谈动词的分类问题．四川师范学院学报(哲学社会科学版)，1995(1)．
3. 朱景松．动词重叠式的语法意义．中国语文，1998(5)．
4. 于江．动词重叠研究概述，汉语学习，2001(1)．

二、助动词教学

【案例导入】

　　王老师最近在教助动词"会"，他说"会"表示能力，相当于英语的 can，比如"我会开车"，"他会游泳"等，"会"还表示"可能"，比如说"明天会下雨""你是他的朋友，他会帮你的"等。讲完后，王老师让学生分别造句，一个学生说"我的腿好了，会走了"，另一个学生说"我生病了，明天不会参加考试"。王老师听了摇摇头说，这两句话都应该用"能"。学生问"能"与"会"有什么区别，为什么"我能开车"和"我会开车"意思一样，但是"我会走了"就一定要说成"我能走了"，不都是 I can walk 吗？还没等王老师回答，另一个同学抱怨说："汉语太难了，我真不要学习！"他的同桌听到了，安慰他说："汉语虽然难，但是我们努力，就成功。"王老师听到学生们这些错误百出的句子，哭笑不得。那么，上述句子错在哪里？为什么会产生这些错误？助动词学习的难点是什么？教学中应该注意哪些方面？

【基础知识】

　　1. 助动词的分类及语法特征

　　助动词(也叫能愿动词)是动词的一个特殊小类，数目有限，但意义复杂，一个助动词往往身兼多种意义。从语义上，一般将助动词分为以下几类：

　　(1)表示可能：可能、能、会、要、得(děi)。

　　(2)表示意愿：要、想、愿意、肯。

　　(3)表示对情理、事理的判断：应该、该、应当、应、得(děi)、必须、要。

　　(4)表示对主客观条件的判断：能、可以、能够。

　　(5)表示准许、允许：能、可以。

　　助动词与一般动作动词最大的区别就是不能重叠，也不能带"着、了、过"等动态助词，所带宾语只能是谓词性成分，即动词/动词短语、形容词/形容词短语和主谓短语，不能是名词或代词等体词性成分。在意义连贯合理的前提下，助动词可以连用，比如"我明天应该可以来""我想要学汉语"。部分助动词可以受程度副词"很"的修饰，如"可能、想、愿意、应该"等。

　　2. "要"和"想"

　　助动词"要"具有多种意义和用法，分述如下：

(1)表示做某事的意志和愿望。如：

① 我要读书。
② 我要活下去！

注意，该用法的否定形式一般为"不想"，而不是"不要"，如"我不想读书""我不想吃饭"等。

(2)表示从道理上讲应该实行的动作，多用于命令、提醒、劝说、叮嘱等，如：

① 你们要好好学习。
② 外面冷，要多穿点衣服。

该用法的否定式为"不要"，如"你不要到外面去""你不要看我的日记"，多含有禁止的意味。

(3)表示可能，主要是对将来可能出现的不利情况的估计，句末常有"的"。如：

① 你这样做要出事的。
② 钱包放在这里要被偷的。

该用法的否定式为"不会"或"不可能"，如"我这样做不会出事的""钱包放在这不可能被偷的"。

(4)将要。常与"了"搭配使用，如：

① 我要去留学了。
② 春节快要到了。

助动词"想"主要有两种意义：
(1)表示希望、打算

① 我想学汉语。
② 我想去旅行。

否定式为"不想"。如"我不想去动物园""他不想来"。
(2)表示估计、料想

① 我想中国队一定会赢。
② 我想他大概是生气了。

　　表示否定时在"想"后面的谓语前用否定词。如"我想中国队不会赢""我想他大概不生气了"。

　　"要"和"想"都能表达愿望和希望，如"我想看电影"和"我要看电影"，但是"想"的语气较弱，常表示某种想法和打算，不一定施行；而"要"常表示一种强烈的愿望，说话人一般也会这样去做，所以语气较重。在交际中用"想"比"要"来得委婉、客气，因此当我们向别人提出请求时，多用"想"，如：

　　　　① 老师，我想请假。
　　　　② ? 老师，我要请假。

　　需要注意的是，当表示没有某种打算或愿望时，一般要用"不想"而不是"不要"。因为"不要"常用来表示禁止或劝阻别人做某事，相当于"别"，如"上课不要玩手机"。留学生经常把"不要"误用为表示愿望和意志的"要"的否定式，从而造成偏误。如：

　　　　③ *学期马上就结束了，我真不要离开中国。（应该改为"真不想离开中国"）
　　　　④ *我明天很忙，不要去看电影。（应改为"不想去看电影"）

　　3. "能"和"会"
　　"能"和"会"都有多种意义和用法，其中有些用法存在重合，我们将它们各自的义项列如下表：

"能"和"会"的义项对比

义项 \ 例词	能	会
能力	小明能开车	小张不会游泳
用途	桔子皮能做药	——
善于	小明很能说	小张很会做生意
可能	这次实验能成功	明天会下雨
许可	我能看看吗?	——

　　从上表可知，"能"的语义范围比"会"大，表示用途和许可时只能用"能"，而不能用"会"。在义项重合部分，"能"和"会"的语义侧重点其实也略有不同：
　　（1）都表示具备某种能力
　　"会"侧重于通过学习掌握了某种技能，无需经过学习就具备的能力一般不用"会"，比如不说"我会吃饭""他会睡觉"；"能"侧重于有条件做某事的能力，也表示能力达到一定的程度、水平或效率，还能表示恢复某种能力，试比较：

① 我会开车。(经学习而具备的能力)
② 我刚才没喝酒，能开车。(有条件做某事的能力)
③ 他一分钟能打 90 个字。(能力达到某种程度)
④ 我的病好了，能运动了。(恢复某种能力)

虽然都表示能力，但例②到例④都不能用"会"代替"能"。

（2）都表示善于

"能"和"会"都可以表示善于做某事，它们常受"很、真、最"等副词修饰，但是侧重点不一样。"会"侧重于强调做事的技巧高，而"能"侧重从数量上强调具有的能力，试比较：

① 他很能说，可以一连说三个小时都不停。
② 他很会说，无聊的事情也能被他说得很有趣。
③ 他很能吃，一顿饭要吃三碗饭。
④ 他很会吃，螃蟹里的肉都能吃得干干净净。

因此，当谓语动词表示的动作无法用数量来衡量时，就不能用"能"。如：

① 你真会过日子。　*你真能过日子。
② 他很会安慰人。　*他很能安慰人。
③ 他很会沟通。　*他很能沟通。

（3）都表示可能

"能"侧重于表示客观上有做某事的可能性和条件；而"会"侧重于主观上对某种可能性的推测，试比较：

① 他们也许有一天不会理我。
② 我早料到会出事的。
③ 我生病了，不能来上课。
④ 这次换了新的设备，实验一定能成功。

例①和例②都是说话人主观上的一种推测，因而要用"会"，例③和例④的前一小句表明了客观上有做某事的可能性或条件，因而用"能"更合适。

【案例分析】

汉语的助动词大部分是多义词，有些助词在表达功能上既有重合的部分，又有相异的部分。汉语分得较细的用法，在有些学生的母语中并不区分，如"想"和"要"翻译成英语都是 want，在法语中也是同一个单词 vouloir，"能"和"会"在英语和法语中也都是同一个单词(前者是 can，后者是 pouvoir)。这些都会使学生在学习助动词时感到困惑，容易产生混淆。

本案例中，学生没弄清楚"能"和"会"的区别，当表示恢复某种能力时，只能用"能"，因此应该说"我的腿好了，能走了"，而"我生病了"是客观上的某种条件，表示在这种条件下的可能就应该说"明天不能参加考试"。如果是说话人对他人行为的主观预测则可以说"明天不会参加考试"，如"我猜他明天不会参加考试"。同时，对"要"和"想"在表达愿望时的区别也应该告诉学生，以免学生说出"我真不要离开中国"这样的病句。因此在教学中要从讲、练两方面加强近义助动词的辨析。此外，留学生还经常遗漏助动词，如案例中"汉语虽然难，但是我们努力，就成功"这句话在"成功"前遗漏了"会"，表明学生还不了解"会"能表示预测的功能，应该加强多义助动词多个义项的讲解。

【思考练习】

1. 哪个助动词的义项最多?
2. 你觉得哪两个助动词最容易混淆?
3. "能"和"可以"有什么区别?
4. "应该""要""得""必须"用于祈使句时语气有何区别?

【拓展阅读】

1. 孟祥英．"能"与"会"使用上的几个问题．天津师大学报，1989(4).
2. 刘志成．"能"与"可以"的异同点．陕西理工学院学报(社会科学版)，2009(4).
3. 王振来．能愿动词的偏误分析及对策．辽宁教育行政学院学报，2007(5).
4. 王晓钧．从留学生的语病看汉语助动词的特点和用法．语言教学与研究，1983(1).

三、离合词教学

【案例导入】

陆老师在教学过程中发现留学生对离合词掌握得不是很好。学生要么回避使用离合词的离析形式，要么使用时出现各种各样的错误。在收上来的作业中，陆老师看到了这样一些病句："我在天安门照相了很多""孩子们鼓掌着欢迎我们""我们从没吵架过""他发起来烧""她结过婚两次""我们去操场散步散步""他把心担了"等。这些病句五花八门，陆老师觉得没有很强的规律性，不知道该怎么跟学生讲离合词的特点以避免这些错误。那么汉语的离合词到底有哪些特点，在什么情况下要拆分，什么时候不能拆分，拆分时又该怎么拆分?

【基础知识】

1. 离合词的性质与数量

现代汉语复合词的构成与短语的构成方式基本一致。有些组合形式，如"发言、散步、上当、洗澡、理发、睡觉"等，语素间的结合不紧密，中间可以加入其他成分，能扩展。它们不分开时是词，分开(扩展)时是短语，但不分开时较多，拆分要受到条件的限制，跟自由组合的短语不同。学界一般把这种语言形式叫"离合词"。

离合词在现代汉语中占有一定的数量。《现代汉语"离合词"用法词典》总计收入离合词 4066 个。根据赵淑华先生的统计，在汉语水平等级词汇大纲中有 248 个离合词，其中有相当数量的离合词是出现频率较高的常用词。如"毕业、见面、结婚、照相、跳舞、吃亏、伤心、看病、聊天"等。离合词的扩展方式、形态复杂多变、灵活丰富，常令外国学生感到难以掌握，更怕运用，常常回避使用离析形式。

2. 离合词的扩展形式

(1)插入动态助词"着""了""过"。形式为：V+着/了/过+O，比如"鼓着掌""发着言""睡着觉"。离合词能插入"了"的，一般也能插入"过"，如吃了/过亏""看了/过病""结了/过婚""出了/过差"等。

(2)插入助词"的"。扩展形式为：V+的+O。如"你什么时候毕的业？""你们几点下的课？""这是谁录的音？"等。

(3)插入结果补语或趋向补语。扩展形式为：V+补(结、趋)+(了)+O。补语一般是单音节词，这个补语要紧跟在 V 后，而且只能在"了"前。如"安下了心""把住了关""丢尽了脸""见着了面"等。

(4)插入数量成分，扩展形式为 V+(了/过)+数量成分+O，比如"照了一张相""离了/过一次婚""叹了一夜的气""考了一下午(的)试""吃过/了一次亏""生过/了一场病""见过/了一次面"等。还有一种比较特殊的情况是只插入一个"个"或"点儿"。加个班""拐个弯""让个步""注点儿意""碍点儿事"等。

(5)插入代词。扩展形式为：V+代+(的)+O。离合词可插入人称代词或疑问代词，人称代词后要加"的"。如"革什么命""革他的命""撤什么职""撤他的职""撤谁的职""担什么心""受多少罪"等。

(6)插入形容词、动词、名词。扩展形式为 V+(了/过)+形/动/名十(的)+O。如"受窝囊气""帮老师的忙""发毒誓""磕了拜年的头""拨了救命的款"等。

以上是离合词扩展的几种主要形式，另外，离合词扩展时的疑问形式是"V+不/没十V+O"，如"免不/没免费""道不/没道歉'"吵不/没吵架"等。离合词的重叠形式是 AAB，如"散散步""聊聊天""游游泳""看看书"等。

3. 离合词的离合规律

离合词什么情况下要"离"，什么情况下不能"离"，什么情况下可"离"可"合"有一定的规律，现分别说明：

(1)必须要"离"的

① 叙述性句子中用"是……的"强调，且离合词后无其他谓词，"的"要插入离合词中间。如：

这是谁投的票？   *这是谁投票的？
他在美国结的婚   *他在美国结婚的。

② 表示不高兴、不耐烦或否定的语气时，"什么"要插入离合词中间。如：

> 你拆什么台。　　　　　　*你拆台什么。*你什么拆台。
> 你发什么火。　　　　　　*你发火什么。*你什么发火。

③ 离合词有计量或关联的对象时，离合词要拆分使用。如：

> 他享了两次福。　　　　　*他享福了两次。
> 书记表了好多态。　　　　*书记表态了好多。(以上计量)
> 要了他的命了。　　　　　*要命了他。
> 赌谁的气。　　　　　　　*赌气谁。(以上有关联的对象)

④ 离合词在表完成态句子中时，离合词要拆分使用。拆分句式有两种：中间插入表完成时态的助词或是把离合词的后一成分提到前面。如：

> 洗完了澡。/澡洗完了。　　*洗澡完了。
> 鼓足了劲儿。/劲儿鼓足了。　*鼓劲足了。

⑤离合词跟趋向动词"起来"结合，且能拆分，且"起来"也要拆分。如：

> 她坐在那里化起妆来。　　*她坐在那里化妆起来。
> 他躲着偷起懒来。　　　　*他躲着偷懒起来。

⑥表示使别人做某事，或者是用一种不太客气的语气要求别人做自己的事，不要关心其他事。一般用代词"你"插入离合词中间，如：

> 看你的书　聊你的天　散你的步　吃你的饭

(2)绝对不能"离"的
① 离合词后面有程度补语时，不分开使用。如：

> 大家出名极了。　　　　　*大家出了名极了。
> 他放心得很。　　　　　　*他放了心得很。
> 他得意得忘了他是谁了。　*他得了意得忘了他是谁了。

② 不可用"把"将离合词的后一成分移到前面。如：

> 动身——*把身动了

担心——＊把心担了

出神——＊把神一出

冒险——＊把险一冒

（3）可"离"可"合"的

① 在对离合词进行可能态的否定、肯定表述时，离合词大多可离可合，但使用频率高的是"离"的形式。如：

无法归队（合）——归不了队（离）

无法挂号（合）——挂不上号（离）

可以动身（合）——动得了身（离）

可以打仗了（合）——打得了仗了（离）

② 用离合词提问时既可以用"合"的形式，如"看书了吗?""吃饭了吗?"也可以用"离"的形式，如"看没看书?""吃没吃饭?"但是当说话人急于想知道答案或急着要别人表态时，多半要用离合词的扩展式。如：

碍不/没碍眼　报不/没报案　犯不/没犯法　过不/没过期　尽不/没尽职

讲不/没讲理　解不/没解渴　赔不/没赔本　洗不/没洗澡　通不/没通车

不用离合词的离析形式提问，如"碍眼吗?""过期了吗?"当然也可以，但是表达不出急于要知道结果的语气。我们还可以在离合词的扩展式前加上表示强调的副词"到底"，而用离合词的原式提问是不能加这样的副词的，如可以说"到底变没变质?"不能说"到底变质了吗?"

【案例分析】

从留学生对离合词的使用来看，主要存在三方面的问题：一是不知道哪些词是离合词，把离合词当普通动词用，造成偏误，如案例中"我在天安门照相了很多""孩子们鼓掌着欢迎我们""我们从没吵架过"这几句中的"照相""鼓掌""吵架"都是离合词，使用"着、了、过"时要插入离合词中间。二是知道某个词是离合词，但对其扩展形式不是非常了解，比如案例中的"他发起来烧""她结过婚两次""我们去操场散步散步"，"发烧"与"起来"连用时两个都要扩展，形成"发起烧来"结构，而"结婚"有数量修饰时应将"两次"放在"结婚"中间变成"结过两次婚"，离合词的重叠形式是 AAB，因此要说"散散步"；三是不清楚离合词什么时候要离析，什么时候不能扩展，即不明白离合词的语用特点。一般而言，以下三种情况离合词应该扩展，即①当离合词中的"V"涉及人时，为了把受影响的人表示出来，要用离合词的扩展式。②当说话人要表示不满意、不屑或者表示否定的语气时，要用离合词的扩展式"V+什么+O"。③说话人急于想知道答案或急着要别人表态时，多半要用离合词的扩展式。

鉴于以上问题，在教学中必须兼顾离合词"离"和"合"两种形式的用法特点，要遵循先"合"后"离"的原则，即在离合词作为生词首次出现的时候首先让学生掌握它的词汇意义和作为词的语法功能，以后当相关语法点出现时，要对已经教过的离合词进行新的扩展形式的教学，这时就要抓住时机，让学生牢固掌握离合词的扩展形式。其次，要抓住离合词扩展形式中的特有用法，也要突出其常用的基本句式。对于那些交际价值较大、常用程度较高的基本句式，就要在教完之后的练习中反复强化，对于不怎么常用的扩展式可以只教不练，甚至不教。切忌贪大求全，一起压上，人为增加教学难度。

【思考练习】

    1. 什么是离合词？

    2. 离合词的扩展形式有哪些？

    3. 离合词扩展式的语用条件是什么？

    4. "无法毕业"和"毕不了业"有什么区别？

【阅读拓展】

    1. 曹保平、冯桂华."离合词"的构成及离合规律. 广播电视大学学报（哲学社会科学版），2003（4）.

    2. 王海峰. 现代汉语离合词离析动因刍议. 语文研究，2002（3）.

    3. 王瑞敏. 留学生汉语离合词使用偏误的分析. 语言文字应用，2005（9）.

    4. 饶勤. 离合词的结构特点和语用分析. 汉语学习，1997（1）.

第三节　形容词教学

一、形容词及教学要点

【案例导入】

    小张没当汉语老师之前觉得形容词很好教，学起来没难度。今年9月份他正式在一所培训机构教汉语了。由于原先就对形容词不重视，教学时碰到形容词就简单地说下释义一带而过了，结果在收上来的作业中发现了很多问题。比如："＊她是漂亮，我很喜欢她""＊我们班的学生多""＊他买了一套新的房子""＊请吃多一点，别客气""＊要到早一点，迟到是不礼貌的""＊学校里有很笔直的路"等。这些病句错误的原因是什么，应该如何避免，形容词教学中又应该注意哪些问题？

【基础知识】

    1. 形容词的小类

    形容词可以从多个角度进行分类，在这里我们就介绍几种对外汉语教学中比较重要和实用的分类。

（1）性质形容词与状态形容词

性质形容词表示事物的性质或属性，如"大、小、快、慢、高、矮"，状态形容词表示事物的状态，带有明显的描写性，比如"雪白、通红、冰凉、笔直、老老实实、明明白白"等。虽然都是形容词，但两者的语法功能存在较大差异，主要差别如下：

① 性质形容词可以接受否定副词"不"和程度副词"很"等修饰，而状态形容词不可以，比如：

性质形容词：不/很大、不/很小、不/很快、不/很慢、不/很高、不/很矮

状态形容词：＊不/很雪白、＊不/很通红、＊不/很冰凉、＊不/很笔直、＊不/很老老实实

状态形容词表示客观描写，而"不"带有一定的主观性，所以不能用"不"直接否定，而要用否定性判断"不是"加以否定，如"不是雪白的/不是老老实实的"。同时，状态形容词本身已经含有程度的意义，因此不能再受程度副词的修饰。

② 性质形容词可以接"着、了、过"来表示某种性质的出现、持续或曾经拥有，比如：

树叶黄了。/灯亮着。/他也瘦过，现在胖了。

状态形容词只表示一种客观样态，一般不与"着、了、过"结合使用。

③ 状态形容词不能用于比较句，性质形容词可以，比如：

我比他高。　　　　　　＊我比他高高的。
北京比上海冷。　　　　＊北京比上海冰冷。
哥哥比弟弟老实。　　　＊哥哥比弟弟老老实实

（2）积极义形容词和消极义形容词

从人们对某一性质的态度而言，形容词可以分为积极义的和消极义的：

积极义形容词：大、长、粗、快、高、强、发达、漂亮、聪明、勤快、善良等

消极义形容词：小、短、细、慢、矮、弱、落后、丑陋、愚蠢、懒惰、凶恶等

汉语某些句式或格式对形容词的语义特征有所要求，比如比较句"A 不如 B+形容词"中，一般只能用积极义的形容词，试比较：

我跑得不如他快。　　　　＊我跑得不如他慢。
小张不如小王漂亮。　　　＊小张不如小王丑陋

又如，在格式"有点儿+形容词"中一般用消极义的形容词，少用积极义的形容词，试比较：

他有点儿笨。　　　　　　＊他有点儿聪明。

他爸爸有点儿凶。　　　　*他爸爸有点儿善良。

"有点儿+形容词"格式常表达说话人对某人或事物不如意的评价，因而用消极义形容词较多，当然"积极"和"消极"会因人因事而异，比如"长"虽然一般表示积极义，但是"长得过分，超出预期了"，也可以说"有点长"。

再如，"形容词+点儿"格式一般使用积极义形容词居多，比如"聪明点儿"（*"笨点儿"）、"麻利点儿"（*"拖沓点儿"）、"勤快点儿"（*"懒惰点儿"）。因为该格式多体现说话人的预期，人们一般预期好的性质而不是坏的性质。

2. 形容词作谓语

与英语等其他语言不同，汉语形容词可以直接作谓语，英语母语的汉语学习者在初级阶段常常习惯性地在形容词之前加上"是"，如"她是漂亮""我哥哥是聪明"等。汉语的性质形容词单独作谓语时一般要加上副词"很"，如果没有"很"则含有比较或对照的意思，比如：

他很聪明。

他聪明，但不够努力。/他聪明，他弟弟笨。

"很+形容词"一般已不表示程度高，如果确实要表示很高的程度则要重读"很"。

3. 形容词作定语

形容词最主要的语法功能是作定语，结构助词"的"一般被看作是定语的标志，但是并不意味着所有的定语都要用"的"来标记。形容词与"的"的关系一般而言是性质越强，越不用"的"，性质形容词作定语以不用"的"为主，描写性越强，越要用"的"，状态形容词作定语一般需要用"的"，形容词性短语以用"的"为主，比如：

老房子　新电脑　高楼　胖叔叔　厚大衣

很老的房子　最新的电脑　非常高的楼 胖胖的叔叔　非常厚的大衣

4. 形容词作状语和补语

汉语的单音节形容词既可以作动词的状语又可以作动词的补语。它们和动词可以形成"A+V"（状中式）和"V+A"（动结式）两种结构。比如：

低飞-飞低　高举-举高　紧握-握紧　平端-端平　死盯-盯死

歪戴-戴歪　稳拿-拿稳　斜插-插斜　重罚-罚重　杀错-错杀

什么时候形容词应该作状语，什么时候应该作补语，形容词作状语和补语时的表达功能有什么不同？一般而言，单音形容词作状语时往往表示动作的方式、动作者在进行动作时的主观态度和情态、动作者在进行动作时所希望达到的目的，体现为可控性和预期性，强调动作本身；作补语时往往表示一个事件的发生造成了动作、动作者、受动者出现了该形容词所表示的某种结果，体现为非可控性和非预期性，强调动作的结果。如果单音形容词所表达的内容是动作者可以控制的和预期的，或者强调动作本身，那么形容词应该用作状语，反之则作补语，试比较：

① a 妈妈说："天冷了，出门前应该多穿衣服。"
　　b 今天衣服穿多了，好热呀！
② a 要想不迟到，晚上最好早睡。
　　b 昨天晚上我睡早了，半夜里醒来怎么也睡不着了。
③ a 你把这根棍子斜插进去。
　　b 不对，棍子插斜了。

例①中，"多穿"衣服是妈妈的预期和可控的行为，强调动作"穿"，因此"多"用作状语；而"穿多"是非预期的行为，表示动作的结果是"多了"，因此"多"放在动词后用作补语。

【案例分析】

本案例学生的错误主要是四个方面的问题，其实也是形容词教学中要注意的四个问题。第一就是形容词单独作谓语的情况，如"＊她是漂亮，我很喜欢她"和"＊我们班的学生多"，前者不应该加"是"，而后者应该在形容词前加"很"。汉语形容词可直接作谓语，这与英语等其他语言不同，学生容易将母语的规则负迁移至汉语，针对这一情况，教师一开始就要明确地告诉学生汉语形容词可以不需要系词而直接单独充当句子谓语。第二还应强调形容词前一般要加"很"，否则就暗含对比的意思。第二是形容词作定语的问题，如"＊他买了一套新的房子"，"新"是性质形容词，修饰房子时无需用"的"，但也要注意有的形容词不能直接修饰名词，如表示数量的"多"和"少"，只能说"很多钱"不能说"多钱"。第三是形容词作状语和补语的问题，如"＊请吃多一点，别客气""＊要到早一点，迟到是不礼貌的"，形容词作状语表示动作的方式和态度，作补语时则表示动作的结果，因此这两句话应改为"多吃一点"和"早到一点"。第四是形容词的小类问题，在对外汉语教学中区分性质形容词和状态形容词很有必要，因为两者虽同属形容词，但语法功能并不相同，比如状态形容词不能再受程度副词的修饰，因此"＊学校里有很笔直的路"就错了，应把"很"或者"笔"去掉。

【思考练习】

1. 性质形容词和状态形容词的差异是什么？
2. 形容词作定语有什么特点？
3. "早说"和"说早了"有什么区别？
4. 哪些单音节形容词只能作状语？

【拓展阅读】

1. 韩荔华．对外汉语形容词教学漫谈．世界汉语教学，1991(2).
2. 刘振平．单音形容词作状语和补语教学新议．华文教学与研究，2009(2).
3. 汝淑媛．对外汉语教学中相近表达式的用法研究——以形容词 AABB 重叠式和"很+形容词"为例．北京师范大学学报(社会科学版)，2007(4).
4. 史有为．性质形容词和状态形容词琐议．汉语学习，1984(2).

二、形容词重叠

【案例导入】

　　王老师在一所大学当汉语老师，用的教材是《博雅汉语》，最近在教形容词的重叠形式这一语法点。教材里对该语法点是这么解释的：单音节形容词重叠式是 A→AA；双音节形容词重叠式为 AB→AABB。重叠的形容词可以在句子中作定语、状语、谓语、补语，一般和"的"或"地"连用，不能再受程度副词的修饰，也不能用"不"修饰。其意义相当于程度副词加形容词，如"高→高高的=很/非常高"，"干净→干干净净的=很/非常干净"。王老师就按照这样的说法教给了学生，没想到学生交上来的作业错误一大堆，比如"这种人应该严严重重地惩罚""她每天穿得美美丽丽的""帮了别人以后，我高高兴兴的""他上课时认认真真的"。那么学生们为什么会出现这些错误，教材的解释是不是还不够全面，教学中还应该注意哪些方面？

【基础知识】

1. 形容词重叠的形式与条件

(1)形容词的重叠形式及范围

　　形容词的重叠形式多样，但不是所有的形容词都可以重叠，季青峰(2008)统计了《汉语水平词汇与汉字等级大纲》中所有形容词的重叠形式及其比例后发现，单音节形容词的重叠能力较强，大纲中约83%的单音节形容词都可以重叠，重叠的形式主要是 AA(约占单音节形容词重叠形式的75%)，其次是 ABB(约占22%)，比如：

　　AA 式重叠：长长、大大、低低、短短、高高、好好、快快、慢慢、胖胖、甜甜

　　ABB 式重叠：亮晶晶、绿油油、酸溜溜、香喷喷、懒洋洋、静悄悄、灰蒙蒙

　　相比之下，双音节形容词的重叠能力较弱，大纲895个双音节形容词中，只有约220个能够重叠，仅占四分之一左右。重叠形式主要是 AABB 式(共有180个，约占双音节重叠形式的82%)，其次是 ABAB 式(约占13%)，比如：

　　AABB 式重叠：安安静静、干干净净、高高兴兴、简简单单、健健康康、客客气气

　　ABAB 式重叠：笔直笔直、碧绿碧绿、通红通红、鲜红鲜红、雪白雪白、金黄金黄

(2)形容词可重叠的条件

　　从统计数据来看，单音节形容词可重叠的较多，双音节形容词可重叠的较少，为什么有些形容词可以重叠，有些不能重叠呢？下面我们根据前人的研究总结一下形容词可重叠的条件。

① 词义褒贬对重叠有一定的制约作用。大致来讲，褒义词的重叠能力较强，贬义词的重叠能力较弱或者不能重叠。比如褒义词"好""高大""健康""高兴""干净"均可以重叠，其对应的贬义词"差""矮小""虚弱""悲伤""肮脏"则均不能重叠。

② 可重叠的形容词一般含有口语色彩，带有明显书面语色彩的形容词一般不可以重叠，比如"美丽""淳朴""清洁""奥妙""单纯"这些书面语色彩较浓的词不能重叠，但"漂亮""老实""干净"这些相对应的口语色彩较浓的形容词就可以重叠。

③ 形容词表示的性质如果客观上有明显程度上的比较，可以有程度上的变化，一般可以重叠；相反，没有程度上的比较或变化的形容词一般不能重叠。比如：

> 矮、高、薄、厚、长、短、粗、细、大、小、淡、浓、深、浅、快、慢、早、迟、诚恳、地道、干净、高兴、和气、快乐、漂亮、清楚、舒服等

上述形容词表示的性质在程度上可以变化，可以加深，重叠能力强。而下面这些词表示的量已达极致，无法使其性质在程度上发生变化，一般不能重叠，如：

> 贵、贱、僵、狂、妙、强、弱、帅、昂贵、宝贵、笨重、昌盛、崇高、出色、富有、高超、高明、豪华、辽阔、伟大、硕大、旺盛

2. 形容词重叠的语法功能与意义

(1) 形容词重叠式的语法功能

形容词重叠式在句中可充当定语、谓语、状语和补语，比如：

① 他穿着厚厚的毛衣。　　　　　　　（作定语，一般要加"的"）
② 冬天的公园冷冷清清的。　　　　　　（作谓语，一般要加"的"）
③ 他匆匆忙忙地走了。　　　　　　　　（作状语，一般要加"地"）
④ 她把家里打扫得干干净净。　　　　　（作补语）

朱景松(2003)统计了形容词重叠式在不同句法位置的分布比例，发现作状语和定语的用例占全部重叠用例的 86.35%。也就是说，形容词重叠式最常用作状语和定语，具有极强的描述功能。

(2) 形容词重叠的语法意义

① 表示量的加重或强调。可以重叠的形容词需要具有量的可变动性；表示绝对的量，或量上无以复加(无法加重)的形容词不能重叠。因此与基式相比，形容词重叠后表示量的增加。试比较：

她有一双大眼。	她有一双大大的眼睛。
工作日博物馆很冷清。	工作日博物馆冷冷清清的。
他匆忙走了。	他匆匆忙忙地走了。

我要把你打扮得漂亮。　　　　　　　我要把你打扮得漂漂亮亮的。

"大大的眼睛"从程度上比"大眼睛"大，"冷冷清清"也比"冷清"感觉更冷清，同样，"匆匆忙忙"和"漂漂亮亮"在程度上都比"匆忙"和"漂亮"有所增加。

② 表示形象描写。形容词重叠式表示状态和形象的描写，给人很强的形象感，既保留了原形的基本语义，又增添了形象描摹的语义要素。这一语法意义在其语法功能方面可以得到印证。形容词基式主要作谓语（42%）和定语（26%），而其重叠式作谓语仅占8%，最多的是作状语（68%）和定语（18%）（朱景松，2003）。这说明，形容词重叠式指称性显著减弱，描述性大大增强。

3. 形容词重叠与"程度副词+形容词"的区别

形容词重叠的意义和用法有时看起来跟"程度副词+形容词"差不多，比如"高高的 = 很/非常高"，"他的手举得很高 = 他的手举得高高的"。那么这两种形式真的是完全一样的吗？如果不一样，究竟有哪些区别？以下我们从句法和语用两个角度分析两者的差异。

从句法功能上看，形容词重叠式主要作状语和定语，很少作谓语，而"程度副词+形容词"主要作谓语和定语，比如：

① 高高兴兴上班，平平安安下班。　　 *很高兴上班，很平安下班。
② 他上课很认真。　　　　　　　　　 *他上课认认真真的。
③ 她是一个胖胖的女孩。　　　　　　 她是一个很胖的女孩

例③同样作定语，但两者的语义有细微差别，"胖胖的女孩"侧重描绘，带有不排斥甚至亲昵的情感态度，而"很胖的女孩"则侧重于客观的描写和评价。

从语用表达来看，"程度副词+形容词"常用于对人或事物加以评价或说明，包括对一次性动作情状的评说和对一贯性质、特征的说明介绍，比如：

① 今天大家玩得很高兴。　　　　　　 ? 今天大家玩得高高兴兴的。
② 你这次作业写得很清楚。　　　　　 ? 你这次作业写得清清楚楚的。
③ 他工作十分踏实。　　　　　　　　 ? 他工作踏踏实实的。
④ 她对人十分恭敬。　　　　　　　　 ? 她对人恭恭敬敬的。

形容词重叠式常用来表示说话者或动作者的意向或情感。当说话者向对方提出某种具体要求时，如叮咛、嘱咐、积极建议、命令等，常用重叠式，比如：

① 慢慢吃，别急。　　　　　　　　　 ? 很慢吃，别急。
② 马马虎虎写一下算了。　　　　　　 ? 很马虎写一下算了。
③ 咱们今天就痛痛快快地玩一个晚上！ ? 咱们今天就很痛快地玩一个晚上！

重叠式还常用于带有说话者感情的陈述句中，当说话者要表示喜爱、亲热的感情时，

一般采用重叠式，比如：

> ① 这个孩子眼睛大大的、头发卷卷的、笑起来甜甜的，非常可爱。
> ② 这个小伙子高高的个子、浓浓的眉毛、亮亮的眼睛，长得真帅。

上述例句的重叠式如改成"程度副词+形容词"就失去了亲昵的感情而变成一种客观评价。由于重叠式常含有说话人亲昵的感情，以至于当一些贬义形容词重叠之后也带上了一些可爱的意味，试比较"他很傻"和"他傻傻的"，"这个男孩非常笨"和"这个男孩笨笨的"。

【案例分析】

本案例中，学生的错误主要源于教材的解释过于笼统和宽泛，比如未指明形容词重叠有限制条件，不是所有的形容词都能重叠。病句"这种人应该严严重重地惩罚""她每天穿得美美丽丽的"就错在把不能重叠的形容词重叠了。"严重"表示的量已达极致，无以复加，所以不能重叠，而"美丽"书面语色彩较浓，也不能重叠。同时，教材指出形容词重叠意义相当于程度副词加形容词，这也容易使学习者产生混淆，以为两者用法一致，可随意替换。其实两者在句法和语用上都有一定差别，程度副词+形容词主要表示客观评价和说明，多作谓语，而形容词重叠式常表达说话人的意向和情感，多作状语和定语。如果对这些区别不加以说明，学生就会造出"帮了别人以后，我高高兴兴的""他上课时认认真真的"这样的病句。

鉴于此，在教形容词的重叠形式时，教师首先应向学生指出，不是所有的形容词都能重叠，特别是双音节形容词，大部分都不能重叠。其次要讲明使用条件，形容词重叠式具有很强的描写性功能，主要作状语和定语，由此我们可以引导学生开展描述性的练习。如定语部分，引导学生描述黑板上字的大小、班内同学的外貌特征等。状语部分描写动作的时间（早、久）、速度（快、慢）、方式（轻、重）、程度（大、深）、相关情状（匆忙、从容）等。最后要区分形容词重叠式与程度副词+形容词格式的异同，以免误用。

【思考练习】

1. 形容词重叠有哪些形式？
2. 什么样的形容词不能重叠？
3. 形容词重叠的语法意义和语用功能是什么？
4. 为什么不能说"姐姐比我漂亮漂亮"？

【拓展阅读】

1. 朱景松．形容词重叠式的语法意义．语文研究，2003（3）．
2. 汝淑媛．对外汉语教学中相近表达式的用法研究——以形容词 AABB 重叠式和"很+形容词"为例．北京师范大学学报（社会科学版），2007（4）．
3. 李守纪．AB 式双音节形容词 AABB 重叠式的语义语用考察．对外汉语研究，2007（1）．

4. 李劲荣. 形容词重叠式的量性特征. 学术交流, 2006(1).

第四节 量 词 教 学

一、名量词教学

【案例导入】

　　李老师是一个初级汉语班的精读课老师, 已经教了快一个学期了, 李老师觉得学生对量词还是掌握的不是非常好。刚开始学量词的时候学生总是忘记在数量名结构中使用量词, 经常说出"我们班有 15 学生""我的五朋友在美国""我吃三面包""我买一裤子"这样的病句。经过一段时间的训练, 学生一般是会在数量名结构中使用量词了, 但经常没有选择正确的量词和相应名词搭配, 比如"我们宿舍有八个楼""我在动物园看到几个马""我是一位工程师""我有一双手套"这样的病句也屡见不鲜。学生还经常搞错"一点儿"和"有点儿"的用法, 说出"我一点饿""今天一点冷"这种句子。由于汉语量词丰富, 且与名词存在一对多甚至多对一的关系, 比如量词"条"可以修饰"裤子、领带、黄瓜、马路、河、毛巾、鱼"等多种性质不同的事物, 而"鱼"又可以接受"条、尾、块、群、碗、斤"等多个量词修饰, 这让李老师感觉很棘手, 如此纷繁复杂的量词该怎样教给学生呢?

【基础知识】

　　1. 名量词的分类

　　名量词是表示事物数量单位的词, 如"张、条、块、个、根"等, 可分为专用量词和借用量词两大类。借用量词是临时用作量词的名词(多为表示容器和身体部位的词), 比如"一碗饭""三杯酒""一盒牛奶""三瓶水""一脸汗""一身酒气""一肚子坏主意"等。其中, "一"和身体部位连用表示"满"的意思, 如"一脸汗"意思是"满脸的汗"。以下重点介绍专用量词的小类。

　　(1)个体量词

　　汉语表示个体事物的名词前, 一般都要使用一个与之相配的量词, 不同的名词往往要选择不同的量词, 不能随意使用。汉语的个体量词有 100 多个, 初级阶段常见的有: 个、名、本、件、条、块、张、双、层、种、辆、位

　　(2)集合量词

　　用于两个以上的个体组成的事物, 如"一双筷子/鞋子/手、一副对联、一套西装/茶具、一群人/学生、一批货物/客人/产品。

　　(3) 度量词

　　用于表示度量衡的计量单位, 如:

　　重量: 两、克、斤、公斤、吨

容量：升、斗、公升

长度：厘米、米、千米

面积：平方米、亩、公顷、平方公里

体积：立方米、立升、加仑

（4）不定量词

表示不定数量的量词只有"些"和"点儿"两个，这两个不定量词前只能用数词"一"。"一些"可以用在名词前表示不定量，如"一些水果""一些书"等，也可以用在形容词和动词后表示不太高的程度，如"好一些""快一些"。"一点儿"的句法位置和"一些"相似，也用在名词前和形容词及动词后面，表示"数量少"或"略微"，比如"买了一点儿水果""今天比昨天冷一点儿"。"一点儿"和"有点儿"形似，且英语都翻译为 a little，留学生极易搞混。从句法上看，"有点儿"放在形容词和动词前，而"一点儿"位于形容词和动词后，试比较：

① 这双鞋有点小。　　这双鞋小了一点。

② 今天有点冷。　　今天比昨天冷一点。

需要注意的是，"有点儿+形容词/动词"格式中，形容词应该是消极或中性意义的，不能是积极意义的形容词，如不能说"他有点聪明""这东西质量有点好"。如果要表示某种积极性的程度有所变化就要在形容词或动词后加"一点儿"来表示，如"今天暖和一点了""吃了药，他好一点了"。"一点儿"还能用于祈使句，而"有点儿"没有这个用法，比如"大家快一点儿""你小声点儿""说话注意一点儿"。

2. 量词和名词的搭配理据

量词与什么样的名词搭配往往不是随意的，而是有一定的理据性，除少量的度量衡类专用量词外，大多数量词都编码着事物的形象，具有示形功能。汉语的"数词+量词+名词"句法结构反映了"数目+形状+事物"的语义结构，体现了汉民族在认知客观事物时凸显形状的特点。比如：

条：常与细长可弯曲事物组合，如"一条鱼、一条河、一条裤子、一条领带、一条毛巾"

张：常与平面或展开物组合，如"一张纸、一张桌子、一张床、一张照片、一张地图"

把：常与可用手握住的器物组合，如"一把剑、一把椅子、一把伞、一把钥匙、一把枪"

根：常与细长物(生物)组合，如"一根头发、一根黄瓜、一根葱、一根甘蔗"

颗：常与颗粒物组合，如"一颗珠子、一颗心、一颗子弹、一颗星星"

粒：常与小且有一定硬度的颗粒物组合，如"一粒米、一粒沙子、一粒种子"

滴：常与液体滴状物组合，如"一滴水、一滴酒、一滴眼泪、一滴汗水"

本：常与装订成册物组合，如"一本书、一本杂志、一本词典、一本地图"

棵：常与植物组合，如"一棵树、一棵草、一棵白菜"

座：常与大而固定的物体组合，如"一座山、一座桥、一座楼房、一座雕像"

支：常与直硬细长物组合，如"一支钢笔、一支枪、一支蜡烛、一支烟"

由此可见，量词和其搭配名词所表示的事物在形状方面存在一些相似性或相关性，形成意义上的联系，并实现了使用中的双向选择。

3. 近义名量词辨析

（1）"位、名、个"

这三个量词均可与指人名词搭配，如"一个/位/名教师"，但三者的语用色彩有所不同，用"位"为尊称，有褒奖意，因而不能与带有贬义的指人名词如"罪犯、强盗、小偷"等搭配，用"名"一般指称具有某种职业或身份的人，如"一名医生/律师/工程师/经理/学生"，而不说"一名婴儿/男人/男孩"等，"名"书面语色彩较浓，多出现于正式文体中。"个"可用于计量没有专用量词的人，如"一个婴儿/男人/男孩"，用"个"指称某种职业或身份的人时口语色彩较浓，一般用于非正式场合。

（2）"双、对、副"

"对、双"都可计量成双的事物或事物的两个部分，与"单"相对。如"一对眼睛/一双眼睛"。但它们的应用对象和用法又有些不同。"对"多指按性别、正反、左右等配合成双数的人、动物或事物，一般是后天形成相对关系的两个个体。如"一对夫妻/情侣/朋友"不能说"一双夫妻/情侣/朋友"；"送她一对花瓶"不能说"送她一双花瓶"。"双"跟自然或原本形成的两个有关，多指左右对称的某些肢体、器官，如"一双手/脚/眼睛"或者成双使用的东西，如"一双鞋/袜子"等。

"副"与"双"和"对"最大的不同在于"副"多指由两个及两个以上物体形成的一个整体，突出其整体性，表现为少了任何一个成员该整体都不能正常运作，比如"一副牌""一副象棋"，成员数量多于二，且缺一不可。成员数量等于二的如"一副眼镜、一副对联、一副手套、一副拐杖"，这些物体一般都是两个一起作为一个整体发挥最大的功能，一般不分开使用。"副"还可以修饰一种抽象的整体，如"一副嘴脸""一副可怜相""一副热心肠""一副……的样子"等。

（3）"条"和"根"

这两个量词所搭配的都是具有长条形的对象，有时可以互换，如"一条/根黄瓜""一条/根皮带""一条/根绳子"等。更多的时候两者不能替换，比如"一条蛇""一条法律""一条大河""一条毛巾"不能替换为"根"，而"一根针/小草/胡须"也不能替换为"条"。两者在和名词搭配时有什么规律呢？

①"条"多用来和具有长条外形的动物搭配，如"一条鱼、一条蛇"，而"根"一般用来称量植物，如"一根葱、一根胡萝卜、一根香蕉"。

②"条"既可以和具体事物搭配，也可以和抽象的事物搭配，如"一条道理、一条法律、一条命令"等，而"根"却只能和具体事物搭配。

③"条"指称的事物具有延展性，并且可以指称两端延伸而无界点的长条形物体，如"一条河、一条马路"等，相对来说"根"指称的事物大多两端有界点，并且具有有限长度，如"一根香肠、一根铅笔"等。

【案例分析】

在名量词教学的初级阶段，学生最容易遗漏量词，因为许多学生的母语中数词修饰名词时并不需要使用量词，汉语要用量词属于有标记的情况，而有标记的语言项目相对于无标记的是比较难以习得的。因此在一开始教师就要反复强调汉语量词的地位和作用，帮助学生树立起使用量词的意识。随着学生掌握的量词逐渐增多，使用时最常犯的错误就是量词的误代，突出表现为"个"的泛化使用，即什么名词都用"个"修饰。另外，一些常见的近义量词也容易混淆，如"位、个、名""双、对、副""条、根"等。这就要求教师适当地介绍量词的认知语义特征及其对搭配名词的选择性，突出不同量词的示形特点，使学生了解名量搭配的理据性。

在名量词教学中还要牢牢树立起"量词选用必须进入语境"的观念。具体而言，名量词的选用可分两步进行，第一个步骤是根据准确性原则划出可能的"量词选择群"，即在没有任何语境提示的条件下，名词和量词之间符合汉语语法规范的搭配情况。第二个步骤是综合语境各方面的要求确定唯一的符合得体性原则的量词。比如"他给我夹了一＿＿鱼"这句话。静态语境下可以修饰"鱼"的量词有很多，"条、尾、块、群、碗、斤"都可以，这些就组成了"鱼"的量词选择群，第二步根据现实情况我们就可以排除"条""尾"和"群"，因为显然夹给我的鱼不是活的，也可以排除"斤"，因为并不是在交易场合，那么可能的选择只有"块"和"碗"了。如果是一次性的动作，那么用"块"更合适，如果夹了很多次后，突出所夹鱼块数量之多则可以用"碗"来形容，如"他不停地给我夹鱼，一顿饭下来竟给我夹了一碗鱼！"

准确、得体是选用名量词的原则。其中，"准确"是基本的要求，也是第一步的要求，"得体"则是关键的要求，也是选用所要达到的最终目的。

【思考练习】

1. "一点儿"和"有点儿"有什么区别？
2. "颗"和"粒"有什么区别？
3. 选用名量词时有哪些制约因素？
4. 英语的 a cup of tea 中的 cup 是量词吗？

【拓展阅读】

1. 戴梦霞．对外汉语名量词选用教学的一点探索．汉语学习，1999(4)．
2. 王汉卫．量词的分类与对外汉语量词教学．暨南学报(人文科学与社会科学版)，2004(2)．
3. 猴瑞隆．认知分析与对外汉语示形量词教学——对外汉语量词教学个案研究系列之一．云南师范大学学报(对外汉语教学与研究版)，2006(3)．
4. 石毓智．表物体形状的量词的认知基础．语言教学与研究，2001(1)．

二、动量词教学

【案例导入】

动量词数量不多，常用的只有"次、遍、下、趟、顿、回、阵、场、番"等，与名量词相比少了很多，黄老师以为学生应该不难掌握。然而从学生的反馈来看问题仍然不少，主要集中在两个方面。一是动量词的位置有误，如"他两次去过北京""请你再说这句话一次""我读了课文一遍""我每星期一次给妈妈打电话"等。二是动量词的选用有误，如"昨天我去了一次学校""孩子不听话，妈妈打了他一遍""老师狠狠地批评了他一下""他看了我一眼睛""我打了他一手"等。汉语的动量词有什么特点，其使用规律是什么，在教学中应注意哪些事项呢？

【基础知识】

1. 动量词的意义及与动词的关系

动量词是表示动作单位的量词，一般用在动词后面说明动作过程的特征。下面我们介绍几个常用动量词的意义及与动词的选择关系。

［次］：表示动作次数，一般用于能反复出现的动作，可以不顾及动作的完整性和时间性。"次"是最常用的动量词，可以较广泛地和不同类的动词结合，所受限制较少，如：

动作动词：唱/听/说/打/调查/组织/宣传/解释一次

心理动词：爱/尊敬/担心/想/反对/同情/服从一次

瞬时动词：死/丢/赢/输/来/去一次

状态动词：饿/病/醉/一次

［遍］：一个从开始到结束的完整动作过程，如"这本书看了三遍""请再说一遍""老师解释了三遍"。由于强调动作的完整性和周遍性，所以瞬时动词、状态动词和心理动词这种跟动作完整性没有太大关系的动词不能与"遍"结合，如"死/赢/爱/病/醉一遍"都不正确。

［下］：表示动作进行的次数，一般用于短时间的动作，也相对轻，不受数量限制，如"老张拍了小刘一下""他敲了一下门""他摇了两下瓶子"；"下"还有缓和语气的作用，只能受"一"修饰，如"帮一下忙吧""我来介绍一下"。

［顿］：表示动作的次数，一般用于吃饭、斥责、打骂等动作，动作须积累到一定的量，试比较：

狠狠地打了一顿(＊下)　　　轻轻地打了一下(＊顿)

发了一顿脾气　　　　　　　发了一下脾气

被老师批评了一顿　　　　　被老师批评了一下

［趟］：用于有往返的或运行的动作，对动词种类有一定限制，多表示移动性的动词，如"来、去、走、跑、送、进、搬、运"等。

［回］：表示动作次数，也能用于反复出现的动作，比"次"的口语色彩更浓，如"北京我去过三回""这事我问过他一回"。"回"也可以作名量词，修饰事情，如"怎么一回事"。

［阵］：表示延续时间不很长的动作，有时带有"骤发"的意味，如"响起一阵掌声""下了一阵雨""突然刮起一阵大风""哭一阵，笑一阵""打了一阵牌"。"阵"还可以形容身

体的感觉，如"感到一阵剧痛/眩晕/刺痛/暖意"。

[场]：表示有头有尾的一个事件，不仅累计量较大，而且经历时间较长，主要涉及三个方面：

① 自然现象：下了一场大雨/雪、刮了一场风、发生一场地震、燃起一场大火

② 社会活动：发生一场革命、开展一场讨论、打了一场官司、经受一场考验

③ 个人活动：哭了一场、病了一场、恋爱一场、看了一场热闹、受了一场虚惊

"场"也用于一定场地上完整地进行的一次活动，多与文体、考试等活动有关，如"放了一场电影、举行一场比赛、参加一场考试、举办一场晚会"。

[番]：多用于费时费力的行为，如"好好庆祝一番、美美打扮一番、仔细研究一番、调查一番、欣赏一番、享受一番"等，"番"前一般只能用数词"一"，多用于书面语。

2. 借用动量词的基本规律

借用动量词指的是其他词如名词临时被借用来表示动作的量，主要补充说明的是动作性动词，如：

看两眼　打一拳　踢一脚　打一针　切一刀　写一笔　走两步　转一圈

被借用来表示动量的词，归纳起来主要有以下三类：

①器官名词：人体某些可以发出动作的器官，如"看一眼、打一拳、踢一脚、喊一嗓子、尝一口"等。

②工具名词：某些动作凭借的工具，如"打一针、砍一刀、写一笔、放一炮"等。

③伴随名词：表示某些动作所伴随产生的结果，如"走两步、转一圈"，"步"和"圈"是"走""转"的必然结果。

3. 动量词的句法位置

动量词位于动词后，当动词后带有宾语时，动量词和宾语词序有多种情况，有时只能在宾语前，有时只能在宾语后，有时在宾语前后均可，如：

① 他读了一遍文章　　　　*他读了文章一遍
② 批评了他一顿　　　　　*批评了一顿他
③ 我要去一趟北京　　　　我要去北京一趟

一般而言，动词后带表事物宾语时，动量词在宾语前，如"又看了一遍电影""打一场篮球""举办一场演出""解释一下问题""介绍一下新同学""再说一次这句话"；动词后带表人宾语时，动量词一般在宾语后，如"骂了他一顿""打了小明一拳""服从小张一次"。动词后为处所宾语时，动量词在宾语前、后均可，但表义略有不同，如"去一趟学校"强调去的是"学校"，而"去学校一趟"强调的是"一趟"。其他如"回一趟家/回家一趟"等也是如此。

【案例分析】

汉语动量词虽然数量较少，看似容易学习，但由于它们抽象度高，语用特点突出，许多动作都有选用某一动量词的可能，学习起来很有难度。在教学中应重点让学习者理解各种动量的语义特征和动词的选择关系。不同动量词对动作的时间、过程、方式等有不同的要求，应根据具体语境选择最合适的动量词，比如"次"只突出动作的次数，而对动作的完整性和时间性没有要求，但"遍"则强调动作由始至终的完整性，而"场"除了完整性外，还对场地、时间、累计的量等方面有所要求。由此"看一次/遍/场电影"的意义就略有不同（"看一场电影"多指在电影院的观影行为，在家看的话多为"看一部电影"）。再如，"下"一般表示动作的量比较轻，而"顿"则指动作的量较大，因而"打一顿"比"打一下"的程度重得多。学习者如能了解不同动量词的语义特征就能大大减少误用的情况，如案例中"昨天我去了一次学校"应改为"趟"更合适，而"孩子不听话，妈妈打了他一遍""老师狠狠地批评了他一下"都应改为"顿"以突出"打"和"批评"的量之大。借用量词的选择有一定约定俗成性，如只说"看了一眼"，不说"看了一眼睛"；只说"打一拳"不说"打一手"，这需要在教学中加以提醒。

至于动量词的句法位置可以格式化形式告诉学生：

动作+动量+事物宾语　读一遍文章

动作+表人宾语+动量　骂小明一顿

动作+(处所宾语)+动量+处所宾语　去一趟学校/去学校一趟

动量词的位置首先位于动词后，与宾语的词序则依宾语的语义特点而定。案例中有些病句是把动量词放在了动词之前，如"他两次去过北京""我每星期一次给妈妈打电话"，有的则是与宾语的词序有误，如"请你再说这句话一次""我读了课文一遍"。

【思考练习】

1. 动量词与动词的搭配有什么规律？

2. "次"和"回"有什么区别？

3. 动量词能否修饰名词？

4. 动量词和名量词有什么区别？

【拓展阅读】

1. 邵敬敏．动量词的语义分析及其与动词的选择关系．中国语文，1996(2)．

2. 吴怀成．动量词与宾语的语序选择问题．汉语学报，2001(1)．

3. 邵勤．动量词研究综述．江苏教育学院学报(社会科学版)，2005(4)．

4. 高文盛．动量词"回""次"的差异及其运用．西北农林科技大学学报(社会科学版)，2008(3)．

第四章　虚词教学

第一节　副词教学

一、副词及教学要点

【案例导入】

　　张老师是大学里的一名汉语教师，几年下来，他觉得副词特别难教，汉语的副词不仅数量多，小类繁杂，而且相互联系紧密、差别细微，意义功能不易辨识理解，留学生经常犯错。学生作业里副词的偏误五花八门，常见的有以下几类。

　　(1)语序偏误，如：①＊我打算不去北京。②＊我问只一个问题。③＊昨晚十二点，才我回家。④＊都我们喜欢汉语课。

　　(2)近义副词混淆，如：①＊这次考试他不通过。("不"和"没"混淆)②＊你以后再打算来中国吗？("再"和"还"混淆)③＊最近我一直看见他。("一直"和"总是"混淆)

　　(3)误加或遗漏，如：①＊他态度很好，什么也都愿意做。(误加"也")②＊这么很难喝的咖啡，你能喝吗？(误加"很")③＊他看上去很老，其实20岁。(遗漏"才"或"刚")④＊每个人要带词典来。(遗漏"都")

　　(4)不了解副词的意义和功能，如：①＊冬天的时候，哈尔滨大街上很冷，反而屋里很暖和。(不了解"反而"的语义背景)②A：你昨天去上课了吗？B：＊我并没有去上课。(不了解"并"的使用环境)

　　汉语副词那么多，意义那么复杂和抽象，学生错误这么多，作为教师到底应该怎么教呢？

【基础知识】

1. 副词的语法功能

　　副词是用在动词和形容词前起修饰、限定作用的词，有时也可以修饰整个句子。副词的语法功能比较单一，主要用作状语，只有少数表示程度的副词如"极、很"还可以充当补语。现代汉语副词在使用时具有如下特点：

（1）除了"不、没有、当然、也许、一定、别、差不多"等极少数副词外，绝大部分副词不能单独成句或单独回答问题。比如：

  ① A：他已经走了吗？   B：＊已经。
  ② A：你还喜欢他吗？   B：＊还。
  ③ A：他才来中国吗？   B：＊才。
  ④ A：你明天记得来参加晚会。 B：一定！
  ⑤ A：你喜欢学汉语吗？   B：当然！

（2）副词和主语的语序大多是固定的。
① 范围副词"光、只、就、仅、单"等表示对主语加以限定时，必须位于主语前，如"光/单/仅他一人就得了40分"。
②"甚至、大概、恐怕、也许、居然、果然、幸亏、偏偏、反正、毕竟"等语气副词在强调主语时放在主语前，强调谓语时要放在主语后，试比较"也许他知道"/"他也许知道""偏偏他要去"/"他偏偏要去"。
③ 除了上述两类副词外，其他副词都应该位于主语后面。
（3）一部分副词在使用时有比较严格的"共现"或"呼应"限制。"共现"是指单句中如有某类词语或语法形式出现，必须要有相应的副词同时出现，或者某种副词使用时必须与某一词语共现，比如：

  ①所有的人都不许走。
  ② 别着急，咱们稍微等一下。

"呼应"是指在复句中如有某个词语（主要是连词）出现，其后必须要有相应的副词呼应出现，比如：

  ①不管父母怎么劝，他都不听。
  ②只有正确认识自己，才能取得成功。
  ③只要天不下雨，我们就去爬山。

上述副词都与其他词语成对呼应出现，在句中起到关联作用。
2. 副词的分类
副词按照表示的意义主要可以分成以下几类：
（1）程度副词：很、太、真、最、更、极、非常、十分、格外、相当、特别、尤其、比较、更加、稍微、几乎等。
（2）范围副词：都、全、只、仅、光、单、就、才、一共、统统、总共、一起、一同等。
（3）时间副词：才、就、刚/刚刚、正/正在、已/已经、曾/曾经、立刻、马上、顿时、将要、一直、一向、向来、从来、原来、本来等。

（4）肯定/否定副词：不、没（有）、别、甭、准、必定、必然等。

（5）频率副词：也、再、又、还、经常、常常、往往、总是、老是、偶尔、不断等。

（6）语气副词：可、却、倒、居然、竟然、果然、偏偏、简直、难道、何尝、究竟、明明、到底、反正、索性、多亏、幸亏、好在、甚至、几乎等。

（7）情态副词：猛然、依然、仍然、逐步、逐渐、渐渐、亲自、特地、擅自、互相等。

需要注意的是，①有些副词义项较多，分属不同小类，比如"就、才"既是时间副词也是范围副词；②同一类副词中有许多近义副词，比如时间副词中的"立刻、顿时、马上"，频率副词中的"再、又"；"常常、往往"；"总是、老是"等，语气副词中的"居然、竟然""幸亏、好在"等，这些近义词特别容易给留学生造成困扰。

3. 副词教学要点

在对外汉语教学中，要从句法、语义和语用等多方面注意副词的教学问题，具体而言，要突出以下三点：

（1）讲清副词的意义。副词的意义比较抽象，而且在同一语义范畴常常有很多意义相近的词，所以我们只有揭示出每一个副词特定的含义，才能使学生准确把握住它们各自的意义，否则我们对副词的释义很容易失之于简单、宽泛甚而偏颇，不利于学生掌握。例如，一些工具书和教材把"你问我干嘛，我又没去过。"中的"又"解释为"加强否定"。如果只是告诉学生这些，留学生就会出现这样的病句：

A：你是日本人吧？
B：＊我又不是日本人！

学生也很纳闷，用"又"来加强否定自己不是日本人，怎么就错了呢？其实，是因为教师没向学生讲清楚"又"的特定含义。我们先来看几个正确的用法：

① A：你也吃点药吧。
　 B：我又没生病，不吃！
② A：我给你买了些咖啡。
　 B：我又不喝咖啡，买咖啡干嘛。

从这组例句我们可以看出，"又"所强调的否定句都处于一种相关意义里，它否定的内容不是独立的情况，而是和某一事件相关联的一个方面。"又"的语法意义是强调不存在或不具备某种事情或情况的前提、条件、起因等。说话人通过用"又"来表明对相关事件的不满、反对、质疑的态度或给予否定的回答（李小荣，1997）。

（2）说明副词的用法。副词的用法与其在句中所处的位置、肯定否定、常见搭配、句型、音节等因素均有关，因此在讲解副词用法时需要结合以上相关因素。

①副词的句法位置。多数副词位置比较固定，一般位于主语和谓语之间，但有些副词

如语气副词位置比较灵活，既可位于主语前，也可位于主语后，如"甚至、大概、恐怕、也许、居然、果然"等。注意不要让学生把这类副词的句法位置错误地类推到其他副词上，造出如"都我们爱你""他去酒吧，也我去酒吧"这样的病句。

②肯定与否定。有些副词对出现结构的肯定或否定形式有特殊的要求。比如"从来"和"向来"意义相近，但"从来"多用于否定句，如"我从来没去过欧洲""他从来不关心政治"，而"向来"多用于肯定句，如"他花钱向来大手大脚""武汉的夏天向来热"。再如，时间副词"一时"后面修饰的多是否定结构，一种是"一时+动词+不+补语"，如"一时想不起来/拿不出来/来不了/转不过弯"，另一种是"一时+不+动词"，如"一时不能告诉你/不理解/不明白"。

③常见搭配。主要指副词对组合成分的搭配要求，比如程度副词不与状态形容词搭配(＊"很雪白"、＊"非常笔直")，有些副词对其后成分的音节有要求，比如和"互相"搭配的动词一般是双音节的("互相帮助、互相学习")，而"互"只能和单音节动词搭配("互帮、互助")，有些副词只与简单成分搭配，如"稍"，修饰"等、好、快"等简单成分，而有些副词则要求与复杂成分搭配，如"稍微"，修饰"等一下、好一点，快一些"。

④对句型句式的要求。有些副词对出现的句型句式还有一定的限制，如"难道"一般出现在疑问句中，"赶忙"不能用于祈使句(＊"你赶忙去")，"比"字句中只能用相对程度副词"更、还"，不能用"最"，也不能用绝对程度副词"很、非常"。

(3)结合语境讲解。副词意义抽象、虚灵，它的意义往往体现在与句中以及前后句其他成分的关系中、体现在句子内容与说话人态度的关系中，与语境关系十分密切。解释副词用法时如能结合语境讲解就能收到事半功倍的效果。比如教"顺便"这个副词，意为"趁做某事的方便(做另一事)"，掌握它的关键在于了解"顺便"做的事和另一件事之间的关系，点明它不是特意要做的事。但只这样讲学生很难理解，这时教师就应该设置合适的语境体现这两件事情的关系，比如"路过超市，顺便买点酒""去北京开会，顺便看看朋友"。通过抓住这个词和上下文的关系来解释意义和用法，设置必要的语言环境组织练习，学生理解、使用起来就会比较轻松、自然。

【案例分析】

汉语副词数量繁多，表义复杂，在教学中应注意以下几点：

(1)重点讲解部分基本的、常用的副词，不要面面俱到。据统计，汉语副词大概有335个，数量惊人，教师不可能对每一个副词都详细解释，但对于常用的副词如"都、只、也、再、又、还、最、更、很、真、太、就、才、已经、经常、一直、总是"要仔细讲解，力求完全掌握。

(2)重点讲解副词的基本功能，即修饰限制谓词性词语。在副词偏误中，语序偏误占了很大一部分，主要是因为学生不了解绝大部分副词位于主语后、谓语前。只有少数情况下，语气副词和范围副词为了强调和突出主语时才会位于主语前，但无论什么副词都不能直接位于宾语前。如本案例中语序偏误的例②就是将"只"放在了宾语"一个问题"前。

(3)重点讲解副词使用的语境条件，包括说话人的心理状态、客观情景条件等。针对案例中语气副词"并"的偏误，教师应该指出"并"使用的语境条件，即加强对语境预设的否定，包括否定①已存在的看法、想法；②潜在的意想，如：

A：你挺喜欢运动吧？　　B：我并不喜欢。（已存在想法：B 喜欢运动）
去年我来到中国，但是我来中国并不是想学习中文。（潜在意想：来中国学中文）

通过设置语境和例句，教师可以引导学生归纳出"并"的语法意义是"强调事实或看法不是所认为的或可能会推想的那样"。比较案例中的偏误句"A：你昨天去上课了吗？B：＊我并没有去上课"。A 对 B 昨天有没有去上课没有预判或推想，只是纯粹地询问 B 的情况，因此这里不应该用"并"，直接回答"我没有去上课"就可以了。

（4）采取分散式的副词教学，单个副词教学或副词对比教学，并以此为主体，精讲多练，各个击破。比如案例中否定副词"不"和"没"的混淆就可以通过两者的对比区别各自的使用特点。

【思考练习】

1. 汉语副词的语法功能是什么，有哪些种类？
2. 教师讲解副词时应该从哪些角度切入？
3. 怎么辨析近义副词？
4. 请你辨析"不"和"没"的异同。

【拓展阅读】

1. 李小荣．谈对外汉语虚词教学．世界汉语教学，1997(4).
2. 周利芳．谈对外汉语副词教学中的语境利用．语言教学与研究，2002(3).
3. 侯瑞芬．再析"不""没"的对立与中和．中国语文，2016(3).
4. 邵敬敏．副词释义的精准度及其方法论探讨．暨南学报(哲学社会科学版)，2016(1).

二、范围副词教学

【案例导入】

黄老师在一所机构教汉语，最近教"都"这个范围副词，教材里对"都"的解释是表示总括，并把"都"翻译成英语"all"。黄老师也是这样教给学生的，但他发现教学效果并不好，学生经常出现这样的错句：①＊都同学很高兴。②＊我忘了都地方的名字。③＊每个人都听到这个消息很感动。④＊你都放心吧，你别担心我们。除此之外，黄老师发现"光"和"只"以及"大约"和"大概"这两组范围副词学生也不容易分清，比如把"他一个月只赚 2000 元"说成"他一个月光赚 2000 元"，把"大概他不会回来了"说成"大约他不会回来了"。这些错误是怎么造成的，该怎么教才能有效减少这类错误呢？

【基础知识】

1. 范围副词概说

范围副词是主要用在动词或形容词前表示范围的副词。根据概括范围的大小和类别，范围副词可分为统括性、唯一性和限制性三类。统括性范围副词主要有"都、全、全都、尽、总共、一律、一概、统统"等，表示其修饰和限制的是对象的全部范围。唯一性范围副词主要有"仅、仅仅、光、只、单、单单"等，表示其所限定的对象就整个范围而言是某个单个，不包含其他对象。限制性范围副词主要有"约、大约、大概、大多、大体、最多、最少"等，表示其限定的是范围内的部分对象。

2. 范围副词"都"的特点与用法

"都"有好几个意义，如相当于"甚至"的"这道题连老师都不知道"和相当于"已经"的"都大学生了，还不会叠被子"，只有表示"总括全部"时才是范围副词，如"我们都是中国人"。

一般把"都"的语义概括为"总括全部"，其实应该是强调对象的每一个都能跟谓语部分相配。王还（1988）认为"都"是指事物的每一个，而不是指全体。董为光（2003）认为"都"在总括之前，是对前面的事物进行"逐一看待"，因此"都"的语义可以进一步明确为"逐指"，即表示复数的人或事物无一例外具有同一种性状或同一行为。周小兵、王宇（2007）总结了"都"的五个使用条件：

（1）当句子主语所指不止一个，又要突出"全部"义时，一般用"都"。例如：

①我们都为你的成功感到高兴。
②他的爸爸妈妈都是知识分子。

（2）当句子的主语所指是可切分的一个个体，交际语境又要求明确表示出动作涉及的是"全量"而不是"部分"时，可以用"都"。例如：

③那个苹果我都吃了。
④这本书我都看了。

（3）当句子里有"每、各、所有、一切、全部、这些、那些、随时、到处、任何"等类词语时，后边一般要用"都"与之呼应。例如：

⑤一切都按你说的办。
⑥我们班每个同学都参加作文比赛。

（4）当句子中有表示任指的疑问代词"谁、什么、哪、哪里、怎么"或"无论、不管"等词语时，谓语中或第二分句中要用"都"与之呼应。例如：

⑦谁都可以参加今天的晚会。

⑧无论你走到哪儿，都会遇到同样的问题。

（5）由疑问代词"谁、什么、哪儿、哪+数量词"等构成的疑问句常用"都"，此时"都"轻读，放在谓语动词前，总括后面疑问代词所询问的内容，回答这类问题时，不能用"都"。例如：

甲：你家里都有什么人啊？
乙：我家里有爸爸、妈妈和我。

以上五个条件，有些是强制性要用"都"的，如（4）；有些是半强制性的，如（3）；有些是非强制性的，如（1）、（2）、（5）。对留学生而言，"都"使用的强制性越强，学习难度越低，反之难度则越大，上述五类句式按学习难度由低到高可以分为3个层次：（4）、（3）→（1）→（5）、（2）。我们也可以从"逐指"的清晰度对上述五类句式的难度排序，逐指越清晰，难度越低，根据这一指标，由易到难依次为（1）、（3）、（4）→（5）、（2）。

3. 近义范围副词辨析

（1）"只"和"光"的英文释义都是"only"，两者有什么区别？

"只"表示除此之外没有别的，具体有以下几种用法：

① 限制与动作有关的事物，常跟"不"对举，如"我只学过英语""我只去过北京""他只会说汉语，不会说英语""汉字我只会读，不会写"。

② 限制与动作有关的事物的数量。如"教室里只有4个人""我去晚了，只看了最后10分钟""去年我只生了一场病"。

③ 限制动作本身及动作的可能性。如"这本书我只翻了翻，没细看""这工作只能慢慢做，不能操之过急"。

"光"表示限定范围，有"只"和"单"的意思，具体用法如下：

① 光+动/形，如"我光谈学习问题，不谈其他问题""小孩光笑不说话""别光想玩"。

②光+名，如"光我们班，报名的就有20人""光小麦的产量，就达到了1万斤""不光他一个人，还有别人"。

通过对比可以发现，"光"的使用范围窄于"只"，例①用法可与"只"互换，"只"不能直接修饰名词，这点与"光"不同。另外，"只"可以限制与动作有关事物的数量，表示数量少，但"光"没有这个功能。

（2）"大约"和"大概"有什么不同

"大约"和"大概"有时可以互相替换，如：

① 小红大概/大约18岁。
② 我大概/大约19号回家。
③ 老师大概/大约讲了半个小时。

有的情况下，则绝对不能替换，如：

④ 我想他大概会同意。　　＊我想他大约会同意。

⑤ 事情大概不难。　　　　＊事情大约不难。

⑥ 大概你还不了解。　　　＊大约你还不了解。

通过对比可知，当用于估计数量或时间时，"大约"和"大概"基本能够互相替换，但"大约"更强调近似性和对时间、数量推断的客观性，"大概"更强调委婉性，具有个人的主观推断性，因此"大概"还用于对情况的推测和可能性，如例④到例⑥，"大约"这一用法较少，仅见于书面语，如"此事大约已成定局"。此外，"大概"还能位于主语前，如例⑥，但"大约"一般在主语后。

【案例分析】

分析学生关于"都"的病句可以发现，犯错很大程度上受到"都"的英文释义"all"的影响。英语的"all"既是副词，也是形容词，因此可以作定语修饰名词，如"All the students are happy""I forgot all the places' names"。本案例中，病句①(都同学很高兴)和②(我忘了都地方的名字)就是把副词"都"与形容词"all"的用法混淆了。在教学中，教师应首先跟学生强调，范围副词"都"不等同于"all"，没有形容词用法，只能位于主语后谓语前，修饰动词或形容词。根据学习"都"的五种句式的难易度可以先把使用条件(1)、(3)和(4)教给学生，为便于学生掌握，可将句式格式化为：

条件(1)：A、B、C+都+VP＝A+VP，B+VP，C也VP，突出"都"的逐指性，如"三个人都付了钱＝甲付了钱，乙付了钱，丙也付了钱。"；"明天和后天我都在家＝明天我在家，后天我也在家。"这种条件与英语"all"的副词用法相当。

条件(3)：每(所有、这些、那些、任何)+都+VP，这种条件下英语不能用"all"来表示，只能用every或each。比如"每天上午他都有课＝Every morning he has classes."

条件(4)谁(什么、哪、哪里、怎么)+都+VP，句中有表示任指的疑问代词时，谓语中要用"都"，比如"他谁都认识，什么都知道，哪儿都去过，怎么都行"，这里的"都"相当于"every"。"无论(不管)，+都"，句中出现"无论、不管、不论"等连词，谓语或者第二个分句要用"都"，因为"无论"等涉及的不是一种情况。

另外两种"都"的使用情况可不做专门讲解，学生遇到问题再略作指导即可。对于"他一个月光赚2000元"这种病句，只需向学生指出，"光"不能限制动作相关的数量，这是"光"与"只"的一个主要区别。而对于"大约他不会回来了"，教师应指出"大约"强调近似性和对时间、数量推断的客观性，很少表示推测，如要表示推测，用"大概"更好。

【思考练习】

1. 范围副词主要有哪些成员？

2. "都"和"all"有什么区别？

3. "都"和"全"有什么异同？

4. 范围副词"一律"和"一概"有什么不同？

【拓展阅读】

1. 周小兵、王宇．与副词"都"有关的偏误分析．汉语学习，2007(1)．
2. 邵菁．再比"都"和"all"．语言科学，2003(3)．
3. 李晓琪．现代汉语虚词讲义．北京：北京大学出版社，2005.
4. 张谊生．现代汉语副词分析．上海：上海三联书店，2010.

三、时间副词教学

【案例导入】

　　"就"和"才"是时间副词里较难掌握的一组副词，它们的使用暗含了说话者的主观态度，而主观态度是比较虚的，具有一定的灵活性。一般而言，用"就"表示说话人认为动作发生得早、快或用时少，如"他每天7点就到学校了"，可是"才"有时也可以表示时间早，如"他到学校才7点"，有时候"就"又表示时间晚，如"吃完饭，回到家就9点了"。那么"就"和"才"在表示时间早晚时有什么规律，应该怎样教呢？

【基础知识】

1. 时间词在副词"就"和"才"之前

当表示时间的词位于"就"和"才"之前时，"就"表示说话人认为动作发生得早、快或用时少，用"才"表示说话人认为动作发生得晚、慢或用时多。表示已然动作时，"就"后一般有"了"，如：

　　① 他7点就到学校了。（早）
　　② 他10点才到学校。（晚）
　　③ 我一天就把这本书看完了。（快）
　　④ 我一个月才把这本书看完。（慢）

2. 时间词在副词"就"和"才"之后

当表示时间的词位于"就"和"才"之后时，"就"表示说话人认为时间晚，"才"表示时间早，比如：

　　① 他把所有的事做完就11点了。（晚）
　　② 他把所有的事做完才2点。（早）

在简单句中，表示时段的词语在"就"或"才"之后，都表示说话人认为动作进行得快，用时少，比如：

③ 写这篇文章，他就(才)花了一天。

④ 考研他就(才)复习了一星期。

例③和例④中的"就"和"才"都要重读，表示用时少，如果"就"轻读，则表示用时多，试比较：

⑤ a 写这篇文章，他'就花了一天。

　　b 写这篇文章，他就花了'一天。

a 句重读"就"，表示说话人认为"用一天时间写这篇文章速度很快，用时较少"，b 句"就"轻读，"一天"重读，则表示说话人认为"用一天时间写这篇文章速度太慢，用时较多"。

3. "就"和"才"在两个动词之间

"就"和"才"还常放在两个动词之间，表示两个接连发生的动作或事件。用"就"表示两个动作间隔时间短，用"才"表示两个动作间隔时间长，比如：

① 我下了课就去找你。（间隔短）

② 他下了课才去找小王。（间隔长）

"就"还经常与"一"形成"一……就"格式，表示两个动作紧接着发生，如：

③ 我一下课就去吃饭。

④ 他很聪明，什么事都一教就会。

4. "就"还表示"立刻、马上"的意思，要重读；"才"还可以用在动词或动词短语前面，表示动作在说话前不久发生，比如：

① 你等我一下，我去去就来。

② 就要放假了，你有什么打算？

③ 我才来，没什么朋友。

④ 你才吃完饭，不要运动。

【案例分析】

　　首先要明确的是"才"和"就"所表示的时间早或者晚是一个相对的概念，即相对于说话者的预期而言，动作或事件的发生早于或晚于说话人的预期。比如一个女子 28 岁结婚，对观念保守的人而言，他们觉得女人 28 岁结婚太晚了，于是就会说"她 28 岁才结婚"；而对于观念开放的人来说，他们觉得当代女人 28 岁结婚还有点早，于是就会说"她 28 岁就结婚了"。对于同一个事实，不同的人有不同的看法和观点，这些观点通过不同的副词表达出来，所谓"就"和"才"的主观性就体现在这里。在教学中，教师可以从学生的表达需要入手，说明"就"和"才"的意义，具体如下：

（1）当要表达某事的发生早于你的预期时，你可以用：

时间词+就+动作+了 　　或　　 动作+ 才+（动作）+时间词

他 7 点就到学校了。　　　　　他到学校才 7 点。

他一天就做完了。　　　　　　他做完才花了一天。

（2）当要表达某事的发生晚于你的预期时，你可以用：

时间词+才+动作 　　或　　 动作+就+时间词+了

10 点才做完作业。　　　　　做完作业就 10 点了。

12 点才起床。　　　　　　　起床就 12 点了。

（3）当要表达两个动作或事件发生间隔短时用"就"，间隔长时用"才"。

动作 1+就+动作 2 　　　　动作 1+才+动作 2

我一下课就去找你。　　　　你怎么下课才来找我？

我吃完饭就做作业。　　　　他吃完饭才做作业。

（4）当要表达动作在说话前不久发生，用"才"，表达动作在说话后马上发生，用"就"。

就+（要）+动作 　　　　　才+动作

不说了，我就要上车了。　　我才坐上车，列车员还没来检票。

不想上班了，春节就要到了。　春节才过完，又要开始工作了。

同时要告诉学生，上述例句如果没有"就"或"才"，整个句子就只是客观陈述一个事实，比如"他 7 点到学校"，有了"就"或"才"后就体现出说话人的态度和观点。可以将有无"就、才"的句子放在一起对比，使学生对"就、才"的主观性有更好的认识。初级阶段先教（1）和（2）的用法，等学生熟练掌握了，再教（3）和（4）。

【思考练习】

1. 请你总结一下时间副词"就"和"才"的使用特点。
2. 除了时间副词，"就"和"才"还有什么功能？
3. "就"和"才"修饰数量词时分别表达什么意义？
4. 还有哪些常见的时间副词？

【拓展阅读】

1. 周守晋. "主观量"的语义信息特征与"就""才"的语义. 北京大学学报(哲学社会科学版), 2004(3).

2. 徐以中, 杨亦鸣. "就"与"才"的歧义及相关语音问题研究. 语言科学, 2010(1).

3. 脱傲. 时间副词在对外汉语教学中的句法语义分析. 北京理工大学学报(社会科学版), 2006(5).

4. 何一薇. 时间名词、时间副词之偏误分析. 温州师范学院学报(哲学社会科学版), 2003(1).

四、语气副词教学

【案例导入】

　　语气副词的意义空灵又与语用、说话人的主观情态密切相关。相对于其他副词学习起来较不容易, 特别是语义上有交叉的如"毕竟、到底、究竟", 在有的句子中, 这三个副词能互相替换, 如"年轻人毕竟/到底/究竟是年轻人, 充满朝气", 而有的句子又只能用其中的某一个副词, 如"经过多方努力, 问题到底解决了"。学习这一组副词时, 学生经常出错, 如:

　　① * 这毕竟是为什么? 　　　　　　　　　　(究竟、到底)
　　② * 他到底去吗? 　　　　　　　　　　　　(到底去不去)
　　③ * 我认为"安乐死"究竟不可取。 　　　　　(毕竟)

　　这其中, 既有意义混淆的问题, 如例①和③, 也有形式搭配的问题, 如例②, 那么"毕竟、到底、究竟"究竟有什么异同, 在教学中老师应该如何处理呢?

【基础知识】

1. "毕竟、到底、究竟"语法意义的异同

(1)"到底""毕竟""究竟"都可以表示"通过强调事物某方面的性状或特点, 来说明另一情况或结果的出现并不奇怪, 在情理之中", 用这一义项时, 三者往往可以替换使用, 比如:

　　① 他到底(毕竟/究竟)还是个十几岁的孩子, 没有见过大阵势。
　　② 朱老头又懂了一件事情, 十分高兴: "啊啊, 到底(毕竟/究竟)你是行家, 说出了道理。"
　　③ 到底(毕竟/究竟)有自己人照料, 马上就会进行急救, 不然, 不等送到医院, 他就会死了……

　　尽管三者可以互换, 但还是有细微差别, 在表示这一义项时更常用"到底"和"毕竟", "究竟"不是最佳选择。另外, "到底"多用于口语, 而"毕竟"多用于书面语。

（2）"到底"与"毕竟"均可表示"某一结果最终出现"，常与"了"搭配，但两者也存在一定差别：其一，"毕竟"使用此义项的频率较低，在500例"毕竟"句中只有5例是这种用法；其二，"到底"更侧重"通过一定的努力而最终出现"，因此两者虽有语义共性，但不常替换。而"究竟"不包含此义项。比如：

① 沉默了半天，到底开了口。
② 彭德怀像是要夺去他的筷子，到底还是忍住了。
③ 金色的秋天毕竟过去了，冬天已经来临。
④ 虽然这是大家不愿意看到的，但是悲剧毕竟还是发生了。

（3）"到底"与"究竟"均可用于疑问句或包含疑问成分的句子中，表示"追究"的含义，两者可以交替使用，例如：

① 这件事情与你到底（究竟）有什么关系？
② 今天的讲座，你到底（究竟）去不去？
③ 究竟（到底）是什么事让他如此伤心？

此外"到底"和"毕竟"都可以强调某一种最终情况或变化，可以互换，常与"了"搭配，如：

① 到底（毕竟）是大学生了，懂事了。
② 小坝子游击队毕竟（到底）是支很成熟的队伍了，很听招呼。

"毕竟、到底、究竟"语法意义的异同可以简单概括为下表：

	表示追究	强调某结果最终出现	通过强调来说明另一情况或结果的出现并不奇怪	
			所强调的是事物的性状或特点	所强调的是某种变化或最终结果
到底	+	+	+	+
究竟	+	−	(+)	−
毕竟	−	(+)	+	+

说明：(+)表示较少使用。

2."毕竟、到底、究竟"句法形式的异同
（1）"毕竟、到底、究竟"在句法形式上的共性
"毕竟、到底、究竟"都是表示强调某种性质或特点，所以它们都可以出现于以下两种形式：
其一，（N）毕竟/到底/究竟（不）是N，如：

① 桑雅毕竟是医生，他知道自己的伤口十分深，会危及生命。

②"老大，你到底是读书人，想得周到！"老人低声说。

③ 我们大概究竟不是一路的，那么，请你忘记我吧。

其二，毕竟/到底/究竟(不)adj，如：

① 小学的功课毕竟浅显，打完游戏机再做功课，混个及格不算难。

② 胡涟到底年轻，生了病恢复起来很快。

③ 孩子究竟还小，不能像大人那样去要求他。

"到底、毕竟、究竟"还可以修饰 VP，比如：

① 我们到底去哪？

② 最困难的日子毕竟过去了。

③ 你究竟爱不爱他？

虽然都修饰"vp"但三者意义不大一样，例①的"到底"和例③的"究竟"均是"追究"义，例②的"毕竟"表示"终于"义。

(2)"毕竟、到底、究竟"在句法形式上的个性

其一，"毕竟"可放于句首，还可在一个句中反复使用，如：

① 毕竟，枪口之下也是一种暴力。

② 无论如何他毕竟已为我牺牲很多，毕竟对我有过真情，我怎么能伤他的心？

其二，到底/究竟是 A 还是 B

"A"和"B"表示的是相反关系，这一句式还演化出另外两种结构变体："到底/究竟 A 不 A"和"到底/究竟 A 不 AB"，表示正反问，如：

① 人类到底/究竟是进步了，还是退步了？

② 那个范英明到底/究竟行不行？

③ 这么做究竟/到底值不值得。

【案例分析】

　　"毕竟、到底、究竟"这一组语气副词每个均有多个义项，且义项之间存在交叉，学生不易理解和掌握，在教学中，教师应该选取每个副词最常用、最典型的用法，从情景背景、形式框架、用法说明和例句四个方面进行总结，比如"毕竟"最典型的用法是通过强调来说明另一情况或结果的出现并不奇怪，因此我们可以做这样的教学设计：

　　情景背景：说话人对一个情况做出肯定性评论。因为有原因、有事实根据，所以现状、结果并不奇怪，是可以被接受、被理解的。

　　形式框架：毕竟 A，B。

　　用法说明：主语可前可后，A 可为"是+名词短语""形容词短语""动词短语"的形式，B 为分句。语义上 A 说明原因或事实根据，"毕竟"要强调突出的是主语所具备的某一特征。B 可理解为叙述的结果或表达说话人观点。

　　例句：

　　　　（1）他［毕竟］是个老工人，有丰富的经验。

　　　　（2）孩子［毕竟］大了，你不能管他太多。

　　　　（3）［毕竟］他才学了一个月的汉语，很多文化方面的知识还不了解。

　　"到底"和"究竟"最常用的义项是表示"追究"。（此义项中两者语义相同，用法一致，所以放在一起总结）

　　情景背景：说话人因为某些原因没有得到答案，但又一定想知道，所以提出问题，寻找答案。

　　形式框架：S+究竟/到底+V 不/没 V+O 或+谁/哪/什么……

　　用法说明："究竟"比"到底"追问的语气更强烈。疑问句多为特指问句或正反问句，不能为是非问句，可以搭配语气助词"呀、呢"使用。

　　例句：

　　（1）你明天［到底］/［究竟］来不来？

　　（2）［到底］/［究竟］哪个答案是正确的呀？

　　其中，用"到底"较口语化，"究竟"书面语色彩较浓。"毕竟、到底、究竟"的其他义项可在以后碰到时再加以解释，以免一起教给学生造成混淆。

【思考练习】

　　1. 请你总结"毕竟、到底、究竟"的异同。

　　2. "毕竟、到底、究竟"最核心和最典型的用法是什么？

　　3. "一条路走到底"和"到底怎么回事"中的"到底"一样吗？

　　4. "毕竟、到底、究竟"的对应英文是什么，和汉语的用法有什么差异？

【拓展阅读】

　　1. 祖仁植、任雪梅. "毕竟"的语篇分析. 中国语文，1997（1）.

　　2. 董付兰. "毕竟"的语义语用分析. 首都师范大学学报（社会科学版），2002（3）.

　　3. 张秋杭. "毕竟"类副词的语用标记功能. 语文学刊，2009（9）.

　　4. 高书贵. "毕竟"类语气副词与预设. 天津大学学报（社会科学版），2000（6）.

第二节 介 词 教 学

一、介词及教学要点

【案例导入】

汉语介词是一个封闭的小类，数量不多但使用频率很高、意义空灵，而且每个介词往往有多种意义，相近介词之间还存在意义和用法的辨析问题，因而学生的偏误很多，向来是教与学的难点。作为汉语教师，教介词时的重点是什么，又该如何有效地进行教学呢？

【基础知识】

1. 介词及其短语的基本结构和功能

介词不能单说或单独充当句子成分，它的基本语法作用是介引，即介引与谓语动作有关的时间、处所、方式、对象等，与之组成一个介词短语，进而充当状语和补语，在句中修饰或补充谓词性成分。介词主要和名词性成分结合形成介词短语，其基本结构和分布如下所示：

基本结构式： 介词+名词性成分→介词短语

从	学校	从学校
比	北京	比北京
关于	学费	关于学费

基本分布式：（介词短语）+主语+（介词短语）+谓词性词语+（介词短语）

当他告诉我这个消息时，我惊呆了。｜我从学校出发｜我住在北京。

少数介词短语也可以加"的"作定语，修饰限制名词性中心语，比如：

一部关于爱情的电影 ｜对领导的意见

2. 介词的主要类型

根据介词所介引的宾语性质一般可以将介词分为以下几类：

（1）介引时间、空间：自、从、离、在、当、朝、向、往、顺（着）、沿（着）到、自从

（2）介引对象、范围：对、对于、和、跟、替、给、向、把、被、叫、让、关于、至

于、跟、与、比、朝、向、除了

（3）介引方式、依据：用、拿、以、靠、据、根据、按、按照、依、依照、凭

（4）介引原因、目的：由于、为、为了、为着

3. 介词的常见偏误

在介词学习过程中，留学生经常出现的偏误主要有以下几种：

（1）介词的遗漏。如：

　　① *请问好你的母亲。（请向你的母亲问好）
　　② *多吃水果有好处你的身体。（多吃水果对你的身体有好处）
　　③ *我站很多人面前会脸红。（我站在很多人面前会脸红）

（2）介词的混用。如：

　　① *他给我们说了好几次对不起。（"给"与"对/跟"混淆）
　　② *老师凭成绩把我分到初级班了。（"凭"与"根据"混淆）
　　③ *关于我的选择，我没有后悔过。（"关于"与"对于"混淆）
　　④ *我们要对于自己的家人负责。（"对于"与"对"混淆）
　　⑤ *中国学生对留学生介绍了学校的情况。（"对"与"向"混淆）

（3）介词的误加。如：

　　① *你对他们问问，他们的想法是什么。（你问问他们，他们的想法是什么）
　　② *他是在我们班里学习最好的。（他是我们班里学习最好的）
　　③ *虽然这次考得不好，但是对你还有很多机会。（虽然这次考得不好，但是你还有很多机会）

（4）介词或介词短语位置不当

　　① *狗跑来跑去在桌子旁边。（狗在桌子旁边跑来跑去）
　　② *他毕业从大学以后就住在家里。（他从大学毕业以后就住在家里）
　　③ *我们都写作业用电脑。（我们都用电脑写作业）

4. 介词教学要点

根据卢福波（2010）、杨玉玲、应晨锦（2011），对外汉语介词教学中应注意以下几点：

　　① 加强单个介词教学。每一个介词都有其独特的个性，汉语教学时一定要针对学习者的问题一个一个地重点讲解说明，要讲清语法意义、结构特征和使用限制条件。

　　② 加强易混淆介词的对比教学。介词的用法往往与介词的宾语以及和介词短语搭配的动词特点有关。教师可以引导学生从这两个方面对近义介词进行辨析。

③ 加强介词短语分布的教学，需注意两点：

其一，多数介词短语除可能作定语外，只位于谓词性词语前；

其二，少数介词短语既可以位于谓词性词语前，也可以位于之后，但意义不同，要讲清差异，如"他在床上跳"和"他跳在床上"

④ 采用"语法词汇化"的办法来教，即把介词融入到对介词有特殊要求的动词、形容词、句式或固定结构中去，如：

某人+对……+热情/友好/冷淡 （"对"表示行为动作的对象）

某人$_1$+替+某人$_2$+动词（"替"引出动作服务的对象）

……，至于+话题，……（"至于"引出讨论中的相关的另一话题或对象）

从+时间$_1$/处所$_1$+到+时间$_2$/处所$_2$（"从"引出世间或处所的起点）

⑤ 对有多种意义和用法的介词，要先把各种意义和用法分开，最后再归纳整理，不能一股脑儿把所有的意义和用法教给学生。

【案例分析】

根据前文基础知识的介绍，结合留学生介词学习中的常见偏误，我们认为，在教介词时，汉语教师可采取以下方法：

（1）讲清每个常用介词的语用特点，对于易混淆的介词尤其需要细致的讲解，辨析时可从介词所带宾语及搭配的动词特点入手。拿"往""朝""向"来说，都表示动作的方向，但具体运用时并不完全相同。我们可以说"过了十字路口往/朝/向北走"，说明三者的宾语都可以是处所或方位词。但我们可以说"他朝/向我招手"，却不能说"他往我招手"，说明"朝、向"的宾语可以是人，"往"的宾语不能是人；然而同样是人，我们可以说"向他学习"，却不能说"朝他学习"，这是因为"向"可以用于抽象的动词，但"朝"只能用于人的身体动作等动词；我们可以说"飞机飞向/往北京"，却不能说"飞朝北京"，说明"朝"不能用于结果补语。

（2）将介词融入到对介词有特殊要求的动词、形容词、句式或固定结构中去，通过词语搭配及扩展练习，可以有意识地操练"介词+介词宾语+动词/名词/方位词"这一格式。比如："合作——跟他们合作"（介词短语做状语）；"消息——关于他的消息"（介词短语做定语）；"发表——发表在报纸上"（介词短语做结果补语）等，让学生在实实在在的词汇、结构用法中掌握介词的使用。

（3）用认知图式来阐释结构和语义的问题。以"在"为例，"在院子里晾衣服"和"衣服晾在院子里"两个句子，介词结构的位置不同，表达的现实场景也不同，我们可以用不同的意象图式来阐释（崔希亮，2005），如下图：

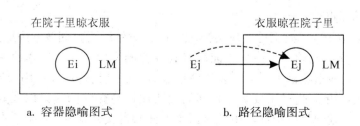

a. 容器隐喻图式　　　　　　b. 路径隐喻图式

a 描述的是一个活动事件，"院子里"标示的是 Ei 活动的场所，这个场所是一个有边界的容器；b 描述的是一个位移事件，"院子里"标示的是移动元 Ej 位移的终点。这两个意象图式可解决大部分与"在"和空间方位有关的问题，如：

①他在船上跳～他跳在船上
②他在树上砍一刀～他一刀砍在树上
③他在沙发上坐～他坐在沙发上
④他在黑板上写字～他把字写在黑板上

【思考练习】

1. 介词短语的基本结构和功能是什么？
2. 介词可以分为哪几类？
3. 介词教学的注意事项是什么？
4. 近义介词辨析可以从哪些方面入手？

【拓展阅读】

1. 崔希亮．欧美学生汉语介词习得的特点及偏误分析．世界汉语教学，2005(3)．
2. 张艳华．韩国学生汉语介词习得偏误分析及教学对策．云南师范大学学报(对外汉语教学与研究版)，2005 (3)．
3. 赵葵欣．留学生学习和使用汉语介词的调查．世界汉语教学，2000(2)．
4. 戴秋思、王振来．日本留学生习得以介词"给"为标记句式的偏误分析．渤海大学学报(哲学社会科学版)，2014(1)．

二、时空介词教学

【案例导入】

时空介词是时间和空间介词的合称，即介引动作发生的时间、处所和方向的介词，如：自、往、向、到、在、从、朝、离、于、当、随着、顺着、沿着等。其中"在、于、从、自、离"等既能介引空间，也能介引时间，在教学中要重点对待。据崔希亮(2005)统计，无论是欧美学生还是日韩学生对"在"的使用率都是最高的，但偏误率也不低，常见的有"在"的误加和遗漏，比如"*她是在我们班里学习最好的。""*老师的帮助下我终于习惯了"。而"从"是欧美学生偏误率高居第二的介词，如遗漏"*我剑桥大学中文系毕业了。"、错序"*我吃了葡萄，偷了从妈妈的篮子"等。"在、从、于"之间还经常发生误代，比如"*西游记我从小时候就看过。""我到贵国来学习汉语于华中师范大学"等。"在、从、于"这三个时空介词在使用时有什么特点和规律，该如何教给留学生呢？

【基础知识】

1. "在"的用法

（1）表示动作行为发生的时间，可用于动词前或动词后，比如：

① 在最困难的时候，老师给了我无私的帮助。
② 在放假之前，请务必把工作做完。
③ 那件事发生在我 6 岁的时候。
④ 婚礼定在这周六晚上。

需要注意的是，"在"虽可用于动词后，但动词仅限于"生、死、定、改、排"等单音节词及"出生、诞生、发生、出现"等双音节词。

（2）表示处所，可用于动词前或者后，但意义略有差别，"在"位于动词前表示动作发生时所在的处所，位于动词后则表示事物在动作发生后所在的处所，比如：

① 他在学校看电影。
② 我今天在朋友那儿玩。
③ 请把自行车放在车棚里。
④ 他倒在了地上。

当"在"后跟的是非处所名词时，如例②的"朋友"和例④的"地"，应在非处所名词后加上方位词或指示代词"这儿""那儿"等。留学生有时会在这方面出问题，如：

① * 我在朋友玩。
② * 他们随便把垃圾扔在地。

（3）固定结构

A. 在……上，表示在某方面：

① 这部小说在写作手法上很有特色。
② 他在思想上积极向组织靠拢，在学习上认真努力，在生活上乐于助人。

B. 在……中，表示在某一范围或处于某种状态：

① 解决方案还在研究中。
② 在我的印象中，爸爸一直很严厉。

C. 在……下，表示某种条件：

① 在老师的帮助下，我的汉语越来越好。

② 在互联网+的新形势下，要大力推进教育的信息化。

D. 在……看来，表明后面的论断和看法的持有者：

① 在我看来，汉语并不难。

② 这样做，在父母看来，肯定是不合适的。

E. "在"与"以上、以下、以前、以后、以内、以外"等结合，表示某种界限：

① 这份工作的年薪在 10 万元以上。

② 月生活费在 300 元以下的同学可以申请补助。

③ 报名表需在 30 号以前交给组委会。

④ 活动的人数控制在 100 人以内。

2. "从"的用法

(1)表示起点，包括时间、空间以及事物或人变化的起点，比如：

① 从明天起，做一个幸福的人。　　　　　　　　　　　　　　　（时间起点）

② 从到中国的第一天开始，他就下决心要学好汉语。　　　　　　（时间起点）

③ 他从美国来武汉旅游。　　　　　　　　　　　　　　　　　　（空间起点）

④ 我们从校门口出发，坐公交车去博物馆。　　　　　　　　　　（空间起点）

⑤ 她从一个"丑小鸭"变成了"白天鹅"。　　　　　　　　　　　（人变化起点）

⑥ 新中国成立 60 多年来，中国从一穷二白发展成了世界第二大经济体。

（事物变化起点）

表示时间的起点，常以"从……起""从……开始""从……以来"等框式结构形式出现，这类"从"后面的"起、开始、以来"等一般不能省略，留学生经常遗漏这些成分导致偏误。

(2)表示经过，"从"引进动作经过的处所词，如：

① 一辆汽车从桥上开过。

② 从这条路走，可以到山顶。

(3)表示来源或依据，如：

① 从外表看，他不过 30 岁。

② 这些古董是从全国各地收集来的。

以上是动作涉及的具体事物的来源，"从"也可以引进比较抽象的事物，如消息、观点、看法、教训的来源或依据，如：

③ 从这次事故中，我们得到了很大的教训。
④ 从刚才的讨论中，我们可以得到以下结论。

3. "于"的用法

"于"是一个书面词语，所表示的意义比较丰富，除了有"在"的意思外，还有"对"的意思（如"有益于健康"），"给"的意思（如"献身于公益事业"），"自、从"的意思（如"于去年开始"），"比"的意思（如"高于去年"），"被"的意思（如"毁于火灾"），并且还可以用来表示原因（如"死于车祸"）。以下主要介绍其作为时空介词的用法。

（1）表示时间，用于动词前或动词后。

① 中华人民共和国于一九四九年十月一日成立。
② 我生于 1986 年。

（2）表示处所，用于动词前或动词后。

① 全运会已于广州开幕。
② 大熊猫产于四川省。

（3）表示行为动作的起点或由来，"于……"用于动词后。

① 长江发源于青藏高原。
② 这是我发自于内心的想法。

"于"虽然有"在"的意思，但因为"于"是书面语，许多地方和"在"并不能互相替换。如：

① 他在家里看电视。　　　　　＊他于家里看电视。
② 这种书包在学校很流行。　　＊这种书包于学校很流行。
③ 我毕业于北京大学。　　　　＊我毕业在北京大学。
④ 长城闻名于全世界。　　　　＊长城闻名在全世界。

【案例分析】

"在"和"从"经常与其他成分搭配形成框式介词结构，如"在……时候""在……上/中/下""在……以前/以后/以内/以外""从……到""从……起/开始/以来"等，教师可以框式介词的形式整体教给学生，以免学生遗漏其中的一部分。

　　另外要注意的是，"在"和"从"后面跟的是非处所名词时，应在该名词后加上方位词或指示代词，如"＊在朋友那儿吃饭""＊从地上捡起一块钱"，学生不太习惯空间类介词与方位词的搭配使用，在教学中要特别注意。由于受到母语的影响，留学生使用"在"和"从"时还经常发生错序的偏误，即把介词短语置于动词之后，如"＊看书在图书馆""＊毕业从大学"，对此，教师应加强汉外对比，指明汉语的正确语序。

　　"在"和"于"虽然意义有交叉，但语体差异较大，在教学中应强调"于"的书面语特征和使用条件以便与"在"区别开来。

【思考练习】

　　1."在"与英语的 at 有什么异同？

　　2."从"与英语的 from 有什么异同？

　　3."在"和"于"在什么情况下不能互换？

　　4. 为什么有些介词既是时间介词又是空间介词？

【拓展阅读】

　　1. 周文华．外国学生习得时间介词的中介语考察．汉语学习，2011(2)．

　　2. 王振来、王嘉天．介词"从"的构句机制及习得问题研究．辽宁师范大学学报(社会科学版)，2016(1)．

　　3. 丁安琪、沈兰．韩国留学生口语中使用介词"在"的调查分析．语言教学与研究，2001(6)．

　　4. 魏本力．地点介词短语的时间变体功能．外语学刊，2006(1)．

三、对象介词教学

【案例导入】

　　　　对象介词指介引动作对象成分的介词，是所有介词类别中数量最多，句法语义功能最复杂的一类，主要有"对、对于、和、跟、替、给、向、把、被、叫、让、关于、至于、跟、与、比、朝、向、为"等。其中有些对象介词语义和功能相近，留学生经常容易混淆，比如"对"和"对于"，"对于"和"关于"以及"给""为""替"这三组词的误代偏误很多，留学生经常出现这样的病句，如"＊他对于我很友好""＊关于这里的环境，我还不太熟悉""＊你不用给我担心"等，那么这三组介词有什么共性和差异呢，又该如何进行教学？

【基础知识】

　　1."对"和"对于"

　　"对"和"对于"都能引进动作所针对或涉及的对象，比如：

　　· ① 对/对于父母的唠叨，我早就听烦了。

② 我对/对于你的计划没多大兴趣。

区别在于，"对"可以表示人与人之间的对待关系，而"对于"不能引进与"人"有关的对象，比如：

③ 他对我很热情。　　　　　　　＊他对于我很热情。
④ 学生们对老师很有礼貌。　　　＊学生们对于老师很有礼貌。

此外，"对"还可以用于引进动作所面对的对象，"对于"不能，比如：

⑤ 他对我说：你走吧。
⑥ 她不停地对我笑。

在表示引进动作所针对或涉及的对象时，"对"的使用频率比"对于"高得多，因而一般来说，能用"对于"的地方，都可以用"对"。

2. "对于"和"关于"

从语义上看，"对于"着重引介对象，这种对象是当事人采取某种态度所涉及的对象，"关于"着重指出范围，引出所关系到的事物。当两者位于句首，且后面介引的宾语是"情况""问题""建议"等既可表示对象、又可表示范围的名词时，两者可以互换，比如：

① 关于/对于食品安全问题，我们专门进行了调查。
② 关于/对于他的情况，大家都很关心。
③ 关于/对于取消补课的建议，师生都很赞成。

但是，如果介引的宾语只表示其中一种意义（即"对象"或"范围"）时，"对于"和"关于"不能互换，比如：

① 对于这里的环境，他还不太熟悉。
② 对于这种说法，我不敢苟同。
③ 关于月亮，中国有很多美丽的传说。
④ 关于环境保护，政府出台了一系列政策。

从句法位置来看，除了同样位于句首外，"对于"还可以位于主语后动词前，而"关于"则位于动词后，构成"主语＋动词＋关于……＋的＋名词"这样的句式，试比较：

① 我对于中国的传统文化了解不多。
② 我最近写了一本关于中国传统文化的书。
③ 辞职对于老王损失很大。

④ 你考虑过关于辞职的损失吗?

从语用上看,"关于"可以单独做文章标题,也可以后面再带中心语,而"对于"在做文章标题时,介词短语后必须要有中心语才行,如:

① 关于男女平等
② 对于男女平等的思考
③ 关于留学生活
④ 对于留学生活的几点建议

3. "给""为""替"

作为对象介词,"给""为""替"都可以引进服务的对象,在这个意义上可以互相替换,比如:

① 医生为/给/替病人检查身体。
② 服务员为/给/替客人倒水。

"为"和"替"在表示引进心理活动的关涉对象时,也可以互相替换,比如:

① 听说你考上北大,真为/替你感到高兴。
② 你不用为/替我担心。

除此之外,"给""为""替"还有自身特殊的用法,相互之间不能替换。"给"能引进给予对象,即接受者,如:

① 他给妻子打了个电话。
② 我给妈妈买了一个生日礼物。

"给"还能引进表达对象或动作对象,有"向、对"的意思,比如:

① 春节要给长辈拜年。
② 这个问题应该给大家解释清楚。

"替"能引进替代的对象,比如:

① 我喝不下了,你替我喝了这杯酒吧。
② 我今天有事,你能替我去一趟学校吗?

"为"还能介引原因或目的，如：

> ① 我们为学汉语来到北京。
> ② 父母为孩子上学的事操了不少心。

【案例分析】

在辨析"对"和"对于"时，老师要指出，"对于"不能表示人与人之间的对待关系，因而不能说"我对于他很热情""他对于我们很不友好"这样的句子，同时"对于"也不能表示动作的方向，不能说"他对于我说""他对于我笑"。

"对于"和"关于"的区别用语言不容易解释清楚，教师可用例句展示并辅以讲解，比如：

> ①对于刚工作的小王，大家都很关心。
> ②对于法庭上证人所说的话，双方律师都非常重视。

"对于"着重引介对象，这种对象是当事人采取某种态度所涉及的对象，所以"对于……，S+V"这一格式中，V大多是心理动词，如"关心、重视、担心"等，以表示当事人的"态度"。而"关于"着重指出范围，引出所关系到的事物，"关于……，S+V"这一格式中，V大多是动作行为动词，表示当事人"做什么"，比如：

> ① 关于农村题材的电影，最近拍了好几部。
> ② 关于病人的情况，医生们正在研究。

至于"给、为、替"的异同，教师可以用表格的形式加以总结如下：

介词	给予对象	服务对象	表达对象	关涉对象	替代对象	原因目的
给	+	+	+	–	–	–
为	–	+	–	+	–	+
替	–	+	–	+	+	–

这样，哪些可以替换，哪些不能替换，就一目了然了。

【思考练习】

1. "对"和"向"有什么区别？
2. "关于""对于"和"至于"有什么不一样？
3. 请你说说"我给/为/替妈妈买了一束花"在意义上的区别。

4. "给、为、替"和英语 for 的异同是什么？

【拓展阅读】

1. 李秉震．从隐现和替换看"关于""对于"的语义功能．中国语文，2012(2)．

2. 王蕊．"对于、关于、至于"的话题标记功能和篇章衔接功能．暨南大学华文学院学报，2004(3)．

3. 陈军．试析"跟向对+N+VVP"组合时的相同和相异现象．语言文字应用，2004(4)．

4. 李晓琪．介词"给、为、替"——兼论对外汉语虚词教学．第四届国际汉语教学讨论会论文选，1993.

第三节　动态助词教学

一、"着"的教学

【案例导入】

　　动态助词"着"的意义和用法复杂，是对外汉语教学的难点之一。"着"主要表达动作或状态的持续，在许多语言里没有对应的词，外国学生对"持续"这个概念不清楚，往往不了解"着"的使用条件，导致该用"着"的时候没有使用，如"＊我的宿舍常常开门""＊她拉自己的儿子上楼了"，有时候不该用"着"的情况又用了，比如"抓住机会就要靠着个人""我紧紧地抱住着他"等。此外，又容易与表示动作进行的"在"混淆。如何解决这些问题，动态助词"着"有什么意义和用法，外国学生的偏误主要表现为哪些类型，教学时又应该注意些什么呢？

【基础知识】

1. "着"的语法意义和用法

动态助词"着"表示动作或状态的持续，比如：

> ① 小朋友们在草坪上唱着歌、跳着舞，非常开心。(动作持续)
> ② 时间很晚了，他不停地打着哈欠。(动作持续)
> ③ 墙上挂着一幅画。(状态持续)
> ④ 她穿着一件红衣服。(状态持续)

　　由于"着"表示"持续"义，因此不能和非持续动词、结果补语、趋向补语、数量补语等具有结果义的成分共现，比如：

① ＊我们队赢着。(赢，非持续动词)
② ＊当今社会出现着一种新现象。(出现，非持续动词)
③ ＊我很饿，吃完着所有的菜。(完，结果补语)
④ ＊他拿出来着一本书。(出来，趋向补语)
⑤ ＊他听着音乐一个上午。(一个上午，数量补语)

"着"常用于以下几种情况：
(1)表达动作行为一直连续不断或反复进行，如：

① 夜里，树枝不停地敲打着窗户。
② 他默默地支持着他的爱人。

(2)连动句中前一动作表示后一动作进行的方式或伴随状态，如：

① 许多年轻人喜欢嚼着口香糖打篮球。
② 不要躺着看书。

(3)用于存现句，描写处所或人的穿着打扮，比如：

① 我的房间墙上挂着一幅画，桌子上摆着一个花瓶，桌子旁边放着一张床，床上铺着一条毛毯。
② 他头上戴着一顶棒球帽，上身穿着蓝色衣服，下身穿着黑色裤子。

(4)用于祈使句，要求保持某种状态，比如：

① 你先在门外等着。
② 你看着孩子。

(5)表示一个动作正在持续时，另一个动作发生了，原来的动作也因此而停止，有"不知不觉"的意味，其格式为"动词1着动词1着+动词2"比如：

① 他说着说着笑了起来。
② 他走着走着突然摔倒了。

2. "着"的常见偏误
外国学生在学习和使用"着"的过程中经常出现的偏误大致分为以下几种：
(1)"着"的错序，主要是不清楚"了"与离合词连用时的位置，比如：

① ＊因为天太冷，大家都踏步着等车。
② ＊我去的时候他们正吵架着。
③ ＊他热烈地鼓掌着。

上述病句的"着"都应该放在离合词的中间。
（2）"着"的遗漏，比如：

① ＊看起来，他过风平浪静的生活。
② ＊第二天，太阳升起来照耀房间。
③ ＊每天我忙学习汉语。

例①和例②分别表示状态和动作的持续，应该在"过"和"照耀"后分别加上"着"。此外，连动句中前一动作是后一动作的伴随方式，那么前一动作后应该加"着"，例③应改为"忙着学习汉语"。
（3）"着"的误加，比如：

① ＊两三年后，我想当着汉语老师。
② ＊他走进着房间，发现里面没人。
③ ＊虽然我回国了，但学汉语的日子永远留着在我的心里。

例①不存在动作的持续义，因而不需要用"着"。例②"走进"的结果义与"着"的持续义相冲突，不能用"着"。例③在"N+V+在+NP"结构中，V后不能加"着"，应去掉。
（4）"着"的误代，比如：

① ＊他看着我一下，说："你爸爸会没事的。"
② ＊我走着三十分钟才到家里。
③ ＊太阳照着我的身上觉得很舒服。

例①和例②动词后有数量补语，与"着"的持续义不符，应改为"了"。例③应将"照着"改为"照在"，"着"后面不能跟处所宾语。
3."着"与"在"的区别
"着"和时间副词"在"既有联系又有区别，两者存在相互替代的情况，如"他在等你"和"他等着你"并无很大区别。但更多的时候，两者不能互换，如"他在关窗户"并不能改成"他关着窗户"。下面从语义、句法和语用三个层面分析"着"与"在"的区别。
语义上，时间副词"在"表示动作的进行，着眼于对事件整体的观察。而动态助词"着"表示动作的持续，反映的观察方式是从内部着眼于事件的某一部分。比如说"他在吃饭"包含了诸多环节，如拿碗取筷、盛饭、进食、添饭、再进食、食毕等，而"他吃着饭

(呢)"仅仅指吃饭诸多环节中"用嘴咀嚼食物"这一动作(杨西彬,2013)。因此,当一个人在吃饭时,如果有人打电话进来,他放下碗筷,停止进食,仍然可以说"我在吃饭"(尽管"吃饭"这一动作已经停止),而不会说"我吃着饭"(除非嘴巴一边咀嚼食物一边打电话)。

首先,"在+V"与疑问句兼容,而"V+着"(不包括存现句用法)与之不兼容,比如:

① 你在干什么？　　　　　　　＊你干着什么？
② 他在打篮球吗？　　　　　　＊他打着篮球吗？
③ 他在吃饭还是在打游戏？　　＊他吃着饭还是打着游戏？

可见,无论是特殊疑问句、是非问句还是选择问句,表示动作持续的"V+着"都不能与之兼容。

其次,"在+V"不能用于祈使句,而"V+着"可以,比如:

① 这个钱你拿着。　　　　　　＊这个钱你在拿。
② 站着！　　　　　　　　　　＊在站！

最后,"在+V"不能在连动句中作伴随动作,而"V+着"可以,比如:

① 他笑着说："包在我身上"。　　＊他在笑说："包在我身上"。
② 坐着回答问题。　　　　　　　＊在坐回答问题。

语用上,"在"用于叙述,而"着"用于描写,试比较:

① a 她的伤口在流血。
　　b 她的伤口流着血,很可怕。
② a 小朋友在听老师讲故事。
　　b 小朋友全神贯注地听着老师讲故事。

例①②中的 a 句重在叙述某个行为、动作的进行,表达的是主语"干什么",而 b 句重在描写,表达的是主语"怎么样"。刘月华等(2001)指出,表示动作持续的"着"通常出现在文学作品展开前的背景描写中,即不是在叙述动作的进行。

【案例分析】

对动态助词"着"的教学要紧紧围绕它的语法意义和语用功能的特点来进行,即抓住"持续"和"描写"这两个特征。要让学生树立起"持续"的概念,可将"着"表示持续分为状态的持续和动作的持续两类,分别给出对应的句式,并突出其描写的功能。

"着"表示状态的持续时,主要出现在以下句式中:

句式 1：N+在+处所词+V 着(+呢)

　　① 书在桌上放着(呢)。
　　② 爸爸在床上躺着。

句式 2：处所词+V 着+N(+呢)

　　① 墙上挂着一张地图。
　　② 客厅里放着一张沙发呢。

　　以上两种句式中的"着"是表示动作完成后状态的持续，是静态的，用于描写场景，在口语和书面语中都常用。
　　"着"表示动作的持续时，主要出现在以下句式中：
　　句式 1：N+(状语) +V 着

　　① 风不停地吹着。
　　② 孩子们欢乐地唱着歌。

句式 2：N+V1 着+V2+N

　　① 他倒着走路。
　　② 他躺着听音乐。

　　应指出，句式 1 中的"着"表示动作处于连续的反复不断的持续中，是动态的，主要用于文学作品的背景或场景的描写，口语中不常用。而对句式 2"着"表示伴随动作的用法也应同时介绍给学生，并提供相应的情景练习。
　　针对学生的偏误，在教"着"时，应注意强调：(1)"着"的持续义与结果补语、趋向补语、数量补语不兼容；(2)与离合词结合时，"着"需放在离合词的中间；(3)很多学生经常把持续与进行时等同起来，应辨析"在"和"着"的区别。

【思考练习】
　　1. "着"有哪些意义和用法？
　　2. "着"和"在"有什么异同？
　　3. "着"的不同用法对应的英文应该怎么翻译？
　　4. "着"与"正在"和"正"有什么差异？

【拓展阅读】
　　1. 刘宁生 . 论"着"及其相关的两个动态范畴 . 语言研究，1985(2).

2. 钱乃荣.体助词"着"不表示"进行"意义.汉语学习,2000(4).

3. 杨西彬."在+V"与"V+着"的格式义及其对句法语用的制约.语言教学与研究,2013(1).

4. 肖奚强."正(在)""在"与"着"功能比较研究.语言研究,2002(4).

二、"了"的教学

【案例导入】

　　李老师最近在教动态助词"了",遇到很多麻烦。教材里一般把"了"的语法意义介绍为表示动作的完成或实现,但是汉语中并不是所有表示动作的完成或实现都要用"了",比如"我是昨天到的北京""我去年刚结婚""大王叫我来巡山",上述句子所表示的动作均已实现,但用"了"就成了病句。而有的时候句子可以用"了",但实际使用时中国人又往往省略不用,比如"回到(了)家,老头在老奶奶的面前打开(了)箱子,就看到里面有很多财宝""我们在治疗癌症上已经取得(了)很大的进展",括号里的"了"表示原句中没有但可以加上。"了"的意义虚空,用法又如此灵活,给外国学生造成很大的困扰,李老师的学生甚至抱怨说"汉语太没有规律了"。那么动态助词"了"在使用时到底有没有规律,外国学生经常犯哪些错误,如何有效地进行教学呢?

【基础知识】

1. "了"的常见偏误

根据肖奚强等人(2015)的考察,动态助词"了"的常见偏误主要有以下四类:

(1)遗漏

遗漏是指应该用"了"的句子没有用"了"造成偏误,比如:

　　① ＊上个月我又去杭州的西湖。
　　② ＊昨天我经历很多事。
　　③ ＊明天吃饭就出发。
　　④ ＊他们一起买两个自行车。
　　⑤ ＊他看到乱七八糟的房间,愣一会儿。

以上句子的谓语动词后均遗漏"了"导致偏误,当我们叙述一个动作行为或状态在过去某一时间已经发生或完成时就应该在表示该动作或状态的词后用"了";表示将来某一动作结束之后进行另一动作,如例③,在第一个动词之后也要用"了",这种情况留学生往往会忽视"了"的使用。

(2)误加

误加是指不该用"了"的地方用"了",由于外国学生经常把"了"等同于过去时标记,

凡是叙述过去发生的情况都用"了",从而导致"了"的过度使用,具体而言,主要集中在以下四个方面:

　　1)动词后宾语是谓词性成分或小句时,误加"了"。如:

　　　　① *几年下来我决定了开始学习汉学。
　　　　② *我从三年前开始了学习汉语。
　　　　③ *我打算了再去北京,让北京人欢迎我再来。
　　　　④ *我保证了以后跟家人一起再来。

　　2)叙述经常性或规律性事件时,特别是句中有"常常、经常、每天"等词语时,误加"了",比如:

　　　　① *爸爸6年前开始学中国语,他常常去了中国。
　　　　② *我跟她们每天见面,每天一起玩,每天分享了美好的时间。
　　　　③ *但是来了中国以后,我常常感冒了。
　　　　④ *我们上火车以后一直拍照了,很高兴。

　　3)兼语句、重动句、连动句、"一……就……"等特殊句式中的第一个动词后,误加"了":

　　　　① *我等了她的信,已经等了5天。
　　　　② *昨天,他陪了我坐车去了学校。
　　　　③ *我趁国庆节的机会去了呼和浩特旅行了。
　　　　④ *一到了博物馆,就看到了古代的建筑物等。

　　4)心理动词、"没+动词"后误加"了",比如:

　　　　① *我去年就盼望了来北京。
　　　　② *听到他说中文,我很吃惊了。
　　　　③ *可是,以前的坏毛病还没改变了。
　　　　④ *早上我没吃饭了。

　　(3)误代
　　留学生在使用"了"时还经常与"过""着"、结构助词"得"以及"是……的"结构混淆,造成误代偏误,比如:

　　　　① *李白的作品,我学习了。(过)
　　　　② *在那届之前,世界杯只在欧洲和拉美举行了。(过)

③ ＊因为生病了，我每天躺了。（着）

④ ＊我的脸色变了非常苍白。（得）

⑤ ＊这个愿望是什么时候开始了？（的）

（4）错序

错序是指"了"在句中位置的错误，大多与离合词、宾补语之间的位置有关，比如：

① ＊我们鼓掌了很多次。（鼓了很多次掌）

② ＊我们吵架了两次。（吵了两次架）

③ ＊2002 年我去北京学习半年了。（了半年）

④ ＊至今我都记得他们给我做什么了。（了什么）

⑤ ＊三姑劝她留在美国，可她住一年了就回去了。（了一年）

2. "了"的语法意义与使用条件

一般我们把"了"的语法意义归纳为表示动作的完成或实现，但在教学中仅仅教给学生这个还是过于笼统，容易误导学生把所有动作完成或实现的情况都用"了"来表示。其实，"了"的语法意义还可以进一步细分为三种：

（1）表示事件的发生或完成，主要句法格式是 S+V+了+数量词/修饰语+宾语和 S+V+了+动量/时量补语，"了"位于宾语和补语之前，比如：

① 上个星期她买了三件衣服。

② 我昨天在商场碰到了中学同学。

③ 这本书我看了三遍。

④ 我们刚才休息了一会儿。

这是动态助词"了"最基本的用法，在教学中应首先加以介绍。但要注意两点：第一，"完成"或"实现"并不蕴涵"过去"，不要将"了"与过去时等同起来。"了"还可以用于现在、未来和假设的"完成"或"实现"，比如：

① 看，他哭了。（现在）

② 明天我下了课去看电影。（未来）

③ 如果中了彩票，我就分一半奖金给你。（假设）

第二，"了"一般用于"事件"的完成或实现，而不用于"状态"。英语中只要是过去的事情或情况，不管是状态还是事件都要用过去时标记 ed，而"了"只用于过去的事件不用于过去的状态，因此表示状态的心理动词和形容词在过去时语境下也不能用"了"，比如：

①＊我以前很喜欢了她。（虽然是过去，但"喜欢"是一种状态）
②＊我刚到中国时，妈妈很担心了。（虽然是过去，但"担心"是一种状态）
③＊我小时候很胖了，现在瘦一点。（虽然是过去，但"胖"是一种状态）

（2）表示事件的先后顺序，即前一个动作实现之后接着发生第二个动作，主要句法格式是 S+V1+了+O1+V2+O2，比如：

①我们明天吃了饭再走。
②我下了课去打工。
③昨天他洗了澡才睡觉。

"了"的这种用法一般用于承接性连动句中，即连动句的两个动词处于一种时间上的先后顺序，这时"了"应位于第一个动词后。

（3）在若干个事件中表示最主要的事件，主要包括两种情况，一是目的性连动句中"了"用于主要动词即第二个动词后，可格式化为 S+V1+O1+V2+了+O2；二是在一连串已经发生的事件中，只在那个表示最主要事件的动词后用"了"，比如：

①我昨天去银行取了钱。
②我们上个星期去学校看了老师。
③他走进房间，拿起一张报纸，坐了下来。
④我父母前天到武汉看我妹妹，妹妹打电话告诉我，我也到武汉去了。

例①和例②是目的性连动句，连动句里两个动作都已经发生，但第二个动作是第一个动作的目的，比第一个动作更为重要，因此"了"要放在第二个动词后面。例③和例④都有若干个事件，这些事件都是过去发生的，按照英语的习惯，每个事件的动词后都应该加上过去时标记 ed，汉语当然也可以在每个动词后加"了"，这么做在语法上并没错，如"他走进了房间，拿起了一张报纸，坐了下来"，但是这样的句子在语用上不能被汉语母语者接受。屈承熹（2006）指出，"了"的篇章功能是在一串相关事件中，指出其中的顶峰事件，所谓"顶峰"是指"一个片段中语义上特别重要的一个句子"。因此在汉语中，表达过去发生的一连串事件时，不需要在每个事件的动词后都加"了"，而只把"了"放在最主要的那个事件动词后。

再如，"说""讲""告诉"等表述性动词后，如果后面有表述的内容，那么表述性动词后就不用"了"，因为说的内容比说话本身这一事件更重要；但是如果说话本身这个事件比所说的内容更重要，那么表述性动词后就要用"了"，试比较：

①老师说，明天交作业。
②老师说了明天交作业，你咋今天就交了？

3. 不能用"了"的条件

从留学生的偏误来看，误加"了"很多情况是因为不了解"了"不能使用的条件，因此在教学中应明确告诉学生哪些情况下，动词后不能使用"了"。概括起来主要有以下四个方面：

（1）动词前用"没"否定时，动词后不能用"了"，即"＊没+动词+了"，比如：

　　① ＊我没去了学校。
　　② ＊我没吃了早饭。

（2）表示经常性/一贯性的动作，不用"了"，即 ＊每天/常常/总是/通常/往往/一贯等+V+了，比如：

　　① ＊我每天都跑步了。
　　② ＊他总是迟到了。

（3）动词后宾语是谓词性成分或小句时，不能用"了"，比如：

　　① ＊老师叫了我们写一篇400字的作文。
　　② ＊我发现了他是一个很有意思的人。
　　③ ＊去年我打算了去旅游。

（4）动词的个别小类，如判断类、感知类、心理类、能愿类动词后一般不加"了"，比如"是、认为、以为、觉得、应该、能、能够、喜欢、向往、希望"等。

4."了"与"是……的"的区别

与"了"一样，"是……的"结构也能用于过去完成的事件，如果不了解两者的差异，就会造出病句，如：

　　① ＊这个愿望是什么时候开始了？
　　② ＊（看到朋友身上穿的新衣服）真漂亮啊，你在哪买了？

以上两句都应该把"了"改成"的"，原因在哪？"了"和"是……的"有什么差异？

卢福波（2002）指出，"了"和"是……的"的区别可概括为两点：

① "了"句是对动作或事件转化过程的全新的传信——讲述一件对方未知之事；"的"句是对已知事件的局部点的传信——对某件事的对方未知点作说明。

② "了"句讲述未知事件，具有叙述功能，"的"句式对已发生事件的某局部点的说明，具有说明功能。

试分析下面对话：

甲：好久不见，最近怎么样？

乙：挺好的，上周末去越南玩了一趟。

甲：哦，是和老婆一起去的吗？

乙：不是，是和父母一起去的。

甲：坐飞机去的吧？

乙：我们坐火车去的。

乙第一句话用的是"了"，因为对甲而言，"乙去越南玩"是件未知之事，是全新的信息。在第二、三个话轮中，甲已经知道了乙去越南这件事，但还想知道去越南的局部细节，如同行人员，去的方式，就要用"是……的"结构来获取这个局部信息。其中"是"突出说话人表达的重点（也是全句的焦点）是与动作有关的某一方面，如时间、处所、方式、施事、受事等。乙的回答同样用了"是……的"结构以说明甲想知道的局部信息。在"是……的"结构中，"是"常常能省略。

我们再回过头来看前文出现的两个偏误句，例①"这个愿望"说明"愿望"是已知事件，说话人想进一步得到"这个愿望何时发生"的信息，因此用"是……的"询问动作发生的时间。同样的，例②说话人已经看到了朋友身上的新衣服，"买了新衣服"成为已知事件，说话人用"是……的"询问买衣服的地点。

【案例分析】

动态助词"了"高度虚化，用法复杂，我们认为要结合学生容易出错的部分有针对性地进行教学，并采取先集中后分散的办法将"了"的难点化整为零。具体操作如下：

（1）集中教学

初级阶段应教授"了"的基本形式和典型用法，最大限度地简化教学内容，只需介绍以下两种句式：

句式1：表示事件的发生或完成，主要句法格式是 S＋V＋了＋数量词/修饰语＋宾语，如：

① 我买了三瓶啤酒。

② 我碰到了老同学。

句式2：表示事件的先后顺序，即前一个动作实现之后接着发生第二个动作，主要句法格式是S＋V1＋了＋O1＋V2＋O2，比如：

① 我下了课去找你。

② 我洗了澡就睡觉。

同时，针对学生普遍把"了"当作过去时标记的错误认识，在教学中要提醒学生第一，

"了"不同于英语的过去时 ed，"了"表示动作实现与否，因此不仅可以用于过去，也能用于现在和将来。第二，叙述过去的状态也不能用"了"，以避免学生造出"我以前喜欢了你""我小时候很胖了"这样的病句。第三，表示经常性、多次性的动作，尽管已经发生，也不能用"了"。

（2）分散教学

在集中教学之后，会陆续出现其他带"了"的句式，教师应对其中经常出现的句式加以讲解，讲清其意义和所在的位置，辨析与"了"容易混淆的结构。例如：

句式 3：动词补语句和"了"，如：

① 我在北京住了四年。（时量补语）
② 这本书我看了三遍。（动量补语）
③ 老师拿了一本书出来。（趋向补语）
④ 我们打败了敌人。（结果补语）

句式 4：连动句、兼语句和"了"

在连动句和兼语句中，"了"一般不出现在第一个动词的后边，如：

① 我去菜场买了菜。
② 他请我吃了一顿饭。

句式 5：离合词和"了"

"了"应该放在离合词的中间，如"吃了饭""洗了澡""游了泳"。

句式 6："是……的"句与"了"，辨析两者在表达重点上的差异。

到了中高级阶段，教师还应该讲解"了"在语段和篇章的使用规律，即在一连串事件中标志主要事件，因此许多发生于过去的事件可以省略使用"了"。

【思考练习】

1. 动态助词"了"的语法意义和使用条件是什么？
2. 哪些情况下不能用"了"？
3. "了"和英语过去时标记 ed 有什么区别？
4. 请你根据"了"的常见偏误设计一个教学方案。

【拓展阅读】

1. 李晓琪．汉语"了"字教学研究．华东师范大学学报（哲学社会科学版），1999（4）．
2. 王媛．"了"的使用机制与教学策略．语言教学与研究，2011（3）．
3. 吕文华．"了"的教学三题．世界汉语教学，2010（4）．
4. 卢福波．"了"与"的"的语用差异及其教学策略．暨南大学华文学院学报，2002（2）．

三、"过"的教学

【案例导入】

在动态助词中，"过"比较特殊，"了"和"着"既可以用于过去也可以用于将来发生的动作，而"过"表示的是一种经验或经历，只能用于过去，比如"明年我去过20个城市"这句话就是错的，而"明天我在学校门口等着你"和"明天我下了课去找你"都是合法的句子。那么"过"具体有哪些用法和功能，是不是表示过去的时间词语都能在用"过"的句中出现，当同样表示过去发生的某一动作或状态时，"过"和"了"又有什么区别，教学时应注意什么？

【基础知识】

1. "过"的语法意义和功能

动态助词"过"用于动词或形容词后，表示曾经存在的动作或状态，并且这一动作已经不再进行，该状态也不复存在，否定句用"没"，且"过"仍然保留。比如：

① 他是个旅游达人，去过十几个国家。　　　（现在已经回来了）
② 我教过外国人汉语，有很多外国朋友。　　（现在不教了）
③ 和你们一样，我也年轻过。　　　　　　　（现在不年轻了）
④ 看以前的照片，我曾经也瘦过。　　　　　（现在不瘦了）
⑤ 他没见过雪，第一次见到雪兴奋得像个孩子。
⑥ 我从没吃过北京烤鸭，这次去北京一定要试一试。

例①和例②是过去存在的动作，例③和例④是过去存在的状态，这些动作和状态都未持续到现在，就要在动词或形容词后加"过"来表示。需要指出的是，"过"表示的动作或状态与现在正在讨论的事情有关系或对正在谈论的事情有某种影响，如例①是为了说明他是一个旅游达人，例②是为了解释为什么我有很多外国朋友。再如：

甲：明天去不去看电影《驴得水》？
乙：我前天刚看过，看别的吧。

乙的回答不是单纯告诉甲自己前天看过《驴得水》这一事实，更是为了说明"看别的电影"的理由。因此，我们可以说"过"具有说明性的表达功能，即以曾经发生的经历为依据，说明自己的观点或某一个道理。

2. "过"的常见偏误

相比"着"和"了"，"过"的意义和用法不算复杂，偏误率也稍低，学生的偏误主要有以下几种类型（肖奚强等，2015）：

（1）"过"的遗漏。这是数量最多的偏误类型，其中一半以上是否定句中遗漏

"过"，如：

① ＊来中国以后，到北京、上海、天津，现在南京学习汉语。
② ＊她以前在车上也被小偷偷走她的钱包。
③ ＊因为这几个原因，从来没有跟女生谈恋爱。
④ ＊那时候，我一点汉语都没学。

例①和例②是过去曾经发生的动作("到北京""偷走钱包")，现在已不再继续，应该在"到"和"偷走"后加"过"。例③和例④是否定句后遗漏了"过"。

(2)"过"的误加，该类偏误数量位居第二，主要表现为句中有特定的时间词语时，不该用"过"却用了，比如：

① ＊在国内我经常去过马戏院和动物园。
② ＊我常听说过上海的外滩和豫园很好玩的。
③ ＊来北京以前，我有时候看过中国的京剧。

上述例句都有表示动作多次反复性发生的词语，如"经常、常、有时候"，不能使用"过"。

(3)"过"的误代，主要表现为与"了"的混淆，即该用"了"却用了"过"，比如：

① ＊上星期日上午马林看过三个小时的小说。
② ＊下午我去参观过故宫，很大，很漂亮。

"过"和"了"都可以表示过去发生的动作，学生如果不清楚两者表达功能的差异可能会导致误代，关于"过"和"了"的区别我们在下面会详细介绍。

3."过"和时间词语

"过"的误加偏误里很大一部分与句中特定的时间词语有关，那么"过"与时间词语共用时有什么规律，哪些时间词语不能与"过"共现呢？根据吕文华(2014)，时间词语与"过"的使用有如下规律：

(1)表示经常性、多次性、反复性的时间词语，如"常常""经常""每天""每星期"等，不能与"过"同现。

(2)表示不确定的时点词语，如"有一天""有时候"等，不能与"过"同现。

(3)可以与"过"同现的时间词语有两类，一类是表示确定的时点词语，如"前天""昨天""三天前""刚/刚才"等；一类是表示过去的时段词语，如"以前""从前""过去""上大学的时候""改革前""结婚后"等。

有"过"的句子不带时间词语的居多，但表示的都是过去时间发生的动作。

4."过"和"了"的区别

我们还是可以从语义、句法和语用三个层面来分析"过"和"了"的区别。

语义上，"过"表示曾经发生的动作或状态，且该动作或状态已不复存在，而"了"表示动作或状态的完成或实现，该动作或状态往往还继续或存在，试比较：

① 他去了北京。(现在还在北京)

他去过北京。(现在不在北京)

② 我学了一年汉语。(现在还在学)

我学过一年汉语。(现在没有学)

句法上，"过"可以结合的动词范围比"了"广，心理类(如"喜欢""爱""向往")和能愿类(如"应该")动词后一般不加"了"，而"过"与上述动词均可以结合，试比较：

① ＊我向往了爱情。

　我向往过爱情。

② ＊我以前爱了你。

　我以前爱过你。

③ ＊应该去了法国。

　应该去过法国。

此外，在否定句中，"没+V"后不能有"了"，而"没+V"一定要有"过"，如"没去北京"和"没去过北京"。

语用上，"过"的功能在于说明、解释，而"了"的典型功能是叙述，比如：

① 昨天我买了一箱啤酒，喝了5瓶。(叙述情况，不能用"过"替换)

② 我卖过化妆品、卖过保险，销售经验丰富。(说明理由，不能用"了"替换)

③ 他的手受了伤，去看医生了。(叙述情况)

④ 他的手受过伤，不是很灵活。(说明理由)

【案例分析】

从学生的偏误来看，问题最大的是"过"的遗漏，即学生不知道什么情况下要用"过"，在教学中应该加强"过"的语法意义和使用条件的介绍，具体而言可分为两个阶段教学：

第一个阶段，教师应指出"过"表示曾经发生某一个动作或状态，现在已不再继续，是汉语的经历体，只能用于过去，其肯定形式是"主语+动词+过+宾语"，否定形式是"主语+没+动词+过+宾语"。结合学生的实际情况进行句型操练，如老师问：

① 你吃过哪些中国菜？

② 你去过中国哪些地方？

③ 你没吃过什么？

通过这些问题，引导学生说出"过"的答句。经过反复练习，学生初步掌握了"过"的基本意义和句法格式，此时可能有学生提出"了"和"过"的区别是什么，于是自然进入第二阶段。

第二阶段，教师应指出"过"的语用功能是说明解释某个道理或观点，往往与现在谈论的事情有关，而"了"的功能主要是叙述事件。教师可通过设置语境突出"过"的语用功能，比如：

① 我们认为小王更适合做销售，因为他以前卖_____电脑，卖_____手机。
② 他去_____美国，对美国非常了解。

教师可以让学生选择动词后的空格里应该填"了"还是"过"，并结合"过"的语用功能加以解释。

【思考练习】
1. 什么情况下要用动态助词"过"？
2. "我去过他家"和"我去了他家"有什么区别？
3. "过"为什么不能与"毕业、出生、开幕、开学"等动词共现？
4. "我去过美国"和"我吃过饭了"，两句中的"过"意思一样吗？

【拓展阅读】
1. 陈翰文．动态助词"过"的次结构与教学语法排序．暨南大学华文学院学报，2009(4)．
2. 孔令达．动态助词"过"和动词的类．安徽师大学报（哲学社会科学版），1985(3)．
3. 孔令达．"VP+过"的功能．安徽师大学报（哲学社会科学版），2005(6)．
4. 刘月华．动态助词"过₂过₁了₁"用法比较．语文研究，1988(1)．

第五章　汉语补语教学

第一节　结果补语教学

【案例导入】

　　上课的时候，老师在黑板上写了两个句子，第一个是"我写了一篇好文章"，学生们基本都知道这句话的意思。而第二个句子"我已经写好文章了"。有学生开始表示疑惑了，便问老师这里的"好文章"还是"good"的意思吗？老师解释说第二个句子里的"好"可不是"good"的意思，而是"完成"的意思。这里的"好"不是像第一句里"好文章"一样作为"好的文章"搭配使用了，而是和前面的动词"写"关系更近。"写好"也可以用"写完"来替换，就像我们经常说"听懂了吗？""听懂"在汉语里也是类似的语法结构。学生们通过这个例句了解到汉语的补语很特别，但根据教学反馈，写作中学生们依然回避使用动补结构来表达自己的想法，为什么会出现这样的情况呢？结果补语到底应该怎样教？

【基础知识】

　　1. 什么是结果补语（$C_{结}$）

　　结果补语表示动作完成后产生的某种结果。汉语里的结果补语主要由形容词（A）和动词（V）充当，动词多是不及物动词。结果补语前面也往往是单个的动词或形容词。补语在语法分析中经常用"〈　〉"表示。请看下例：

　　　　① 墙上挂〈满〉了大家画的山水画。（V+A）
　　　　② 这棵树被他推〈倒〉了。（V+V）
　　　　③ 这个苹果熟〈透〉了。（A+A）
　　　　④ 今天真把我累〈死〉了。（A+V）

　　汉语里的结果补语的结构形式可以归纳为"V+A""V+V""A+A""A+V"四种组合。从音节上来看，充当结果补语的 V 或 A 大多是单音节的，尤其是动词，基本上是单音节的。需要注意的是，虚词部分提到"得（de）"是补语的标记，但结果补语和前面的动词或形容词之间不能用"得"。如：

变小/说清楚/洗干净/学会/做到/画成/取走/说完

有些留学生不理解句中这种"VA、VV"之类的"动结"组合，主要是不明白汉语的"动结"结构实际包含了两个过程的融合：

我 学 游泳 → （结果）学 会了 → 我学会了游泳。

他 摔 了 → （结果）他 倒了 → 他摔倒了。

衣服 洗 了 → （结果）衣服 干净了 → 衣服洗干净了。

2. 结果补语的特点

（1）结果补语和前面的动词或形容词结合非常紧密

根据补语与前面谓语的组合方式，结果补语属于黏合式，即与前面的动词或形容词结合非常紧密，中间不能插入"得(de)"。试比较下列两组结构：

① 洗干净　　染红　跑累　写清楚　累病　吃完　听懂　学会

② 洗得干净　染得红　跑得累　写得清楚　*累得病　吃得完　听得懂　学得会

首先，②中"累得病"是不能说的，也就是说汉语里的"述结式"有的是不能扩展的，即使剩下的可以扩展，扩展后表达的语义也完全不同了，最明显的变化就是补语不再表示动作或行为的结果，而转为表示动作行为所呈现的状态或出现某种结果的可能性。那么可以看到，②中结果补语如果可以加"得"扩展，那么扩展后的补语的类型要么是可能补语，要么是状态补语，不再属于结果补语类型了。因此教学中要一再向学生强调结果补语和前面成分的紧密关系。

（2）结果补语后面可以接着带宾语

述语加上结果补语后是可以接着带宾语的，有些动词或形容词不能带宾语，但加上结果补语后就可以带宾语了。比如不能说"累了身体"，但可以说"累坏了身体"。此部分需要格外注意的是宾语的位置，比如有留学生会说"开会完了吗"这样的句子，显然这句话的问题是没有注意到宾语只能出现在结果补语的后面。如：

鲜血染红了大地。

我吃完了饭再去学校。

他们已经开完会了。

我看懂这篇文章了。

你一个月能翻译完这本书吗？

我听见他的声音了。

(3)结果补语的否定形式大多数情况用"没(有)"，有时也用"不"

你没有记错我的地址。
他没写清楚这个名字。
他没有把我们吓跑。
白衬衣不洗干净会变黄的。

"没洗干净"和"不洗干净"都可以说，但语义的不同依然跟"没"和"不"的区别相关，"衣服没洗干净"是对"洗"这个已经发生的动作及结果的否定。而"衣服不洗干净不能吃饭"显然"洗"这个动作还未开始进行，"衣服不洗干净"表达的是后面内容的前提和条件。

(4)结果补语后面经常出现动态助词"了""过"，不能出现"着"

我做完了作业。
他捡到了一支金色的笔。
他已经写错过一次了。
他没有独立做成过一件事。
＊警察抓住着一个小偷。

结果补语后面经常出现表示完成的动态助词"了"和表示曾经经历的动态助词"过"。显然这与结果补语的"结果义"相关，也正是如此，结果补语后面不能出现表进行态的"着(zhe)"。

3. 结果补语常见的偏误类型
根据我们抽样调查的结果补语偏误数据，常见的偏误类型主要有以下几种：
(1)遗漏
根据前文结果补语的相关知识，我们把结果补语最常出现结构表达为 $VC_结$，遗漏表现为有时候遗漏 V，有时候遗漏 $C_结$。如：

＊这是能让心情好的食物。→这是能让心情变好的食物。
＊他看了，但是没有走过去。→ 他看到了，但是没有走过去。
＊他吃火锅怕了。→ 他吃火锅吃怕了。

根据上面三个例子遗漏的成分可以看出，第一句遗漏的是动词"变"，第二句遗漏的是结果补语"到"，第三句遗漏的是需要重复前一动作的动词"吃"。
(2)语序颠倒

＊小王打扫房间干净。→ 小王打扫干净房间。

＊你要说话清楚。→ 你要把话说清楚。

前面我们提到补语和宾语的位置问题，结果补语因其和谓语中心的关系非常密切，所以和宾语之间的语序是"动+补+宾"，需要注意的是第一句里动词应该先和结果补语结合才能带宾语。第二句同样是结果补语不能放在宾语后面，可以用"把"字句式将宾语提前。

（3）否定副词使用有误

＊我不听懂。→ 我没听懂。
＊没做完作业我不去游泳。→ 不做完作业我不去游泳。

上文讲结果补语特点时就提及结果补语的否定形式多选择"没"，表假设的情况可以使用"不"。选择用"没"是因为对动作—结果的否定往往是已经发生过的事情。我们需要强调的是结果补语否定形式只能位于整个动补或形补结构前面。

4. 结果补语的教学策略

在汉语六大句法成分中，对留学生而言补语是相对陌生的，在其母语中很难找到对应关系，理解起来的确存在困难，但补语在汉语口语和书面语使用都是很常用的，学习和使用中是不可回避的。结果补语的习得在教学中可以采用以下策略：

（1）量的积累

我们在前面列举了常见充当补语的动词或形容词，初期阶段教师可以针对这些常见词汇个别强化。此外如马真、陆俭明（1997）考察的能够充当结果补语的双音节形容词只有63 个，王砚农等（1987）《汉语动词—结果补语搭配词典》收录的能够充当结果补语的双音节形容词也有 63 个。那么中高级阶段就可以利用这些现有研究材料引导学生记住这些形容词常见的语法环境，强化其做补语的功能。

（2）分阶段教学

结果补语这一知识点，教材一般在初级阶段就有相关内容，但结果补语形式和语义复杂，分阶段学习很有必要。初级阶段，记住结果补语出现的具体环境，记住常做结果补语的形容词和动词。中高级阶段，可以介绍一些虚化的结果补语，如"住、成、为、中"等词。

（3）教学语法词汇化

具体来看，在学习初期，不妨将"V+A""V+V""A+V""A+A"这些结果补语作为一个词汇来学习。例如"听懂""吃完""看上""打开"等常见动补结构完全可以作为整体教给学生，培养学生对结果补语的语感，为中高级阶段更加灵活自如使用该结构打下基础。

（4）共现句法环境的扩展

随着学生语法知识积累和语用环境的刺激，会发现有的结果补语经常可以出现在"把"字句或"被"字句中。那么对结果补语的习得就要进一步结合句式来理解。在"把"字句等句式教学中也要强化与结果补语的关联性。

【案例分析】

本案例中，"我写了一篇好文章"和"我已经写好文章了"，虽然"好"和"文章"两个词都是连在一起出现的，但需要学生明确第二个句子里，"好"和"文章"已经不在一个句法层次中了，"好"是动词"写"的结果补语，不是形容词所表达的优秀义，而是完成义。汉语里"V好"结构属于汉语"动作—结果"相对固定的搭配模式。学生们对动补之类结构的习得应该采用"教学语法词汇化"的思路，具体来看，既然前面提到的"VA、VV、AV、AA"四种述补结构都以双音节为主，那么可以让学生在学习初期多记住常用动词和常用形容词带结果补语或充当结果补语的固定搭配，让学生形成对该结构的整体认识，从而逐渐培养这种句法结构的语感，同时鼓励学生多使用这种类型的表达方式，在语用中动结式属于凝缩型的句法结构，即用简单的句法形式表达丰富的语义。

【思考练习】

1. "会开完了""开完会了""开完了会"有什么区别？

2. "站住、停住、打住"里的结果补语"住"是什么意思？

3. 将"树上的叶子掉了"和"树上的叶子光了"两个句子合为一个结果补语句。

4. 如何修改病句"你把我的名字写不对了"？

【拓展阅读】

1. 毕念平等. 初级汉语课堂教学演示. 北京：北京外语音像出版社，2007.

2. 马真、陆俭明. 形容词作结果补语情况考察(一). 汉语学习，1997(1).

3. 王还. 汉语结果补语的一些特点. 语言教学与研究，1979(2).

4. 王砚农等. 汉语动词—结果补语搭配词典. 北京：北京语言学院出版社，1987.

第二节　趋向补语教学

【案例导入】

留学生院要组织学生春游，拿了许多表格要学生填写，老师对学生们说："请把你们的姓名、证件号和相关信息都写上，要写全"。有的学生不太明白，就重复了一句"写上？"上课的时候老师讲过"上楼"，"上"是由低处到高处，这里的"写上"没有方向义啊。这里的"上"怎么理解呢？

【基础知识】

1. 什么是趋向补语（$C_{趋}$）

趋向补语是由趋向动词充当的补语，趋向补语往往读轻声。趋向补语在汉语中是十分常用的，特别是口语里。了解和掌握趋向补语首先要逐个辨别趋向动词。下表是学界认定的趋向动词(25 个)：

	出	过	回	进	开	起	上	下
来	出来	过来	回来	进来	开来	起来	上来	下来
去	出去	过去	回去	进去	开去	——	上去	下去

　　趋向动词分单纯和复合两种。单纯趋向动词是"来、去、进、出、上、下、回、过、起、开"等。复合趋向动词由单纯的趋向动词组成，如"进来、进去、出来、出去、上来、上去、下来、下去、回来、回去、过来、过去、起来"等。

　　值得注意的是表中从对举的角度来看，唯独缺了"起去"，虽然普通话里没有这个趋向动词，但古汉语和方言地区还是有的。如《水浒传》里就有"那手帕化做一片白云，飞将起去"的语句。

　　趋向补语的语法意义是表示方向，对话中以说话人所在的位置为立足点(用✝表示)，移动的物体(用○表示)、移动方向(用→表示)将 10 个单纯趋向动词可用图式表示如下：

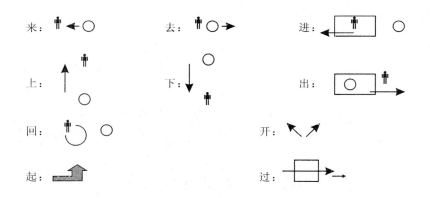

图式表示的含义如下：

来：表示向说话人位置的移动。　　　去：表示离开说话人位置的移动。

上：表示由低处移向高处。　　　　　下：表示由高处移向低处。

进：表示由外面移动到某个封闭范围里面。　出：表示从某个封闭范围离开。

回：表示向原位置的移动。　　　　　开：表示离开原位置，脱离接触。

起：表达离开某个水平面。　　　　　过：表达穿过或经过位移轨迹的中间点或中间段。

　　上面是十个简单趋向动词的趋向图式，复合趋向动词的趋向图就是上图的两两整合，表示双重方向。

　　2. 趋向补语的特点

　　(1)趋向补语的趋向意义表示人或物体通过动作以后，在空间位置移动的结果。

趋向补语的基本语义是趋向义，但很多趋向动词也表结果义。因此，有的语法书认为趋向补语也是结果补语的一种，表示的是趋向的结果。

①我的弟弟今年考<u>上</u>了大学。
②每天的晨读为他的语言学习打<u>下</u>了良好的基础。
③你看<u>出</u>她今天不太高兴了吗？
④今天的听写你写<u>出来</u>几个？
⑤班长把大家组织<u>起来</u>参加下午的活动。
⑥他记录<u>下来</u>两人的对话。

上面六个句中使用的趋向动词都是表示前面动作的完成或结果义。总的来说，趋向补语除了表示具体方向位置的移动外，还表示移动完成后的结果。

(2)趋向补语除了基本的趋向意义外，还有不表趋向义的状态意义。

趋向补语的状态意义比结果意义更加虚化，由趋向空间意义引申为表示动作、状态在时间上的开始、继续、停止等意义。表达这类语义的趋向动词有"上、下、下来、下去、起、起来、开"等。如：

① 想着大家的鼓励和期望他才坚持<u>下来</u>。（动作持续到现在）
② 面对大家的指责和批评，他终于说<u>不下去</u>了。（已经进行的动作持续进行）
③ 话匣子一打开，大家就说<u>开</u>了。（动作开始）
④ 会议室响起了热烈的掌声。（动作开始并继续）
⑤ 在这儿工作了几年，他逐渐爱<u>上</u>了这个繁华的城市。（动作开始并继续）
⑥ 大家热烈地讨论了<u>起来</u>。（动作开始并继续）

趋向补语表示状态意义时，句中动词前不能加处所状语，动词后不能加表示位移、终点的处所宾语，充分说明这些用法相比具体的位移义已经虚化，趋向动词通过比喻引申等手段语义发生变化。

(3)趋向补语和宾语的位置的语序灵活，既可以"V+O+C$_{趋}$"，也可以"V+C$_{趋}$+O"。大多数趋向补语后面可以带处所宾语，当宾语为处所宾语时，只能放在复合趋向补语的中间。当宾语为非处所宾语时，则两种语序都可以。

根据吕文华(1994)的统计，在"1141 个趋向补语句中，不带宾语的占 75.8%，宾语在'来/去'前的句子占 16%，而宾语在'来/去'之后的仅占 4.9%"。如：

① 我明天要回上海去。
② 快把东西搬屋里来。
③我给你送回家去。
④ 门外走进一个人来。（门外走进来一个人。）

3. 趋向补语方面常见偏误

（1）成对的趋向动词误用

25 个趋向动词，大部分是成对成组的。一对趋向动词的差异往往是立足点的差异，如果不参考说话人的立足点来理解，很容易产生混淆。如：

① ＊他从我这儿借来了几本书。
② ＊——小王，你帮我把这本书还给小李。
　　——好，我这就来。

"来""去"是学生经常混用的趋向动词之一，如例①中应该改为"借去"，例②对话中，小王应该说"我这就去"。

（2）趋向补语和宾语的错序

趋向补语和宾语的语序错误问题集中在趋向补语与处所宾语的语序问题上，如"＊他回去宿舍了"，应该改为"他回宿舍去了"。此外与处所成分相关的语序误用还有下面的例子：

① ＊刚才房间里走出来王老师。
② ＊刚才一辆汽车开过来我的身边。

这两个句子的改法就不是将处所词语放置复合趋向动词之间了，而是用介词引出处所成分在句中做状语。总的原则是处所词语一定要放在"来、去"趋向补语的前面。

（3）避用趋向补语造成的语句表达缺失

因为怕用错而避用趋向补语的情况也经常会出现，如：

① ＊我把书着急地塞了包里。
② ＊那个电影很可怕，我忍不住惊叫。

例①中动词"塞"后面应该有趋向补语"进"，例②中"惊叫"后应该有趋向补语"起来"。

4. 趋向补语教学策略

（1）合理安排教学顺序及教学步骤

上述 25 个趋向补语，按由易到难的顺序，先教简单趋向补语再教复合趋向补语；而趋向补语非常侧重语义特征的差异，针对语义这块先教基本意义，再教引申意义。教学方法方面，按照上面 10 个简单趋向补语的图示分析，通过图片、动作演示等方法让学生明确每个趋向动词具体位移的方向性。然后再讲解引申后的趋向动词虚义与具体位移义的异同。从具体到抽象，从空间到时间的认知模式可以有效帮助学生找到趋向动词意义之间的关联和理据。

（2）针对重难点强化学习

重难点一：处所宾语的位置问题是趋向补语学习中经常容易混淆的地方。学习初期，先教"V+O+C$_趋$"的中宾语序。后面再慢慢引入后宾等类型。

重难点二：表示非方向义的趋向补语用法复杂，意义抽象。从学习顺序来看，学习非方向义趋向补语时已学过方向类趋向补语。那么针对非方向义趋向补语的学习还是只能从语义方面突破，寻找本义用法（方向义）和引申意义（非方向义）之间的关联和理据性。这样学生会比较容易理解和掌握。

（3）格式化加常用搭配关联的方法辅助记忆

针对偏误较多的类型，可以尝试把相关内容框架化和格式化，如前面提到的高频趋向动词"来、去"，为了强化学生对这两个词和处所宾语之间的关联，可以把两者经常出现的句法环境概括为：V+O$_处所$+来/去。

搭配关联主要是当学生有相关语法知识后，为了强化认识，可以通过记忆常见动词——趋向补语搭配表（详见刘月华《趋向补语通释》第三部分"动词和趋向补语搭配词表"）来辅助记忆和增强语感。

【案例分析】

首先，这个案例中，老师使用了"把"字句式，这个把字句中的 VP 是"都写上"，在把字句中，与把字句配合的补语大多表示处置后的结果义，这里的"写上"也是。这里的"上"不是"上楼"里明显具有方向性的趋向动词的一般用法，而是做趋向补语表示结果义的用法。因此，教学中需要跟学生强调趋向补语除了基本趋向义外还有引申义，这些引申义往往并不表示具体方向位移，但与方向位移也有关联。其次，此案例还应该引起进一步讨论的是"他上楼"里"上"是一般动词的用法，"他走上楼"里"上"就是趋向补语的用法了。"他走上楼去"是复合趋向动词的用法，包含两种位移，"上"表示由低往高的位移，"去"表示"他"背离说话人移动的方向。

【思考练习】

1. 根据词典归纳，25 个趋向动词做补语时除了基本趋向义外，常见的引申义有哪几种？

2. 儿歌"小兔子乖乖，把门开开"里"开开"怎么理解？

3. 辨析趋向补语"上"与"起来"。

4. 辨析趋向补语"下来"与"下去"。

【拓展阅读】

1. 刘月华. 趋向补语通释. 北京：北京语言大学出版社，1996.

2. 杨德峰. 英语母语学习者趋向补语的习得顺序——基于汉语中介语语料库的研究. 世界汉语教学，2003（2）.

3. 李淑红. 留学生使用汉语趋向补语的情况调查及分析. 民族教育研究，2000（4）.

4. 居红. 汉语趋向动词及动趋短语的语义和语法特点. 世界汉语教学，1992（4）.

第三节 程度补语教学

【案例导入】

一天，学生觉得很困惑，问老师："为什么中国人口语里经常喜欢说什么死了，什么死了，可是没有死啊。比如'讨厌死了'好像又不讨厌这个人。有一回，中国朋友送我礼物，我就跟他说'我喜欢死了这个礼物'，他觉得奇怪，只是笑笑，我觉得他肯定知道我用错'死了'又不好意思告诉我，老师能帮忙我解答这个问题吗？"

【基础知识】

1. 什么是程度补语（C$_程$）

程度补语是表示动作或性状程度的补语。需要说明的是，能做程度补语的短语类型相对丰富，但能做程度补语的词是有限的。下面展示的是能做程度补语的词表①。

前面有无"得"	C$_程$
必须带"得"	很、不行、不得了、了不得、要死、要命、厉害、慌、够呛、可以
无"得"	极了、透了、死了、坏了、万分
可带可不带"得"	多（了）、远了

上述程度补语都强调程度之深。具体来看，程度相对更深的如"要命""要死""死了"等是口语中使用较多的程度补语。程度补语不少有色彩倾向，比如倾向于表达说话人消极心理的有：不行、得慌、透了、够呛、要命、要死、远了。此外，从语体角度来看，"要命、要死、死了、得慌、不行、不得了、了不得"都是典型的口语色彩词，主要用于口语体，而"很、极了"则口语、书面都可以使用，因此，书面使用"很""极了"更加得体。

2. 程度补语的特点

（1）能带程度补语的动词是有限制的。

一般来说，能带程度补语的动词往往与人的心理和感受有关，如"喜欢、憋、闹、堵、挤、想、闲、撑、气、差(chà)、担心"等。

（2）动词或形容词和程度补语有相对固定的搭配对象。

如"透了"常搭配的是：糟、糟糕、坏、倒霉

"得慌"常搭配的是：累、饿、吵、闲、憋、堵、赶、闷

"死了"常搭配的是：高兴、讨厌、烦、恶心、难看、笨

（3）程度补语没有相应的否定形式。如：

---

① 不带"得"的单音节程度补语往往需要辅助"了"完句，因此教学中可以将其和"了"作为整体教给学生。

① 糟透了　*糟不透了/*不糟透了
② 安静多了　*安静不多了　*不安静多了
③ 吵得慌　*不吵得慌
④ 痒得要命　*不痒得要命

(4)少数程度补语对句式有要求。

如"~多了""~远了""~得多"只用于比较句，表示程度加深。如：

你比我厉害多了。
我跟你比差远了。
现在的生活条件比以前好得多。

3. 程度补语的常见偏误

① *老师对那件事知道得很，你不用再跟他说了。
② *他病得很，不能来上课了。
③ *里面热闹得慌。
④ *我真是忙得了不得。
⑤ *这件事把他高兴得坏了。

上面五例误用中，例①"知道"不属于与性状搭配的心理动词或感受动词，所以不能使用，建议改为"清楚"。例②"病"不能和"得很"搭配使用，可以和状态补语搭配使用，建议改为"病得很厉害"。例③"得慌"也是有与之固定搭配的动词或形容词，而且往往是单音节的，虽然"热得慌"和"闹得慌"都能使用，但"热闹得慌"不能搭配使用，可以贴合语义改为"热闹得很"。例④属于近义程度补语的辨析问题，相比较而言，"不得了"作为程度补语使用的频率远大于"了不得"，此外，"不得了"往往可以和"得很"互换。例⑤中属于不该加"得"而误加。"坏了"做程度补语的时候前面是不能使用"得"的。

4. 程度补语的教学策略

(1)首先应该强调程度补语的相对封闭性。能充当程度补语的词是有限的，而且能带程度补语的动词和形容词也是有限制的，因此学习初期应该记住常见的动词或形容词和程度补语的固定搭配。可以结合教材中出现的相关结构强化学生的认识，比如初级阶段出现的"好得很"结构，就可以用学生学过的词汇向学生强调"~得很"结构中常出现的动词或形容词。

(2)注意程度补语的色彩倾向。前面提及不同程度补语的色彩倾向不同，有的没有色彩倾向，如"很、多、极了、不得了"等；有的有消极色彩倾向，如"死了、坏了、要命、要死"等；有的只能用于消极色彩，如"透了、远了、不行、得慌"等。

(3)中高级阶段，要向学生强调"很"是唯一可以作程度补语的副词。此外还要强调辨析细微差异，如"好得很"和"很好"，前者所表示的程度往往比后者高。同时，也需要对程度补语的内部近义进行辨析，如前面提到的"～多了"和"～得多"的功能差异等。

【案例分析】

通过本章学习，可以看到案例中口语经常说到的"什么死了"中"死了"是程度补语而不是一般动词的用法。作为程度补语的"死了"有如下特点：第一，动词"死"后面必须有"了"，所以"死了"是整体出现在动词或形容词后做程度补语的。第二，前面不能出现"得"，不能说"高兴得死了"。第三，"死了"也具有色彩的倾向性，虽然有"高兴死了"，但从大量的用例来看，前面与之搭配的往往有消极色彩，比如"饿死了、难受死了、烦死了、讨厌死了、忙死了、困死了、疼死了"等，而"干净、熟悉、凉快、暖和"等具有积极色彩意义的词与"死了"搭配就很别扭，即使少数情况可以这样使用，也往往有讽刺或开玩笑的意思。案例中"我喜欢死了这个礼物"比较得体的说法应该是"这个礼物我喜欢得很"。

【思考练习】

1. "辣死了"和"辣得很"有什么区别？
2. 形容词加"得很"和加"得慌"有什么不同？
3. 举出口语里经常使用的程度补语。
4. 那些程度补语多用来表示消极色彩意义。

【拓展阅读】

1. 张谊生．程度副词充当补语的多维考察．世界汉语教学，2000(2)．
2. 孙德金．外国留学生汉语"得"字补语句习得情况考察．语言教学与研究，2002(6)．
3. 吕文华．关于述补结构系统的思考——兼谈对外汉语教学的补语系统．世界汉语教学，2001(3)．
4. 刘兰民．现代汉语极性程度补语初探．北京师范大学学报(社会科学版)，2003(6)．

第四节　可能补语教学

【案例导入】

快上课了，老师发现学生都等在教室门口，就问："你们怎么不进去啊?"其中一个学生回答道"门锁坏了，我们不能进去"，老师笑了，说："哦，门锁坏了，你们进不去。"这里为什么不能说"不能进去"？可能补语有什么特点，和"能+动词"有什么区别，该如何进行教学？

【基础知识】

1. 什么是可能补语($C_{可}$)

可能补语出现在动词或形容词后，用"得"或"不"引出，表示实现动作的结果、趋向的可能性。从语法意义来看，谓语动词后的可能补语可以分为以下三类：

（1）动词+得/不+结果/趋向补语

表示有无条件或能力完成某个动作，如"听得懂、听不懂"。

（2）动词+得/不+了（liǎo）

表示实现动作或变化的主客观条件，如"去得了、去不了"；

（3）动词+得/不得

表示考虑到后果，某个动作是否应该进行，如"去得、去不得"。

以"吃得/不完""吃得/不了"和"吃得/不得"为例来看三组的差异：

吃得/不完：表示有实现"吃完"这个结果的条件或能力。

吃得/不了：表示有实现"吃"这个动作的可能性。

吃得/不得：表示考虑了"吃"的后果，做出是否实现"吃"这个动作的判断。

2. 可能补语的特点

（1）可能补语前的动词多用单音节，如：

"装得下、走得出去、听得懂、考不好、说得了话"等。

（2）可能补语和宾语同时出现时，宾语要放在可能补语后面，若宾语较长，则作为话题置于句首。如：

我听不懂武汉话。

我看不下去这样的电影。

妈妈花了一上午工夫做的菜我们根本吃不完。

（3）可能补语前有修饰语时，多放在动词和可能补语之间，如：

"听不大清楚、住不太习惯、说不太准"等。

3. 可能补语与"能"的区别

可能补语表示实现结果或趋向的可能性，那么与"能"代表的能愿动词语法意义和用法上有什么区别呢？

可能补语所表示的结果往往是针对已有事实的推测，而"能"是具备做某事的能力。如：

我能吃几碗米饭，但今天实在吃不下去了。

可能补语表示对客观条件所能达到结果的推测，而"不能"则表示情理上的"不应该、不允许"，如：

你不能进去。/你进不去。

可能补语不能表示劝阻、禁止类行为，如：

*这儿是禁烟区，吸不了烟。→　这儿是禁烟区，不能吸烟。

可能补语不能表示某种能力的恢复，如：

*出院后，爷爷又吃得了、喝得了了。→ 出院后，爷爷又能吃能喝了。

可能补语多用否定式，肯定式是受限的。多用于问话和无确切把握的语气中，问句形式多是肯否并列的正反问。如：

手机打得通打不通？/手机打不打得通？——打得通。
你去商场看看吧，也许买得到。

4. 可能补语的偏误类型
（1）误用。

* 我已经走得了了，让我出院吧。→ 我已经能走了，让我出院吧。
* 这种东西很危险，你带不了。　→ 这种东西很危险，你不能带。

上面两种误用属于应该使用能愿动词而误用可能补语的情况。

* 她通不过考试以后，哭了很长时间。→ 她没通过考试，哭了很长时间。

这种误用属于可能补语不能用于已然动作和结果，应该用于未然情况。
（2）错序。

* 我现在京剧听不懂。→我现在听不懂京剧。→京剧我现在听不懂。
* 我听老师的话不懂。→我听不懂老师的话。→老师的话我听不懂。

这种情况属于宾语和可能补语的语序问题。

*我怎么学也不学会。→ 我怎么学也学不会。
*我们的生词太多，我不记住。→ 我们的生词太多，我记不住。

这种情况属于"不"的位置问题，可能补语和否定词"不"的语序应该是"不"居中。

（3）缺漏。

　　＊ 他的病这次再也不好了。→ 他的病这次再也治不好了。
　　＊ 老师，你写的字太小，我们不看。→ 老师，你写的字太小，我们看不见。

（4）离合词与可能补语的位置问题。

　　＊ 我最近很紧张，每天都睡觉不着。→ 我最近很紧张，每天都睡不着觉。
　　＊ 没有水，洗澡不成。→ 没有水，洗不成澡。

离合词是动宾结构，那么宾语也应该位于动词和可能补语之后。
（5）与句式的搭配使用问题。

　　＊ 他把这本书看得懂。→ 他看得懂这本书。

　　"把"字句要求补语具有确定性，而可能补语表示的具有某种结果的可能性，所以不能搭配使用。
　　5. 可能补语的教学策略
　　（1）等级切分，分散难点。
　　针对可能补语的教学与其他补语类型一样，依然要分阶段分等级，合理安排各类情况，不要一次全部教给学生。比如初级阶段只能教可能补语的基本式，也就是"动词+得/不+结果补语/趋向补语"的类型。
　　（2）针对偏误类型较多的情况，强化练习。
　　如上文重点辨析的可能补语和能愿动词的异同，这是学生经常出现错误的难点，针对这种情况可以通过例句对比加深学生的认识。还有可能补语和宾语的语序问题，也可以多强调多练习，强化学生对此类结构语序的认识。
　　（3）整体教学法，针对一些类似惯用语的结构要整体成对学习。如"对得起/对不起、买得起/买不起、拿得起/拿不起、看得起/看不起、合得来/合不来、来得及/来不及、睡得着/睡不着"等。
　　（4）汉语能够给表达可能义，根据不同的语义语用需要，有几种不同的表达形式，但学生们不会自如使用这些结构，经常会混淆这些形式，所以在最初学习可能补语的时候，就可能补语与能愿动词等其他形式的不同应该加以说明，强调几种形式的专业分工，比如禁止某种动作行为时应该使用能愿动词而不能使用可能补语。

【案例分析】
　　案例中学生的问题其实是没分清可能补语的否定式与"不能"的区别。"不能+动词+结果补语/趋向补语"表示情理上不应该、不允许进行某种行为，因而常常用于劝阻或禁止某个行为，比如：

① 里面在开会，你不能进去。

② 妹妹还没吃，你不能把菜吃完。

相比之下，可能补语的否定形式常常是表达由于主观或客观条件的限制而不能实现某种结果和趋向，比如：

① 门坏了，我打不开。　　　　　　　　　（客观条件限制）

② 今天胃口不好，吃不下这么多饭。　　（主观条件限制）

教师在教学中应通过对比和设置情景的方法向学生解释这两者的差别，比如：

① a 房间的主人不在，你不能打开房门。

　　b 门锁坏了，我打不开房门。

② a 这钱不是你一个人的，你不能都花完。

　　b 钱太多了，你花不完。

例①②中，a 句均表示某种客观原因，不允许或者禁止某人做某事，此时应该用"不能"而不是可能补语的否定形式，b 句均表示由于主客观条件的限制而不能实现某种结果（"花完钱"）或趋向（"打开房门"），这种情况下不能用"不能"，如用"不能"，可能会改变意思，也可能句子根本不成立，比如：

酗酒的害处说不完　　＊酗酒的害处不能说完

他想不出办法。　　　＊他不能想出办法。

本案例中，学生进不去教室是因为教室门锁坏了，是客观条件的限制而不是情理上不应该，所以应该用"进不去"而不是"不能进去"。通过两者的对比和使用条件的解释，学生才能更好地理解两者的差别，避免误用。

【思考练习】

1. 举例说明可能补语与能愿动词"能"的区别。

2. "洗得干净"有歧义吗？

3. "去不得"和"去得了"中"得"和"了"读音分别是什么。

4. 试说明可能补语否定形式多于肯定形式的原因。

【拓展阅读】

1. 北京语言学院语言教学研究所编．现代汉语补语研究资料．北京语言学院出版社，1992.

2. 吴福祥. 汉语能性述补结构"V 得/不 C"的语法化. 中国语文，2002(1).

3. 杨寄洲. 对外汉语教学初级阶段语法项目的排序问题. 语言教学与研究，2000(3).

4. 杉村博文. 可能补语的语义分析——从汉日语对比的角度. 世界汉语教学，2010(2).

第五节　状态补语教学

【案例导入】

在高级班习语课上，老师为了加深学生对成语、熟语等结构的认识，举了几个这样的例子：

我已经饿得前胸贴肚皮了。

小王急得像个热锅上的蚂蚁。

她今天又打扮得花枝招展的。

家里闹得鸡犬不宁。

老师在说这些句子的时候，一边说一边配合动作，非常形象。这些成语、熟语放在句中环境非常贴切。有个学生针对老师的句子提问了，他说："老师，这些成语、熟语都可以放在'得'的后面吗？"

【基础知识】

1. 什么是状态补语（$C_{状}$）

状态补语是对动作和状态的描写，或对动作呈现状态的说明和评价，又叫情态补语。与其他补语类型相比，能充当状态补语的结构类型是非常丰富的，各类谓词性词语和短语都能做状态补语。如：

① 谢谢你们买的水果，我已经吃得很饱了。（形容词性短语）

② 听了这话，他气得满脸通红。（主谓短语）

③ 他吓得连忙跑回家去。（动词性短语）

④ 他总是忙得不亦乐乎。（成语）

⑤ 你看他昨天急得那样儿。（代词）

⑥ 地里的庄稼长得绿油油的。（状态形容词）

⑦ 他站得直，你站得不直。（性质形容词）

⑧ 他高兴得笑了。（动词）

2. 状态补语的特点

（1）对"得"的依赖性。

与其他类型相比，状态补语的最大特点就是对"得"的依赖性程度很高。正是有"得"的配合，状态补语才比较灵活和多样化。状态补语大多数使用"得"，也有少数可以用"得个”或只用“个”。如：

① 你今天来得太晚了。
② 他是把我骂得个狗血淋头。
③ 我们今天一定要吃个饱、玩个痛快。

（2）状态补语的生动性。

状态补语是补语中最为生动的一类，表义很丰富。以形容词做状态补语为例，形容词做状态补语对动作性状的描写有静态描写和动态描写等不同角度。如：

a. 刷白了　　　刷得白　　　刷得雪白
b. 站直了　　　站得直　　　站得笔直
c. 脸喝红了　　脸喝得很红　　脸喝得通红

a、b、c 三组里的补语分别由形容词、“得”加性质形容词和“得”加状态形容词构成。显然每组里第一个不加“得”的用例属于结果补语类型，后两种属于状态补语。而后两者的区别在于，性质形容词做状态补语往往是对状态的静态描写和说明，而状态形容词是对动作的动态描写。

（3）状态补语的肯定形式和否定形式。

如“摆得整齐”的否定形式是“摆得不整齐”，但状态补语和“把”字句同时使用时，补语没有相应否定形式，如：

我把衣服洗得很干净。　　＊我把衣服洗得不很干净。
小明把花瓶摔得粉碎。　　＊小明把花瓶摔得没粉碎。

（4）动作后有宾语，宾语和状态补语的位置。

① 他汉语说得很流利。
② 汉语他说得很流利。
③ 他说汉语说得很流利。

“说得很流利”这句话如果出现宾语“汉语”，有两种处理情况，一种是宾语放在动词前，如例①②；也可以重复动词，动词先带宾语，重复动词再带状态补语，如例③。

3. 状态补语的偏误类型

（1）缺漏。

第一种情况，状态补语的缺漏主要表现在缺少“得”，如：

＊他讲很好，你们应该听下去。

他讲得很好，你们应该听下去。

第二种情况，动宾结构或离合词带状态补语，缺少重复的动词。

＊他打球得特别棒。
他打球打得特别棒。

第三种情况，包含重叠式的状态补语，后面通常要加"的"。

＊她把自己打扮得美美。
她把自己打扮得美美的。

（2）语序有误。

留学生在学习和使用补语时都会存在一个语序问题，他们已经默认汉语的宾语应该放在动词之后，而宾语紧跟动词是多数语言的习惯，当需要使用补语的时候，很多留学生会在动词后先放宾语再考虑补语。如：

① ＊他说汉语得很流利。
② 他汉语说得很流利。
③ 汉语他说得很流利。
④ 他说汉语说得很流利。

面对这种经常出现的偏误，要么宾语提前作为话题，要么像①中重复动词一样，保证动词和补语必须在一起。

（3）该用状语而误用补语。

＊你一定要工作得很认真。 → 你一定要很认真工作。
＊快上课了，你要来得快点儿。 → 快上课了，你要快点儿来。

（4）状态补语前的结构助词"得"误用成动态助词。

＊中国变化了很快。→ 中国变化得很快。
＊他总是走着很快。→ 他总是走得很快。

4. 状态补语的教学策略

状态补语是补语中相对灵活的一组，能充当状态补语的成分种类最丰富，主要有四种结构：

A式：主语+动词+得+$C_{状}$（无宾语）

　　B 式：主语+受事+动词+得+C_状（动后有受事宾，受事宾在动前）

　　C 式：受事+主语+动词+得+C_状（动后有受事宾，受事宾在主语前）

　　D 式：主语+动词+受事+动词+得+C_状（动后有受事宾，受事宾在动后，动词必须重复）

　　根据吕文华(1987)的调查，在实际的语言运用中，状态补语 D 式(如"她吃饭吃得很少"这类重动结构)使用的频率很低。但根据外国学生的实际使用情况，动宾结构后带状态补语的偏误又很多，针对这种情况，在状态补语的教学中，"最好先从 A 式入手，然后再教 B 式和 C 式。在教学中可以尽量让学生多练习常用的 B 式。最后教 D 式，在教这一个结构时，应反复强调不要忘记再重复一次动词"。①

　　针对学生经常出现的偏误，首先可以按使用频率先教学生易学不易错的结构，接着再根据学生的掌握情况，强化易错类型的练习。此外，状态补语的教学还要注意细节问题，如教材的说明往往没有涉及句中动词动作的时态，但学生出现的偏误有一部分都与时态有关，那么教师有必要在教学中加以强调，结合学生偏误强化练习。例如有些情况下能愿动词和表将来时态的时间名词与状态补语是不能同时出现的，状态补语经常表示的是动作完成后所呈现出来的状态。如：

　　　　*学生应该学习得很认真。　　→ 学生应该认真学习。

　　　　*我会达到得很准时。　　　　→ 我会准时到达。

　　　　*明天要起得早。　　　　　　→ 明天要早起。

　　针对这种情况要向学生强调表动作进行的状态、动作持续时间长短的状态补语不能用于祈使和将来发生的肯定句中。当要表示此类意义时，应该用状语。

【案例分析】

　　案例展现了能充当状态补语的成分较之其他补语类型更为丰富，状态补语大多需要辅助"得"，"得"后成分很灵活，四字格成语和大于四字格的熟语都可以充当。比如案例中的"花枝招展、鸡犬不宁、前胸贴肚皮、热锅上的蚂蚁"等。在高级班习语课上，讲到这些习语时可以结合状态补语强化学生对这些习语的认知和学习。案例里学生提到的问题就在于之前学状态补语时候没有结合成语、熟语来学习，此外，也并不是所有的成语、熟语都可以充当状态补语，一般来说，成语和熟语包含性状义特征更倾向充当状态补语，有的则不能，如"愚公移山、万紫千红、千篇一律、偷鸡不成蚀把米"等。

【思考练习】

　　1. 用状态补语修改病句"在桂林的那几天，我过了最愉快"，并说明原因。

　　2. 根据前面所学，说明状态补语和可能补语的区别。

　　3. 通过病句"我比李师傅可差极了"说明状态补语和程度补语的区别。

　　4. 举例说明动词带受事宾语时与状态补语的语序。

---

　　① 陆庆和．实用对外汉语教学语法．北京：北京大学出版社，2006.

【拓展阅读】

1. 赵金铭．教外国人汉语语法的一些原则问题．语言教学与研究，1994(2)．
2. 鲁健骥．状态补语的语境背景及其他．语言教学与研究，1992(1)．
3. 熊仲儒．状态补语中的达成"得"．语言科学，2014(3)．
4. 陆丙甫、应学风等．状态补语是汉语的显赫句法成分．中国语文，2015(3)．

第六节　数量补语教学

【案例导入】

初级班课上，老师让学生用"聊天"造句，很多学生踊跃发言。

有的学生说："我喜欢聊天。"

有的学生说："我们聊天很开心。"

还有学生说："我们聊天了两个小时。"

老师问："这样说对吗?"

很多学生说"不知道"或"也许对"，即使有学生觉得不对，也不知道为什么。

【基础知识】

1. 什么是数量补语($C_量$)

数量补语补充说明前面动作经历延续的时间(时量)、动作的次数(动量)和用于比较句中表示长度、高度、宽度、深度等方面的数量差异。表时量和动量的数量补语与句中宾语的位置关系很重要，下面分类详述。

(1)时量补语　$V+C_量$

作为表示动作或状态持续时间的补语，时量补语通常由表示时间段的词或短语充当，如"一个星期、三天、一年、几个小时、一会儿、十分钟"等，因此本节所说的时量补语其实是时段补语，注意区分时段和时点。时点补语主要由介词短语引出，如"鲁迅生于1881 年"。常见的时量补语有"一会儿、一阵"等。时量补语往往用"V+(了)多长时间?"来提问。时量补语与宾语(O)的位置关系如下：

$V+C_量+O_{一般名词}$：我们开了一下午会。　*我们开了会一下午。

$V+O_{人称代词}+C_量$：我们找了你一上午。　*我们找了一上午你。

$V+O_{处所}+C_量$：　我来中国一年多了。　*我来一年多中国了。

(2)动量补语　$V+C_量$

作为表示动作发生或进行次数的补语，动量补语由数词和动量词构成的数量短语充当，如"打三下、读一遍、去两趟"等。常见的动量补语有"一下儿、一遍、一次"。动量补语与宾语(O)的位置关系如下：

$V+C_{量}+O_{一般名词}$：他一天换三次衣服。　　＊他一天换衣服三次。

$V+O_{人称代词}+C_{量}$：他骗过我两次。　　　　＊他骗过两次我。

少数例外：请等一下我/请等我一下。（当动量补语为"一下"时，人称代词宾语在前在后都可）

$V+O_{处所}+C_{量}$/$V+C_{量}+O_{处所}$：我去过长城两次。/我去过两次长城。

（3）比较数量补语　$X+比+Y+A+C_{量}$（X、Y 是比较项，A 是形容词）

比较句中形容词后表示比较项之间的数量差异的补语，主要由数词和名量词构成的数量短语充当，如"大三岁、高一米、重 10 斤"等。比较数量补语句里数量补语应该直接放在形容词后面，但有些情况也可以放在参照对象的后面。如：

小张比小王高 10 厘米。（一般情况）

他大你两岁。（表年龄差异，参照对象居中）

妹妹小哥哥两岁。（表年龄差异，参照对象居中）

2. 数量补语的特点

（1）数量短语位于动词或形容词后面起补充说明作用充当数量补语，要注意区别数量短语（主要是名量）充当宾语的情况。

你买了几斤？　　　买了三斤。（名量宾语）

你买了几次？　　　买了三次。（动量补语）

按照语料实际使用情况，可以看出如果动词或形容词后面出现的是动量，那么这个动量成分一定是补语；如果出现的是时量，那么大部分情况也是补语，少数例外（你需要多长时间？需要一个星期。）如果出现的是名量，那么大部分情况应该是宾语。

（2）动量补语和时量补语常见有三种格式。

$V+C 量（的）+O$：我们看了两个小时的电影。　　我们听过两次京剧。

$V+O+V+C 量$：　我们看电影看了两个小时。　　我们听京剧听过两次。

$S1+S2+V+C 量$：电影我们看了两个小时。　　京剧我们听过两次。

需要注意的是，在第一种格式中，"的"不是定语和中心语中间的结构助词，上例中的结构不是"两个小时的电影"，而是"看了两个小时"和"电影"，"的"位于两者之间属于动态助词，表示对完成后动作的确认和强调。

（3）"了"在句中的位置。

　　他今天看了一个小时的电视。（动作已完成，结束了）
　　他今天看了一个小时的电视了。（动作在说话时还在持续，没有结束）

　　可以看出，动态助词"了₁"应该出现在动词后面，数量补语前面。但"了"也可以出现在句尾，如果出现在句尾也往往兼有"了₁"的功能。而且句中有些"了"可以用动态助词"过"替换。

（4）时量补语表时量的差异。

　　她学习汉语一年了。
　　她离开中国一年了。
　　那幅画挂了三天了。

　　时量补语表示的动作持续时间分两种情况，一种是动作连贯进行持续的时间，另一种是动作完成后状态持续的时间。第一个句子表示动作持续进行的时间，第二个句子表示动作结束后状态持续的时间，第三个句子则包含两种情况，一种是"那幅画挂了三天，还没挂好"表示动作持续进行的时间，一种是"那幅画挂了三天了，没人看见"表示动作完成后的状态持续。

（5）常用数量补语的个性很强，注意相近补语的差异。

时量补语：一阵/一会儿　一下/一会儿

动量补语：一下儿/一遍/一次/一顿/一番

　　初级阶段就会遇到口语里经常使用的"一下"和"一会儿"，有些情况两者可以互换，如"等一下"和"等一会儿"，细微的差别在于前者动作经历时间相对更短。有些情况如补语后面带宾语的时候两者就不能互换，如"我们聊了一会儿天"，这里就不能换成"一下"，可以说"我们聊了一下"。

3. 数量补语的偏误类型

（1）语序错误。

数量补语偏误较多的集中在语序问题上，如：

　　① ＊他爱了一辈子她。
　　② ＊他看了书一个小时。
　　③ ＊我打了电话给我妈妈很多次。
　　④ ＊我们看电影了两个小时。
　　⑤ ＊我们上了汉语课五次。

（2）"了"的位置有误。

　　＊我去三次了北京。
　　＊她练太极拳了一年。

　　针对句中"了"，大部分语序应该是动态助词"了"应紧跟动词后出现再接数量补语。但也要向学生强调如果动词后有"了"，句尾还有"了"，句子表示的动作仍在进行；如果仅句中有"了"，句尾无，则说明动作已经结束。
　　（3）误加或误删。

　　＊你不要等她一下。
　　＊我看看一下你的书好吗？
　　＊在操场上，我们打篮球了。
　　＊今天在路上我们聊天了。

　　前两例属于误加，不该用而用。如第二例中"我看看一下你的书"，当动词后有数量补语的时候，动词是不能重叠的，如不能说"我们休息休息一下吧"，应该说"我们休息一下"或"我们休息休息"。后两例属于误删，该用而不用。应该改为"我们打了一会篮球"和"我们聊了会儿天"。
　　（4）句中副词的位置错误。

　　＊今天的会议她参加了只半个小时。
　　＊那个城市我去过已经几次了。

　　句中副词只能出现在动词前面，不能出现在动词后数量补语前面。
　　（5）句中离合词使用有误。

　　＊我见面了三次他。
　　＊我洗澡了两个小时。
　　＊我睡觉了一天。

　　句中出现离合词时，往往要将这种动宾离合词分开，数量补语居中。
　　4. 数量补语的教学策略
　　（1）针对数量补语偏误最多的语序问题，建议是简化教学，如初级阶段要告诉学生最基本最常用的用法，即时量补语和动量补语与宾语的位置主要有两种，分别是"V+C$_量$+名"和"V+代+C$_量$"。初学阶段这两种情况基本能应付遇到的句子。初级阶段可以采用图片法和情景举例法引导学生多使用数量补语结构，培养对这种格式的语感。
　　（2）分阶段教学在数量补语的教学中很突出，除了上面说的语序问题外，还有如时量补语表示动作持续和动作完成后状态持续两种语义的差别不适合初级阶段学习，初级阶段只能针对动词持续的时间做大量练习，等学生有一定基础后再有针对性地介绍动作完成后持续状态的用例，感受两者的细微差别，这样便于更好地理解和掌握。

（3）中级阶段应该适当增加具体语境对近义时量补语、动量补语进行辨析，或对同义句式进行辨析，如"我们打了三十分钟的球"和"我们打球打了三十分钟"的具体差异。

【案例分析】

案例中"我们聊天了三个小时"应该改为"我们聊天聊了三个小时"。初级课堂学生不理解这种重动式再带时量补语的例子是可以理解的，并且这种语序在数量补语的实际使用中频率也是相对较低的。如果学生已经遇到了这类问题，教师还是应该提示一下，用举例的方式向学生讲解句中类似"聊天、唱歌、散步、洗澡、游泳"之类的动词加数量补语的时候，数量补语一般在其后面。如果非要同时出现，只能重复这类动词前面的那个动词性语素，由这个动词性语素再带数量补语。

【思考练习】

1. 请设计一组交际问答练习，让学生使用数量补语作答。
2. 请用至少三个时量补语描述你最紧张的一天。
3. 请修改病句"玛丽去年回了国一次"并说明错误及修改理由。
4. 请使用数量补语变换句子"他以前有两次去中国的经历"。

【拓展阅读】

1. 佟慧君．外国人学汉语病句分析．北京：北京语言学院出版社，1986.
2. 陈小红．数量补语的用法和位置．暨南大学华文学院学报，2002（3）.
3. 贺卫国．动词重叠能否与数量补语同现？汉语学报，2006（2）.
4. 鲁健冀．偏误分析与对外汉语教学．语言文字应用，1992（1）.

第六章 汉语特殊句式教学

第一节 连动句教学

【案例导入】

连动句是由两个以上谓词性结构充当谓语的动词谓语句，这些谓词性成分之间没有停顿也没有关联词，两个谓词共有一个主语，比如：

①他上车买票。

②我去图书馆借书。

③他笑着说。

上述句子中两个动词结构具有一定的时间或逻辑关系，表示两个动作连续进行或相伴进行。连动句有哪些类型和特点？外国人学习时存在什么问题？教学中该注意些什么呢？

【基础知识】

1. 连动句的类型

连动句在有的语法书里也叫连谓句。连动句主要有以下句法形式：

（1）S+VP$_1$+ VP$_2$

S+VP$_1$+O+VP$_2$：他拿起公文包急匆匆地走了。

S+ VP$_1$+ AP：这种饮料喝下去很舒服。

S+V1+着+（O）+VP$_2$：老师站着讲课，学生坐着听课。

（2）S+来/去+ VP$_2$

S+来/去+ VP$_2$：我们来搞社会调查。

S+来/去+O+ VP$_2$：下星期我们去北大听课。

S+VP$_1$+来/去+VP$_2$：明天我就帮助他去处理那件事。

（3）S+有/不/没有+（V$_1$）+VP$_2$

S+不+V$_1$+VP$_2$：今天晚上我<u>不去看话剧</u>。
S +VP$_1$+没+VP$_2$：老李<u>出门没在家</u>。
S+有+O$_1$+ VP$_2$+VP$_3$：我们<u>有责任帮助他们克服困难</u>。

连动句还可以根据 VP$_1$ 和 VP$_2$ 之间的意义关系来做如下分类：

动作先后：我们<u>吃完饭散会儿步</u>。
方式—动作：明天<u>坐飞机去上海</u>。
动作—目的：下午<u>去银行取钱</u>。
动作—结果：小明<u>考大学录取了</u>。
原因—动作：他<u>有事儿出去了</u>。
假设—动作：<u>患感冒出门要戴口罩</u>。
肯定—否定：他<u>留下不去了</u>。
条件—动作：他<u>没有钱买书</u>。

2. 连动句的特点

连动句中至少包含两个以上谓词或谓词性词组连用，一般不超过四个（如：你快到炕头上坐着暖和暖和去吧）。连动句中谓词以动词为主，少数情况下第二个谓词可以是形容词词组（AP），见上例。需要注意连动句中谓词性成分之间不是并列关系（谓词性并列关系如"读和写/认真并仔细"），两者之间主要区别在于连动句谓词性成分之间没有连词标记，并列关系的谓词性成分可以互换位置。与谓词性成分的并列不同，连动句中动作发生的时间往往不一致。连动句的主要特点列举如下：

（1）谓词性成分之间有主次之分。往往前一个谓词成分处在从属地位，后面的谓词性成分处在主要的地位（注意这种主次往往是语义方面的，而不是句法上的）。如：

小王到医院看一个生病的朋友。（"看一个生病的朋友"是主要动词短语）
我坐火车去北京。（"去北京"是主要动词短语）

（2）连动句的主语绝大部分表示施事。如：

我们吃了晚饭看电影。
你带点水果回家。
医生转过脸看看病人。
我买本书给他。

主语表示受事的较少。如前面列举过的"这种饮料喝下去很舒服"。
（3）包含"来/去"的连动句，"来/去"往往用在前段，如下①。也可以单独用在句尾，如下②。也经常用在两个谓词性成分中间起连接作用，如下③。"来/去"用在句尾表趋向，如下④。前段也是趋向动词，句尾用"来、去"，如下⑤。

　　① 大家来帮帮忙。
　　② 你取票去。
　　③ 我没有心思去管你的闲事。
　　④ 快去拿一条毛巾来。
　　⑤ 我出去吃饭去。

（4）前段动词为"V 着"格式，这一连动句的特点是"V 着"大多表示方式，如：

　　① 她笑着说。
　　② 咱们坐着吃。
　　③ 他们争着报名。
　　④ 我硬着头皮向他求情。

3. 连动句的教学策略

连动句与其他句式一样，常见的偏误表现为缺漏、误用、错序和杂糅。而其中语序问题相对较多。如：

　　＊下课后已经很晚了，我不得不回家骑自行车。
　　＊我想去旅游南方坐火车。
　　＊她看电影去电影院了。

上述偏误表现为两个谓词性成分的语序颠倒。

　　＊我喝酒醉了。　　　　→　我喝酒喝醉了。
　　＊他看电影哭了。　　　→　他看电影看哭了。
　　＊我们照相了三个小时。　→　我们照相照了三个小时。

上述偏误表现为后段应该重复前一动词，变成动词—补语结构。

　　＊昨天她来了看你。
　　＊我去了超市买一双鞋。

上述偏误表现为"了"的位置有误。

　　＊他骑自行车曾经去上班。

*哥哥陪我不玩。

上述偏误表现为否定副词和其他副词的位置有误。

语序问题，外国学生常把表示方式的动词或动词词组用在后面，或把表示目的的动词用在前面，这主要是受各自母语的影响。面对这样的语序问题在教学中要着重强调汉语里两个谓语动词的次序是不能改变的。教学时初级阶段可以采用情景举例法：

老师：你每天早上怎么来学校？
学生 1：（可能回答）我每天来学校坐公共汽车。
老师：（板书）我每天早上坐公共汽车来学校。
学生 2：我每天早上骑自行车来学校。
学生 3：我每天早上走路来学校。

"了"的位置也是学生经常用错的地方，动态助词"了"用在 V_1 后，还是用在 V_2 后，要进行区别。一般来说，表示"方式—动作"和"动作—目的"关系的连动句，"了"一般用在句尾或 V_2 后，不能用在 V_1 后。

此外，其他需要强调的地方如"打球打累了"必须是重动形式，这点上章结果补语也有说明。连动句中语序问题多在初级阶段出现，但随着否定形式、动态助词"了、着、过"和补语的参与，如何让学生正确使用比较复杂的动词结构组成连动句也变得很重要，教师在中级阶段要结合相关语法点，举例说明形式结构较复杂的连动句，说明这类语法点在连动句中的使用规则。

【案例分析】

外国人学习连动句时最主要的偏误在于两个动词结构的语序上，这与学习者没有掌握连动句的语义特点有关，在教学中教师不仅要讲解连动句的结构特点，更要强调其动词结构的顺序安排是与动作发生的时间顺序或逻辑顺序相一致的，不能随意更改，比如：

①我们骑自行车去植物园。
②你哭着说：童话里都是骗人的。
③我们去食堂吃饭。
④我下了课去找你。

上述例句中，前一个动词表示的动作均发生在后一个动词之前，语句顺序是对事件发生顺序的摹拟，如先要"骑自行车"然后才能去"植物园"，如果两个动词结构顺序颠倒，则意义就变成"去植物园骑自行车了"，教师可将这两个句子画图展示给学生，让他们明白两者的区别，树立正确的语序意识。

【思考练习】

1. 举例说明连动句中 VP_1 和 VP_2 之间的常见语义关系。
2. 连动句中 V_1 带"着"与后一动作之间是什么语义关系？
3. 请举出连动句中包含否定形式的句子。
4. 请举例说明为什么外国学生使用连动句时经常把表示方式的动词短语置于句尾。

【拓展阅读】

1. 李临定. 现代汉语句型. 北京：商务印书馆，2011.
2. 金菊花，鲁锦松. 高级水平韩国留学生汉语连动句教学研究. 汉语学习，2010(2).
3. 李临定. 连动句. 语文研究，1981(2).
4. 丁鑫. 对外汉语中的连动句式教学. 文教资料，2014(36).

第二节　双宾句教学

【案例导入】

学生：为什么"我寄妈妈一封信"不对呢？

老师：应该说"我想寄给妈妈一封信"。

学生：什么时候用"给"呢？

老师：……

"我寄给妈妈一封信"是什么类型的句子，有什么特点？我们也可以说"他送我一本书"，为什么这句话就不用说"送给"呢？

【基础知识】

1. 双宾句的类型

双宾句是谓语动词后既有间接宾语也有直接宾语的句子，如"他送给我一本新书。"能带双宾语的动词是有限的，据李临定(1999)的统计，汉语大约有 109 个双宾动词。双宾句可以根据这些双宾动词的语法搭配来进行分类，如：

(1)可直接带双宾语的，如"给、告诉、麻烦、请教、问、用、收、罚、骗、偷、占"等。

(2)可直接带，也可带上"给"再带双宾语的，如"教、送、还、借、租、拿、卖、交、递、发"等。

(3)带上"给"才能带双宾语的，如"寄、分、传、献"等。

也可以从所带宾语的角度进行分类，如：

(1)只带直接宾语或只带间接宾语都可以，如：请教、问、给、还、教。

(2)只带直接宾语可以，但不能只带间接宾语，如：告诉、求。

(3)只带直接宾语不可以，但可以只带间接宾语，如：费、借。

(4)必须带双宾，如：叫、称。

双宾句还可以根据双宾动词的语义来进行分类，常见如下：

（1）给予义。

给：给我一本书

卖：卖我一辆车

借：借我 200 块

赠送：赠送我一条项链

递：递我一本书

（2）表称义。

称呼：称呼他张大哥

评：评他三好学生

夸：夸他好孩子

骂：骂他傻瓜

当：当他好人

叫：叫老李叔叔

（3）取得义。

偷：偷了我 500 块钱

拿：拿了爸爸存折

借：借了他 300 块钱

骗：骗我一顿饭

抢：抢了银行五十万

（4）处所义。

挂：挂墙上一幅画

放：放桌上一本书

分：分厂里一批大学生

2. 双宾句的特点

双宾语的形式可以表述为：$V+O_1+O_2$，其中 O_1 是间接宾语，也叫近宾语，O_2 是直接宾语，也叫远宾语。需要注意的是间接宾语（近宾语）和直接宾语（远宾语）是容易混淆的概念，"直接宾语"对应的语义角色往往是受事（客体），"间接宾语"对应的语义角色往往是与事（对象）。可以简单理解为 O_1 指人，O_2 指物，也可以指整个事件。双宾语的特点如下：

（1）双宾动词数量有限。

本章特殊句式基本都是动词谓语句，因此动词和句式句型关系都非常密切。能带双宾的动词也是特殊的，李临定（1999）在《现代汉语疑难词词典》中列举了 109 个双宾动词，现将其中常用双宾动词（按音序）列举如下：

　　安排　安慰　帮　帮助　报告　抱怨　表扬　补　补充　补助　差　称　称呼
称赞　盛（chéng）　处罚　传（chuán）　答应　答复　递　发　放　分　告诉　给
花（钱）　还（huán）　回　回答　寄　建议　奖　奖励　交　交代　教　叫　借　敬（酒）

考　骂　卖　瞒　拿　派　赔　批评　欠　抢　请教　求　扔　扫　授予　送　提醒
通知　偷　投　吐　退　退还　问　赢　援助　赠送　招待　找(钱)　准(假)　租

（2）双宾语语序固定。

跟英语相比，汉语双宾语句的语序相对固定，即 O_1（间接宾语）只能在前面，O_2（直接宾语）只能在后面，两者不能随意调换顺序，如"他给我一本书"，普通话里不能说"他给一本书我"或"他给一本书"。英语则可以，如"He brought me a book"和"He brought a book to her"。留学生的偏误句"她送一支笔我""他又忘了还钱朋友了"就在于没有明确汉语双宾句的语序特点。

（3）无需用介词引出与事（对象）宾语。

汉语与事（对象）这个语义角色在双宾句中即 O_1 可以不用介词格标记引出，如"他借我一本书"可以，当然也可以用介词引出，如"他借一本书给我"或"他借给我一本书"。这里要注意"借"的方向性，"借"既属于给予义双宾动词也属于取得义双宾动词，如"他借我300块钱"里"我"既可以是给予的对象，也可能是取得义的对象。因此有时候为了语义表达的精确性，还是需要介词的引导，如"他借给我300块钱"，"他向我借300块钱"。

3. 双宾句的教学策略

双宾句整体教学策略还是要归结到双宾动词的学习上，但对这些双宾动词的掌握要遵循由易到难、由常见到次常见的习得顺序。前面介绍的双宾动词的分类也可以帮助学生理解记忆，如最典型的双宾动词是表给予义的，教师可以对这些双宾动词的句法结构进行强化和关联，如这些动词表示给予义，后面往往可加"给"。根据双宾句的具体偏误分析，下面是教学中需要注意的地方。

（1）针对缺失成分的强调。如留学生会使用"他告诉一件事""妈妈寄我一个包裹""我寄妈妈这张照片"等语句，首先要向学生强调双宾句表人宾语在前，表物宾语在后，表人宾语不能省略，其次要强调有些动词必须加上介词"给"才能带双宾语。

（2）针对误用的强调。主要是误用了与双宾动词语义相近的动词，而这些动词并不属于双宾动词，如偏误句"昨天老师说我们一个消息"，可以改成"昨天老师告诉我们一个消息"或"昨天老师通知我们一个消息"都是可以成立的。

（3）双宾结构与介词短语结构的选择冲突。如：

*今天我买你们礼物。　　→　今天我给你们买礼物。
*小丁介绍我一个人。　　→　小丁给我介绍一个人。
*我挂布狗窝。　　　　　→　我给狗窝挂上布。
*警察罚了200块钱从他。→　警察罚了他200块钱。

在学生遇到此类偏误时，可结合偏误强调它们各自的使用规则。进行动词教学时，最好结合与之经常搭配的宾语一起展示给学生。

【案例分析】

"动+给"型带双宾要注意细分类别，有的动词带双宾可加"给"也可不加"给"，如"他送给我一本书"和"他送我一本书"表义并无多大区别。但有的动词本身不能带双宾，必须加上"给"才可以，如案例中的"我寄给妈妈一封信"。面对学生的问题，要注意告诉学生"动+给"带双宾的作用，省去"给"有的表义不清楚有的变成相反的意思，比如"我借他100块钱"，没有"给"，句子表义不清，不知道是"我向他借100块"还是"我借给他100块"，用了"给"意思就明确了。

需要进一步向学生强调的是，表给予义的动词后的"给"可以省略，原因前面动词本身动作表达是使所要给予的物体转移到要给予的对象那里。而其他不能省略"给"的动词是因为这些动词本身没有明确的方向性，需要使用"给"表达通过动作使物体向某对象转移的过程。

【思考练习】

1. 试比较书面语和口语里的双宾句异同。
2. 举出常见的给予义双宾动词。
3. "他又忘了还钱朋友了"是正确的句子吗，说明理由。
4. 请举例说明哪些动词后必须带"给"才能构成双宾句。

【拓展阅读】

1. 刘丹青．汉语给予类双及物结构的类型学考察．中国语文，2001(5)．
2. 常辉．母语为英语和法语的学习者对汉语双宾句及其与格转换结构的习得研究．语言文字应用，2014(2)．
3. 李临定．现代汉语疑难词词典．北京：商务印书馆，1999．
4. 丁皓森．外国人学汉语速成——现代汉语造句公式．北京：商务印书馆，2007．

第三节　兼语句教学

【案例导入】

学生学了连动句后，老师在黑板上给出两个例句，让学生说明这两句话表达意思的区别。

玛丽站起来唱了一首歌。

玛丽叫安娜再唱一首歌。

学生回答说第一个句子里是玛丽唱歌，第二个句子则是安娜唱歌，意思理解对了，但学生不知道第二个是什么句子，有什么特点？

【基础知识】

1. 兼语句的类型

兼语句是句子中前一个动词的宾语同时又是后一动词的主语，这个成分兼有宾语和主语的功能，就叫兼语，包含兼语的句子就是兼语句。第五章章介绍了连动句，而兼语句属于连动句中的特殊类型。连动句要求句中出现两个以上谓词性成分连用，两个动词共一个施事主语，而兼语结构在谓词性成分连用的基础上要求第一个动词的受事宾语必须是第二个动词的施事主语。

兼语句常见句法形式列举如下：（我们把兼语用"O/S"表示，"Φ"表示无主语的情况）：

S_1+VP_1+O/S_2+VP_2：<u>王主任让你去一下</u>。

S_1+V+O/S_2+AP：<u>她喜欢他老实</u>、纯朴。

S_1+不/没有+VP_1+O/S_2+VP_2：孩子们<u>不让您去</u>。

S+VP_1+O/S_2+别/不要+VP_2：大家都<u>让他别去</u>，可是他还是去了。

S_1/Φ+有+O/S_2+VP：他<u>有个儿子才上小学</u>。

S_1/Φ+有+O/S_2+是……的：这里<u>有几个问题是可以解决的</u>。

S_1/Φ+有+O/S_2+NP：我们教材里<u>有一篇课文三千字</u>。

Φ+是+O/S+VP：<u>是谁把窗户打开了</u>？

兼语句还可以根据第一个动词的语义类型做如下分类：

使令：使、令、叫、让、要求、推荐、禁止

派遣：派、强迫、安排、通知

好恶：爱、恨、喜欢、讨厌、嫌、称赞、埋怨

培养：鼓励、动员、帮助

认定：选举、推选、推荐、选、认

陪同：领、带领、扶

特殊：有、无、是

2. 兼语句的特点

兼语句与连动句的区别取决于句中第一个动词是否属于兼语动词，常见能带兼语式宾语的兼语动词列举如下：

单音节：叫（教）　请　让　劝　催　派　约　使　逼　帮　找　领　带　陪　换　扶　送　认　称　祝　求　有　爱　嫌　恨　骂　怪　准（许）　选　罚　拜

双音节：命令　要求　吩咐　打发　指示　通知　招呼　鼓励　鼓动　培养　可怜　痛恨　埋怨　感谢　原谅　表扬　责备　禁止　提拔　介绍　召集　欢迎　安排　强迫　怂恿　恳求　引导　启发　组织　选举　推选

兼语句的特点可以归纳如下：

(1)兼语句 V_1 和 V_2 不是共用一个主语，因此不能分别单说。如"我叫他来"，可以说"我叫他"，但不能说"我来"，而应该是"他来"，所以兼语句底层的结构应该是"我叫他，他来"，而不是"我叫他，我来"。如：

老师请安娜朗读课文。(老师请安娜，安娜朗读课文)
大家选他当班长。(大家选他，他当班长)
我求他给我讲解。(我求他，他给我讲解)

(2)兼语句的第一个动词如果是表示称谓类的动词，后一个动词多为"做(作)、当、为、是"，从而构成相对固定的结构框架。如：

他骂我是骗子。
我们拜他为师。
我们选他当班长。
我们推选他做团委书记。

(3)兼语句的否定形式根据否定词的不同，位置也有区别。如果否定词是"不/没"，那么否定词要放在 V_1 前，对整个兼语结构否定。如果否定词是"别/不要"，否定词放在 V_1 前或放在 V_2 前，如：

我没强迫他参加这个活动。
公司不让他去国外工作。
公司让他别去国外工作。
我们别选他当班长。
她让我不要参与别人的争吵。

(4)兼语句有时容易与其他结构产生混淆。如"他通知我明天开会"和"他叫我明天开会"这两个句子前者是双宾句，后者才是兼语句。再如"我请他来吃饭"和"我知道他来吃饭"，前者是兼语句，后者是主谓词组(小句)做宾语。两者明显的区别在于停顿和拉长的地方不同。

我请他｜来吃饭。
我知道｜他来吃饭。

3. 兼语句的教学策略

兼语句在初级阶段使用并不多，因此初级阶段主要是让学生记住常见常用的兼语动词，如"叫、让、请"等。到了中级阶段可以适当根据课文中出现的"派、约、使、组织、引导"等兼语动词引导学生使用兼语句。

前面提及了兼语句与连动句的不同，兼语句是两种句法格式的套叠，在学习兼语句时可以采用句子合成转换的方法，如：

> 昨晚我看了一场电影，是小王请的客。→ 昨晚小王请我看了一场电影。
> 我设计了一个广告，是经理叫我这样做的。→ 经理叫我设计了一个广告。
> 老师："玛丽，请再朗读一遍课文。"→ 老师请玛丽再朗读一遍课文。

从上面例子可以看出，如果我们在教学过程中设计好情景和语境，把学生学过的句子加以合成转化，多加练习，学生在练习的基础上明白兼语句的结构和特点，可以达到很好的教学效果。

【案例分析】

兼语句的学习应该是在学生对连动句有了一定的了解和学习之后，案例中老师重点是想让学生学习兼语句式，从学生已有的知识入手是比较常见的方式。"玛丽站起来唱了一首歌"，句子形式是典型的连动句。表义上表达的是"玛丽先站起来，然后唱了一首歌"，连动句两个谓词性成分共用一个主语，且往往有时间先后。而"玛丽叫安娜再唱一首歌"，虽然句子也有两个谓词性成分"叫"和"唱"，但句子表达的是"玛丽叫安娜，安娜再唱一首歌"，句子后段的谓词性成分的主语发生了变化，因此这是属于兼语句的形式和结构特征的。

【思考练习】

1."麦克打开门出去了。"是连动句还是兼语句？
2."同学们选他当班长"是连动句还是兼语句？
3."虚心使人进步"是什么句式？
4."经理使小王去北京"为什么不能说？

【拓展阅读】

1. 周文华．基于语料库的外国学生兼语句习得研究．语言教学与研究，2009(3)．
2. 吴峰．难以区别的兼语句与连动句．语文教学与研究，1992(1)．
3. 游汝杰．现代汉语兼语句的句法和语义特征．汉语学习，2002(6)．
4. 田海泉．兼语句应有三种形式．语文教学与研究，1994(11)．

第四节　比较句教学

【案例导入】

生：口语里说"这孩子有我这么高了"的意思是"这孩子跟我一样高"吗？
师：两个句子都表示比较，但意思有差异。"这孩子跟我一样高"，"孩子"和

"我"身高差不多，"我"对比较的结果很肯定。"这孩子有我这么高了"，说这句话的时候是一种猜测，可能没有"我"高，也可能比"我"高一些。

那么汉语的比较句有哪些类型，各自有什么特点，"有"字比较句和"跟"字比较句有什么不同？

【基础知识】

1. 比较句的类型

比较句就是表示比较义的句子。汉语表示比较义的语法手段比较丰富，分类相对也不一。这里我们根据比较对象之间比较结果的相近程度把"比较句"主要分为差比句和等比句两大类：

（1）差比句。

代表句式是"比"字句。"比"字句主要用例如下：

> S＋比＋O＋A：北京的冬天比我们老家冷。（肯定形式）
> S＋没有＋O＋A：北京的冬天没有我们老家冷。（否定形式）
> S＋不＋比＋O＋A：北京的冬天不比我们老家冷。（否定形式）
> S＋比＋O＋（"还/更/都"）＋A：玛丽的发音比我们几个都好。
> S＋比＋O＋AP：他比我小三岁。
> S＋比＋O＋SP：他比我身体好。
> S＋比＋O＋VP：这些话比金子还有价值呢。
> S＋比＋O＋V 得＋A：我们村的西瓜比去年种得多。
> S＋VP＋比＋O＋V＋得＋A：玛丽说汉语比我说得流利。

"比"字句也可以从比较的对象角度来理解。

比较项与参照项语法地位对等，如：

> 她比我还更可怜！
> 站着似乎比坐着舒服。

比较项与参照项语法地位不对等，多是由省略造成的。如：

> 你比以前胖了。（你比以前的你胖了。）
> 他的眼睛比朱铁汉还红。（他的眼睛比朱铁汉的眼睛还红。）
> 他写的字比你好。（他写的字比你写的字好。）
> 我昨天买的苹果比今天（的）大。（我昨天买的苹果比我今天买的苹果大。）
> 他办事比我认真。（他办事比我办事认真！）

从上面例子可以看出，在一定的语言环境下，只要表意清楚，表示比较的前项与后项是可以省略某些成分的，而省略也不是完全无规律可循的，总体原则是前项的语义范围要大于后项，即被比项比参照项包含的语义信息要多。

（2）等比句。

代表句式：像/跟/和/同/与……一样/相同/一般/差不多（……）

以"一样"为例，如：

> S+跟+O+一样：这个小姑娘跟她妈妈一样。
>
> S+跟+O+一样+A/VP：小张跟我一样喜欢打乒乓球。
>
> S+V+得+跟+O+一样+A：孩子长得跟他爸爸一样高了。

2. 比较句的特点

（1）表比较义的方式很多。除上面介绍的"比"字句和"像……一样"以外，还有很多常见表示比较义的句子也很有特色。如：

用"没有"表示比较：

> S+没有+O+（那么/这么）+A：刚开始学习的时候，他的声调没有别的同学好。
>
> S+没有+O+（那么/这么）+VP：我没有他那么会下棋。
>
> S+VP+没有+O（这么/那么）+A：他翻译小说翻译得没有我们老师好。
>
> S+没有+O+VP+（这么/那么）+A：小张没有你教课教得好。
>
> S+没有+O+SP：老张没有张师傅经验丰富。

用"不如"表示比较：

> S+不如+O：晚起不如早睡。
>
> S+不如+O+……：我不如你精力那么充沛。

用"越来越……"表示比较：

> S+越来越+A/V：你真是越来越糊涂了。（与"你"的过去和现在比较来看）

（2）比较句的否定形式特征复杂

以"比"字句为例，其否定形式可以有两种"A 不比 B……"和"A 没有 B……"。两种比较句的否定义并不完全相同。如：

> 他比我高。
>
> 他不比我高。
>
> 他没有我高。

"他不比我高"既可能表示"他跟我差不多高"也可能表示"他比我矮"。而"他没有我高"只能表示"他比我矮"的意思。

（3）比较句是对人和事物某方面性质、程度异同的比较，因此比较句要注意与常见的性质形容词的关联，如"高、矮、胖、瘦、深、浅、高、低、大、小、善良、漂亮"等。此外与形容词相关的程度副词也与比较句经常一起出现，如前面提到的"还""更"等。

3. 比较句的教学策略

比较句尤其是"比"字句是初级汉语教学的重难点，留学生会出现各种各样的偏误。常见偏误如等比和差比混淆、程度副词误用、缺漏相关成分、误加相关成分、否定形式使用有误、比较项结构有误，等等。其中很大一部分原因是学习过程中由于类推造成的过度泛化引起的。面对比较句多样的表达方式，初级阶段的教学重点应该是有代表性的"比"字句，而"比"字句本身也较为复杂，因此教学过程中还是要根据难易，安排适当，分步骤分阶段强化教学。对难点如比较句中"还、更"的使用、"A（没）有 B 怎么样"中"这么、那么"的使用等细节问题应该逐步向学生讲解，不能在有限的一两次课中完成多个语法点教学任务。

【案例分析】

使用"A 跟 B 一样"的比较句式表示的是 A 和 B 在某方面程度相同，而"A 有 B 这么/那么……"是把 B 作为参照标准，用 A 去比 B，看 A 达到 B 的程度，根据 B，选择使用"这么"（近指）或"那么"（远指）。两种比较句式的语义侧重点不同，需要根据语用情况和实际用例提示学生注意。此外两种比较句式的否定形式出现的频率也有差别，实际语言使用中"A 跟 B 一样"的否定形式"A 跟 B 不一样"使用频率低于前者。而用"没有"的比较句的使用频率要远高于用"有"的比较句。

【思考练习】

1. 等比句和差比句有什么区别？

2. 赵金铭曾将汉语"比较范畴"归为"近似、等同、胜过、不及"四种语义类别，你同意吗？

3. "我喜欢吃中国饭，跟我朋友也一样"是什么偏误类型？

4. 举例说明比较句中经常出现的程度副词。

【拓展阅读】

1. 陈珺，周小兵．比较句语法项目的选择和排序．语言教学与研究，2005（2）．

2. 夏群．汉语比较句研究综述．汉语学习，2009（2）．

3. 尚平．比较句系统研究综述．语言文字应用，2006（S2）．

4. 王茂林．留学生"比"字句习得的考察．暨南大学华文学院学报，2005（3）．

第五节　"是……的"句教学

【案例导入】

星期一的课堂上老师让学生大卫站在教室前面使用上周所学的句式——"是……的"说说自己上个周末做的事情，其他学生轮流就此事提问。大卫说："我昨天去江汉路了。"其他学生依次提问，如："你(是)怎么去的?"大卫说："我坐公交车去。"还有学生问："你(是)和谁一起去的?"大卫说："我和女朋友一起去了。"

大卫的回答正确吗，"是……的"句式应该怎么用?

【基础知识】

1．"是……的"句的类型

"是……的"句式是形式上包含"是……的"格式的动词或形容词谓语句，这种句式"是"经常出现在谓语动词前，有时也出现在主语前;"的"经常出现在句尾，有时也出现在谓语动词之后，宾语之前。根据"的"的语法性质、功能和位置，可以把"是……的"分为两大类型:

(1) S‖(是)……的

"是"后强调的是动作的时间、地点、方式、工具、目的、条件、对象等。"是"让其后成分变成凸显的焦点。"是"有些情况可以省略，但"的"不能省。这一类"是……的"句式，具体有以下变式:

　　　　S‖(是)+状+V+的: 宴会是在人民大会堂举行的。(凸显的焦点是动作前的地点)
　　　　S‖(是)+状+V+O+的: 我是上星期天通知他的。(凸显的焦点是动作前的时间)
　　　　S‖(是)+状+V+的+O: 你们是怎么进的城?(凸显的焦点是动作前的方式)
　　　　S‖(是)+V+的+O: 你是坐的飞机，他是坐的火车，当然你来得比他早。(凸显的焦点是动作后的宾语)
　　　　S‖(是)+sp(主谓短语)+的: 那件事原来是他做的。(凸显的焦点是动作的施事)
　　　　S‖(是)+V+O+V+的: 他是想家想的，晚上总睡不着。(凸显的焦点在"是……的"中间的动词)

(2)S‖(是)……(的)

"是"和"的"的配合表示的是全句的语气，表达强调、肯定等语气类别。"是"和"的"在有些情况下都可以省略，省略后，句子意思基本不变，但语气会有所不同。这一类"是……的"句式，具体有以下变式:

　　　　S‖(是)+A/AP+的: 事情是千真万确的。
　　　　S‖是+能愿动词+的: 别客气，我们这样做是应该的。

S‖是+V/A+C_可+的：善意，恶意，不是猜想的，<u>是可以看得出来的</u>。

S‖是+V/VP+的：他们的利益是密切相关的。

S₁‖S₂+是+V/VP+的：这样珍贵的资料<u>他是没有的</u>。

2. "是……的"句的特点

（1）"是……的"中"是"和"的"的省略问题。

两种句型中"是"一般都可以省略，"的"大部分情况不能省略。如：

我是昨天来的。　　我昨天来的。　　＊我是昨天来。

他说的是上海话。　他说的上海话。　＊他说是上海话。

口语中经常使用"是……的"的简缩形式构成的判断句：

我请他来的。　　谁开的电灯？　　我看的郭兰英演的。

"是"可以位于句首。如：

是我请他来的。　　是谁开的电视？

（2）"的"语法性质差异。

突出焦点的"是……的"句中，"的"位于句中或句尾，属于动态助词，而表示语气的"是……的"句中，"的"只能位于句尾，属于语气词，试比较：

突出焦点：我是从西单买的这本书。（"的"位于句中，"的"前动词表示的动作已发生或完成，动态助词）

表示语气：从小是爸爸带着我玩的。（"的"位于句尾，"的"表示语气，语气词）

（3）"的"前成分差异。

突出焦点的"是……的"句"的"前一般是动词，如"我是昨天来的""这是在商场买的"，但是表语气的"是……的"句，"的"前成分比较多样，比如：

帽子是弟弟的。（名词）

他的经验是相当丰富的。（形容词）

这表示自动的。（区别词）

他们都是参观的。（动词）

这是弟弟寄来的。（主谓短语）

（4）"是……的"的否定形式。

突出焦点的"是……的"句否定时，否定词位于"是"之前，否定的是焦点部分，而表示语气的"是……的"句否定的是谓语部分，所以否定词位于谓语动词前，比如：

他<u>不</u>是开车来的。　　　　我<u>不</u>是从部队来的。我<u>不</u>是在北京出生的。
这样珍贵的东西他是<u>没有</u>的。这样做是<u>不应该</u>的。你们是<u>找不到</u>的。

3. "是……的"句的教学策略

关于"是……的"句式的教学，郑懿德（1992）认为"是汉语用以表示时态的语法点，……出现频率高，用法比较复杂，外国人误用率很高。"关于用法复杂和误用率高的原因，吕文华（2014）总结很全面：a. "是……的"句式可以出现在动词谓语句也可以出现在形容词谓语句中，可以与施事也可以与受事关联；b. "的"的功能也较为复杂，有些"是……的"句中"的"表示谓语动词所表示的动作已经发生或完成，外国人很难区别这里的"的"和已学过的"了"有什么区别，"的"的位置也很难把握。因此面对这个句式的复杂情况，教学中要更有针对性，以下几点在教学中要格外注意：

（1）指出"是……的"的两种不同语用环境。

第一类"是……的"句表达功能是凸显"是"后的信息焦点，因此这类主要用于已经发生的动作中，主要用于动词谓语句中，"的"位于句中或句尾。而第二类"是……的"句中表达的是句子肯定、确认的语气，句子不受时态限制，可以用于动词谓语句也可以用于形容词谓语句中，"的"位于句尾。此外，两者的否定形式也不同。在汉语教学中，在初级阶段教第一类"是……的"，而且只教以状语部分为焦点的句式。第二类"是……的"不同教材处理可能不同，但都稍晚于第一种类型。这种分级分类别教授"是……的"句式更有利于学生掌握和学习。

（2）"的"和"了"的混淆问题。

此类偏误主要出现在突出焦点的"是……的"句中，吕文华（2014）指出，外国人学习"是……的"句时，这类偏误率是最高的。而根据偏误分析，产生偏误的类型主要是混用、误加、误用等。如杨玉玲、吴中伟（2013）举到的偏误例子：

A：（面对面）＊你什么时候来了？
B：＊我八点来了。
A：＊你怎么来了？
B：＊我骑自行车来了。

显然上面留学生的对话中使用的"了"都应该改为"的"。为什么留学生使用"是……的"句式屡次出现把"的"误用为"了"的情况，主要原因还是对两者的区别没有完全弄清楚。动态助词"了"表示的语法意义不仅仅是完成，而且很多情况下包含新情况的出现，即从无到有的变化过程。因此说话人使用"了"时是想向听话人传达的一种全新的未知信息，而说话人用"的"，主观认定听话人对相关信息已知。前面提及"是……的"句式对"是"后的对比焦点进行凸显，那么这些焦点信息默认双方已经知晓，这点和"了"新情况的出现有很大的不同。因此，对此类偏误要通过大量对比练习强化学生的认识。

（3）宾语的位置问题。

宾语的位置问题也主要是出现在第一类"是……的"句中，而初级阶段要尽量简化教学内容，降低教学难度，因此对宾语位置的描述要尽量简单，比如口语里"是……的"句宾语位置以放在"的"后为多，因此让学生记住如果动词有宾语，宾语是名词时，常常放在"的"后面。

总结起来，"是……的"句式的教学首先要分级分类进行，初级阶段出现突出焦点的"是……的"句式时，要根据教材和实际生活中使用频率着重强化练习，此外针对学生易错的地方要增加相关练习。针对第二类"是……的"句要着重对比和第一类"是……的"句的句法、语义尤其是语用方面的差异，让学生在对比练习中理解掌握。

【案例分析】

案例中老师复习上一次课讲授的突出焦点的"是……的"句式，练习设计了相关情景帮助学生使用该句式进行口语表达。但学生使用的句子仍然出现了的问题，如"我坐公交车去"不该省去"的"；"我和女朋友一起去了"该用"的"而误用"了"。这两类问题是外国学生使用该句式经常出现的错误，因此面对这类问题，教师应该进一步强化练习，强调"的"功能以及在这类句式中不能省略"的"，此外，"的"和"了"的功能差别也要向学生讲解清楚，通过一定数量的例句对比展示两者的区别。

【思考练习】

1. "玛丽昨天回国了"和"玛丽是昨天回国的"两个句子有什么不同。

2. 两种类型的"是……的"句有什么区别。

3. 举例说明"是……的"什么情况下可以省略"的"。

4. "是……的"可以强调和凸显哪些焦点？

【拓展阅读】

1. 郑懿德．汉语语法难点释疑．北京：华语教学出版社，1992.

2. 吕文华．对外汉语教学语法讲义．北京：北京大学出版社，2014.

3. 齐沪扬，张秋杭．"是……的"句研究述评．广播电视大学学报(哲学社会科学版)，2005(4).

4. 史冠新．对外汉语教学中的句式教学研究．山东社会科学，2006(4).

第六节　存现句教学

【案例导入】

初级汉语课堂：

师：(出示图片)桌子上放着什么？

生：桌子上放着一本书。

师：这个桌子上还有别的东西吗？

生：没有，这个桌子上没有别的东西了。

师：这个桌子上是一本书。

生：这个桌子上有什么？

师：这个桌子上有一本书。

以上这些陈述句都是什么类型的句子，这几个句子的意思有差别吗？

【基础知识】

1. 存现句的类型

存现句表示某处存在、出现或消失什么人或事物，其表达功能是描写性的，对某处存在、出现或消失的人或事物进行具体的描摹。存现句可分为存在句、出现句和消失句。

（1）存在句。

存在句是存现句中使用频率最高、最典型的一类，又可以细分为以下几种：

① NP处+V+着/了+NP

这类存在句表示某处存在的事物，往往是静态的。如：

> 马路边围了很多人。
> 旁边站着一个高个子的女孩。
> 台上坐着一个人。
> 大树底下蹲着一个老头儿。

这类句式中常见动词有"坐、站、围、立、蹲、躺、睡、卧、趴、藏、住、摆、插、搁、夹、放、横、竖、跪、挤、印、刻、写、戴、挂、存、晾、贴、煮、蒸、绣、画"等。动词后多带其他成分，如"着、了、满"等。

②NP处+有/是+NP

"有"字句式是表示某个处所存在着某人或某物，是存在句最基本的句式，比如：

> 墙上有幅画。
> 教室里有30个学生。
> 桌上有一支笔。

"是"字句式一般表示某个处所的某个方向存在某物，比如：

> 门前是一片绿地。
> 学校的北边是医院。
> 大楼后面是一条河。

（2）出现句、消失句。

这类存在句表示某处出现或消失的事物，往往是动态的，其结构为：

$$NP_{处}+V+了/C_{趋}+NP（出现或消失的事物）$$

其中表示"出现"语义类别的使用频率较高，表示"消失"的使用频率相对较低。如：

> 对面走过来一个人。
> 隔壁搬来了一对夫妻。
> 村里发生了一件离奇的事情。
> 天边出现了一道彩虹。
> 胡同里死了一个人。

这类存在句的谓语动词一般为不及物动词，而且大多数与人或物的移动有关，如"走、来、搬、死、生、出现、发生"等。动词后也往往有其他成分，如"了""趋向补语"等。

2. 存现句的特点

存现句这类句式主要用于书面语体，总结起来有以下特点需要注意：

（1）主语部分的处所词语，常见的形式是"名词+方位词"，也可以是方位词或者是表示处所的名词（如"附近、门口、学校、商店、宿舍"）或指示代词。处所词语前边也可以有"在"，但是这种情况比较少。如：

> 在遥远的树林里，住着一户人家。

（2）否定和提问不用"不"而用"没有"或"没"。如：

> 否定：台上坐着一个人。→ 台上没/没有坐人。
> 提问：台上坐人了没/没有？

（3）动词多带有其他成分，经常带"着"（有的必须带"着"），也可以带"了"，或者都不带。需要说明的是存现句式动词带"着"是基本形式。因为存现句是表示事物持续存在状态的，用"着"来体现最为合适。

（4）动词后面的名词宾语多包含数量词，这些数量短语往往是不定的。少数情况不含数量词，如"柜台前面挤满了人"等。名词宾语包含数量词的如：

> 床上躺着一个人。
> 树下正躲避着几位公务人员。
> 桌子上放着一本书。

（5）施事和受事一律位于动词后。

存在句式中出现的名词性成分的语义角色主语是表示处所的，宾语可以表示施事"桌子前边坐着一位画家"，也可以表示受事"桌子上边铺着一张纸"。存在句中名词的"施事"和"受事"与一般动词谓语句不同，它们的语法作用不那么重要，都位于句子后段。

（6）存在句中动词有静态和动态两个观察角度。

汉语的动词有的只有静态或动态功能，有的既有动态功能也有静态功能。如：

> 屋里住着一位老太太。（只有静态功能）
> 门口挂着灯笼。（既有静态也有动态功能，两可）
> 窗外飘着一朵白云。（只有动态功能）

以"门口挂着灯笼"为例，动词的静态和动态功能可以变换为不同句式：

> 门口挂着灯笼。　→　灯笼挂在门口。
> 门口挂着灯笼。　→　门口正挂灯笼呢。

3. 存现句的教学策略

根据学者们对存在句偏误的相关研究，学生对存现句往往采取回避的策略。吕文华（2014）指出"在存现句教学中，存在着这样的困惑：如何分析这个句式？教学中要不要以及如何交代句首的处所词是什么成分？"这两个问题指出了存现句教学中需要着重关注的问题。关于该句式，陆俭明（2009）提出了"构式—语块"的教学法。他建议在存现句的教学中可以通过大量例句和练习来完成。

存现句在初级阶段就有涉及，因此对该句式应该采用分段教学的方式。初级阶段，只选择常见常用的"V+着"和"有"字句两种。通过模仿和不断操练加深学生对该句式的认识。需要向学生强调的有几点：

（1）存现句的几块组成部分不能随意更换位置，一定是"存在的处所+有/V着+存在物"。

（2）存现句的句首一定是处所词语，不能是别的语义类别，而且处所词语前不能加"在"。

（3）存现句的宾语往往是未知的、不确定的人或事物。

至于教学手段，初级阶段可以多采用图片法或情景举例法。图片法可以出示一张房间布置图，让学生说明房间有什么，引导学生跟自己一起说。情景举例法可以提前让学生为自己的房间拍照，或选用自己喜欢的房间布局图，上课时展示照片并套用存现句句法格式来介绍。

【案例分析】

"桌子上放着一本书""桌子上有一本书""桌子上是一本书"这三句均属于存现句，是存现句的不同下位句式。尽管这三个句子都表示某处存在某人或某物，但在表义上还是略有区别。"桌子上是一本书"表示"桌子上只有书这么一种东西"，而"桌子上有一本书"和"桌子上放着一本书"可能桌子上还有其他的东西。

至于"桌子上有一本书"和"桌子上放着一本书"的区别在于前者凸显"书"在"桌子上"的静态的存在，而后者还有凸显"放"这个动作的意味，即"桌上的书"是某个人"放"了之后存在的。

【思考练习】

1. 请设计一张地图，使用存在句式介绍说明学校的各主要建筑的具体位置。
2. 请说明为什么存在句中动词后面必须要有其他成分。
3. 说明"许多年轻人躺着在草地上"错误的原因。
4. 举例说明存在句中动词的静态和动态功能。

【拓展阅读】

1. 陈建民．现代汉语句型论．北京：语文出版社，1986.
2. 陆俭明．构式与意象图式．北京大学学报(哲学社会科学版)，2009(3).
3. 储泽祥等．汉语存在句的历史性考察．古汉语研究，1997(4).
4. 戴耀晶．现代汉语表示持续体的"着"的语义分析．语言教学与研究，1991(2).

第七节　把字句教学

【案例导入】

把字句的结构、语义复杂，是对外汉语教学中公认的难点。学生往往不清楚把字句的使用条件，结果不该用把字句而用了，如"＊他把书看得很仔细""他把汉语学得很认真"，或者该用把字句却没用，如"＊我放手机在车里""＊我搬桌子到楼上"。外国学生在使用把字句时，在结构方面也常常出错，造出如下的句子："＊我把他忘。""＊我把作业没做完。""＊他把钥匙找不到了。"学习者为什么会出现如上错误，把字句有何结构、语义特点，教学中该如何处理呢？

【基础知识】

1. 把字句的类型

把字句结构形式复杂，这是由其语义的复杂造成的，因此我们可以从语义入手对其进行分类，归纳出与之呼应的结构类型。吕文华(1994)通过对 1094 个把字句的考查，将把字句语义类型分为六大类：

(1) 表示某确定事物因动作而发生位置移动或关系转移。

句式：S+把+N1+V(在/到/给)+N2

①我把妹妹送到火车站。

②老师把书放在桌子上。

③他把捡到的钱交给警察。

以上句子无法转换为主动宾格式的句子(如不能说"我送妹妹到火车站""老师放书在桌子上""我交捡到的钱给警察"),表达这种语义类型时必须使用把字句。

(2)表示某确定的事物因动作而发生某种变化,产生了某种结果。

句式:S + 把+ N + 补语 (结果补语、趋向补语、状态补语)

①我把瓶子打破了。

②请你把书递过来。

③他把房间打扫得干干净净。

以上动词后有的尽管带的是趋向补语或状态补语,但仍然表示动作产生的结果意义,如"递"的结果是"过来","打扫"的结果是"干干净净"。

(3)表示动作与某确定事物发生联系,或以某种方式发生联系。

句式1:S+把+N+V+(一/了)+V

①你把你的意见说(一)说。

②(请)你把这儿的情况介绍介绍吧。

③他把钱数了数才放进口袋。

句式2:S + 把 + N + V着

①由于害怕,她把两眼紧闭着。

②要下雨了,你把雨伞带着。

句式3:S + 把+ N + 一 V

①他把大衣一穿,帽子一戴,走了出去。

②班长把手一挥,"出发!"

句式4:S + 把 + N + A V (A —动词前的修饰语)

①你别把东西乱扔。

②他把床铺略加收拾就躺下了。

句式5:S + 把 + N + V + M (动作的频率)

①他把这道题研究了好几遍。

②你把作业再检查一遍

以上句式主要表示事物与动作发生联系，描写动作与事物发生联系的方式，并不表示结果。

（4）把某确定的事物认同为另一事物，或通过动作使某事物变化为在性质、特征上有等同关系的另一事物。

句式：S +把+ Nl + V 成/作+ N2

①老师把我们当成自己的孩子。

②他恨不得把八小时变成十六小时来使。

③几个人把这个厂搞成了一朵花。

以上句子中 N1 和 N2 在某个方面有等同关系，这种语义类型必须用把字句。

（5）表示不如意。

句式：S+把+N+（给）+动+了

①我把学过的生词都忘了。

②大风把柱子刮倒了。

③你这一问还真把我给问住了。

动词后带"了"的句子都有去除的意思。多数动词有违愿义，表示不如意的色彩。

（6）有致使义的把字句。

句式：S + 把+ N + V +其他

①他把这马累得浑身大汗。

②今天把我冻得直打哆嗦。

③这事把小王愁得吃不好睡不好。

绝大多数把字句的主语是人或生物体，如例①例②。非生物体充任的主语一般是事件或自然现象和机械动力类，S 是 N 发生变化的致因，如例③。

2. 把字句的特点

把字句的基本结构是：主语+把+宾语+动词+其他成分，而且对句中的宾语、动词和其他成分都有一些特别的要求，一般来说有以下几个特点：

（1）"把"后动词不能是简单动词，如不能说"我把他忘""你把衣服洗"，必须是

① 动词+了/着，如"我把他忘了""你把伞带着"等。

② 动词重叠，如"你把他的情况说说""你把这个问题再研究研究"等。

③ 动词前有"一"，如"他把手一挥""他把袖子一卷"等。

④ 动词后有补语，如"我把书撕破了""把这个字抄十遍"等。

（2）非动作性动词不可以充当把字句的谓语动词，主要包括：

①心理活动动词：希望、同意、赞成、愿意、主张、喜欢、讨厌、担心、生气、害怕、相信、认为。

②认知、感觉类动词：知道、明白、懂得、记住、忘记、感到、看见、听见、认出。

③表示存在、等同的动词：有、在、是、叫、像、姓、当。

④表示身体状态的动词：站、坐、躺、跪、趴。

⑤趋向动词：上、下、下去。

非动作性动词表示的动作不能使涉及的对象发生变化，比如"看见"无法使"那个人"发生变化，而把字句的基本语法意义是"处置"，即动词表示的动作要使宾语发生某种变化，因此非动作性动词不可以在把字句中充当谓语。

（3）把字句的宾语应该是确定的。

"把"的宾语在意念上一般是有定的、已知的人或事物，因此宾语前常有"这、那"一类的修饰语，如"我把那个盒子扔了""把这杯水喝了"。我们也可以说"把水喝了"，此时虽然没有表示确指的定语，但听说双方都知道是什么水。但不能说"＊我把一些水喝了"，因为"一些水"是不确定的事物，不能作为把字句的宾语。

（4）可能补语不能用于把字句。

可能补语表示一种可能，并不是动作的结果，而把字句的基本语法意义是某一动作对某一事物造成某种确定的结果或影响，两者相矛盾，因此可能补语不能用于把字句，如不能说"＊我把衣服洗不干净""＊我把文章看得懂""＊他把门打不开"等。

（5）能愿动词、否定副词和时间词语应放在"把"的前面，如：

> 我没把蛋糕吃完。　　＊我把蛋糕没吃完。
>
> 我能把蛋糕吃完。　　＊我把蛋糕能吃完。
>
> 我明天把蛋糕吃完。　　＊我把蛋糕明天吃完。

由于一般情况下，汉语的能愿动词、否定副词和时间词语都是位于动词之前，因此外国学生在使用把字句时往往过度类推，此时教师可用下面的格式加以强调：S ＋ 否定词/时间词语/助动词+把 +NP+V + 其他成分。

3. 把字句的教学策略

把字句的语义、结构复杂，不能一股脑儿教给学生，应该循序渐进，分等级贯穿初中高级教学全过程。吕文华（2014）指出，在初级阶段，只教给学生把字句绝大多数的基本形式及其表达的基本语义，以满足外国学生的基本表达需要，到中高级阶段可以拓宽、深化把字句的教学内容。

教师在教学中应将句法、语义和语用结合起来，具体做法可以"把"字句的语义类型为纲，给出相应的句型，介绍语义背景，即从语义分析入手结合结构和语用分析。我们可将把字句的教学内容按不同教学阶段分配如下：

（1）初级阶段教学内容。

句式 1：S+把+N1+V（在/到/给）+N2

结构特征：把字句的基本式，必须用把字句。

表达语义：表示某确定事物因动作而发生位置移动或关系转移。

语用背景：主要用于表目的意义的语言背景中。

例句：

　　①老师把地图挂在墙上，给我们介绍中国地理。
　　②你把桌子搬到外面，我打扫一下房间。

句式 2：S+把+N+V+补语

结构特征：把字句的一般常用式，能变换成主谓宾句。

表达语义：表示某确定事物因动作发生变化，产生结果。

语用背景：主要用于表目的意义的语言背景中。

例句：

　　①我把门、窗都打开了，让空气流通一下。
　　②下午有客人来，你把屋子打扫干净。

以上两种把字句约占把字句的 80%（吕文华，1994），代表了把字句所表达的最常用的意义和用法，基本能满足初学者的交际需要。

（2）中级阶段教学内容。

句式 1：S+把+N+V+着

　　　　S+把+N+V+（一/了）+V

结构特征：能转换成主谓宾

表达语义：表示动作与某事物发生或以某种方式发生联系

语用背景：描写动作的方式或量，引发出动作目的。

例句：

　　①你把眼睛闭着，先别睁开。
　　②你把具体情况说一说。

句式 2：S+把+N1+V（成/作）+N2

结构特征：把字句基本式，必须用。

表达语义：认同或等同。

语用背景：用于主观判断，常独立运用。

例句：

　　①我们把老师当作父亲。
　　②他们把工厂变成了游乐园。

（3）高级阶段教学内容。
句式：S+把+N+V+了
　　　S+把+N+给+V+其他
结构特征：可转换为主谓宾。
表达语义：表示不如意的意义。
语用背景：说话人主观上认定"把"的宾语是受损者（与违愿、丧失义的动词相关）
例句：

　　①我把钱包丢了。
　　②我把他给骂了一顿。

【案例分析】
　　本案例中，学生造出错句的原因在于不清楚把字句使用的条件及特点。如上所述，汉语中有两种情况是必须使用把字句的：一是表示某事物因动作而产生位移；二是表达将某事物认同或等同为另一事物。故而"﹡我放手机在车里"这类表达物体位移的句子应改为"我把手机放在车里"。此外，如果谓语动词不能使事物发生一定的变化那么就不能使用把字句，比如"仔细""认真"等非动作性动词都表示主语在做某个动作时的状态，而不表示宾语的变化，因此就不能说"﹡他把书看得很仔细"。案例中的其他错句都跟把字句的结构特点有关，如谓语不能是光杆动词（﹡我把他忘）、否定词应位于"把"之前（﹡我把作业没做完），可能补语不能充当把字句的补语（﹡他把钥匙找不到了）等。
　　另外，有些把字句虽然能转换为主动宾句，比如"我把杯子打碎了"可转换为"我打碎了杯子"，但是两者其实是有区别的。但教学中常常会让学生做这种转换练习，导致学生以为两者没什么差别，从而回避使用把字句。把字句和主动宾句表义上的不同在于：
　　①主动宾句是叙述主语做了什么事，而把字句强调对"把"的宾语怎么样，重点在宾语受了什么影响、发生了什么变化，所以句子的焦点不同。比如：

　　　我吃了一个汉堡，（不饿了。）
　　　我把汉堡吃了，（你再买一个吧。）

　　②主动宾句的宾语不是特定的，而把字句的宾语是特定的，比如：

　　　我喝了一杯水。（不知道是哪杯水）
　　　我把这杯水喝了。（知道是哪杯水）

　　③把字句中受事是完全被影响的。比如：

　　　　他骗了我，可是我没上当。

　　　　*他把我骗了，可是我没上当。

【思考练习】

　　1. 把字句的使用条件是什么？

　　2. 把字句的结构特点有哪些？

　　3. 把字句的不同语义类型是怎么演变的？

　　4. 请你设计一份把字句的教案。

【拓展阅读】

　　1. 吕文华. 把字句的语义类型. 汉语学习，1994(4).

　　2. 张伯江. 论"把"字句的句式语义. 语言研究，2000(1).

　　3. 张旺熹. "把字结构"的语义及其语用分析. 语言教学与研究，1991(3).

　　4. 施春宏. 从句式群看"把"字句及相关句式的语法意义. 世界汉语教学，2010(3).

第八节　被字句教学

【案例导入】

　　　　被字句是汉语中重要而富有特色的句式之一，也是教学的难点。外国学生往往把被字句和被动句等同起来，把所有主语是受事的句子加上"被"，如"*衣服被洗完了""*信被写好了"，造成被字句的过度使用。此外，由于对被字句的结构特点不清楚，也会产生如下错句：*小时候我经常被挨打。*他的手机弄坏了被同屋。*昨天他被车撞。*我的杯子被他破了。*我的自行车被他修不好。*一本书被我看完了。

　　　　以上偏误句的原因是什么，体现了被字句的什么特点，被字句应该怎么教呢？

【基础知识】

　　1. 被字句与被动句

　　被动句是指主语是受事的主谓句，在许多语言中都存在。英语、俄语、韩语等语言的被动句有专门表示被动的标记。汉语的被动句除了有标记的"被"字句外还有三种形式：

　　(1)意义上的被动句，如：新校舍建好了。

　　(2)由字句，如：这事由老板决定。

　　(3)主语是受事，强调施事的"是……的"句，如：

　　　　这些便利都是老王带来的。

　　其中，使用频率最高的是意义上的被动句，这类句子不能使用形式标记"被"。

汉语的被字句和意义上的被动句有什么区别呢？吕文华(2014)总结了以下两点：

首先，在句法条件上，被字句的主语既可以是生命体也可以是非生命体，必须用"被"标志，和动词是受动关系(不用"被"就成了主动句)，而且用"被"引出施事。意义上的被动句的主语一般是非生命体，施事不出现，由于主语是受事，自然构成被动句，不必也不能用"被"。

其次，被字句有遭受义，有不如意的负面色彩，而意义上的被动句则是中性的，没有遭受义和不如意的色彩。试比较：

　　　　①他被朋友骗了。
　　　　②他被狗咬了。
　　　　③作业做完了。
　　　　④饭菜准备好了。

前两例是被字句，有不如意的色彩，后两例是意义上的被动句，主语为非生命体，没有遭受和不如意的色彩。

2. 被字句的特点

被字句的基本结构是 N1+被(叫、让)+N2+V+C，与把字句一样，被字句对其构成成分也有一些特殊的要求。杨玉玲、吴中伟(2013)总结了如下几个特点：

(1)谓语动词一般是及物动词。被字句的主语是受事，所以谓语动词一般要求是及物动词，形容词和不及物动词都不能带受事宾语，因此一般也不能充当被字句的谓语，比如：

　　　　①＊他女儿被哭了。
　　　　②＊我的书被他破了。

有些动词，如"上当、挨打、受伤、受骗、入迷"等本身已经包含被动的意味，不能用于被字句，比如：

　　　　①＊我被坏人上当了。
　　　　②＊孩子不听话，被妈妈挨打了。

与"把"字句相比，"被"字句所能容许的动词的范围要宽。

　　这件事很快就被他知道了。　　＊他很快把这件事知道了。
　　他随地吐痰，正好被我看见了。　＊我把他随地吐痰看见了。

(2)光杆动词一般不能单独充当被字句的谓语。被字句表示受事主语所受的影响，因此谓语动词后要体现这种影响所产生的结果，即谓语动词后一般有表示完成或结果的词语，如助词"了、过"，或者带补语，比如：

> ＊瓶子被他摔。　瓶子被他摔了。
> ＊书被他撕。　　书被他撕破了。

(3)被字句的主语应该是确指的，如：

> 那个手机被我扔了。　　＊一个手机被我扔了。
> 那个人被打了。　　　　＊一个人被打了。

(4)可能补语不能用于被字句。可能补语只表示产生某种结果的可能性，与被字句要求谓语动词的结果是确定的相矛盾，因此不能用于被字句，如：

> ＊他的手机被他找得到。
> ＊这样的学生被老师教育不好。

(5)能愿动词、否定副词、时间词语等只能放在"被"之前，不能放在之后，如：

> 他应该被老师批评。　　＊他被老师应该批评。
> 我没被他看见。　　　　＊我被他没看见。
> 我的书昨天被小王借走了。　　＊我的书被小王昨天借走了。

3. 被字句的教学策略

吕文华(2014)指出，"把"字句在教学和教材中的处理存在两个问题：一是重形式、轻功能，二是没有把意义上的被动句和"被"字句鲜明有效地区别开来，导致被字句的泛用。

针对以上两个问题，我们认为教授被字句时首先要突出被字句的功能，即应该向学生强调，被字句一般具有遭受及不如意的色彩。在操练时选择带有遭遇性质和贬损意义的动词给学生练习，例如：

> 被撕坏　被摔碎　被开除　被批评　被消灭　被打败　被打伤

通过大量带负面色彩的被字句的练习使学生对被字句表达不如意、不愉快的色彩建立起深刻印象，同时让学生熟悉、理解和储备可用的动词、动词词组和句子，为自由表达和交际打下基础。到中高级阶段后，可向学生介绍一些表达中性意义甚至是积极意义的被字句，如"他被派到国外工作""他被授予劳动模范奖章"等。

其次，要向学生强调被字句和意义上的被动句的区别，以防学生把所有的被动句都用被字句来表示。教师应告诉学生，如果句子的主语是非生命体，句子叙述该事物发生的变化，且没有不如意的色彩，句子被动意味较弱，那么就应该用意义上的被动句表示，格式为 N+V+C，比如：

> 作业做好了。
> 门打开了。
> 病治好了。
> 茶喝完了。

【案例分析】

本案例中，外国学生对被字句的过度使用是因为不了解汉语还存在意义上的被动句。在英语等许多语言中，被动句有明确的形式标记，即动词要用过去分词形式，比如：

> The homework is done. 作业做好了。　　＊作业被做好了。
> The clothe is washed. 衣服洗好了。　　＊衣服被洗好了。
> The letter is written. 信写好了。　　　＊信被写好了。

上述英文翻译成汉语都不能使用被字句，而应该用意义上的被动句表示。比如下述句子：(1)＊小时候我经常被挨打。(2)＊他的手机弄坏了被同屋。(3)＊昨天他被车撞。(4)＊我的杯子被他破了。(5)＊我的自行车被他修不好。(6)＊一本书被我看完了。错误在于：(1)"挨打"本身已经包含被动的意味，不能用于被字句。(2)施事的位置应在谓语动词前。(3)动词后缺少补语。(4)"破"是形容词，被字句中的应该是及物动词。(5)可能补语不能用于被字句。(6)被字句的主语是确指的。

【思考练习】

1. 被字句和被动句的区别是什么？
2. 有些句子用不用"被"都能表示被动，如"逃犯被抓住了"和"逃犯抓住了""营业执照被吊销了"和"营业执照吊销了"，这类句子有什么特点？
3. 哪些英语被动句可以翻译成汉语的被字句？
4. 请你设计一个被字句的教案。

【拓展阅读】

1. 祖人植．"被"字句表义特性分析．汉语学习，1997(3).
2. 范晓．被字句谓语动词的语义特征．长江学术，2006(2).
3. 陆俭明．有关被动句的几个问题．汉语学报，2004(2).
4. 高顺全．试论被字句的教学．暨南大学华文学院学报，2001(1).

第七章　汉语句型教学

第一节　名词谓语句教学

【案例导入】

　　王永这个学期给班上的同学讲名词谓语句，上课时他举了这些例子："王老师北京人""今天星期三""妈妈五十岁了"，然后告诉同学们名词谓语句是名词或者名词短语直接作谓语的句子，接着王永安排同学们自己仿照例句造句，有同学能造出正确的名词谓语句，但也有同学们造出了"他我的朋友""今天我的生日""昨天很好的天气"这样的句子。王永意识到，要想让学生掌握名词谓语句，仅仅告诉他们名词谓语句是名词或名词短语直接作谓语的句子是不够的，因为不是全部的名词和名词短语都能作谓语，因此教学时还需要将名词谓语句的使用条件讲清楚，那么名词谓语句的使用有哪些限制呢？

【基础知识】

　　谓语是一个句子中对主语进行陈述的部分，汉语中的谓语除了由动词充当之外，形容词、名词、疑问代词、主谓词组、数量词组等也都可充当谓语。由这些成分构成的形容词谓语句、名词谓语句和主谓谓语句是汉语句子结构上比较特殊的一类，也是留学生语法学习和语法教学的难点。

　　1. 名词谓语句的类型

　　汉语中的名词谓语句主要可分为以下几类：

　　(1) 单个名词构成的名词谓语句，如：

　　　　今天星期三。
　　　　今天五月初一。
　　　　明天中秋节。
　　　　刚才还晴天呢，现在又阴天了。

　　这类句子的出现频率很低，仅限于说明日期和天气的句子，此时谓语表达的是对主语的判断。

（2）名词性词组作谓语，例如：

张老师北京人。
老王慢性子。
那个姑娘长长的头发、大眼睛、樱桃小嘴。

（3）数量词组作谓语，例如：

妈妈五十岁了。
这套沙发两千块钱。
一年三百六十五天。

数量词组作谓语的句子出现频率很高，主要是说明与主语有关的数量，如年龄、身高、体重、价钱等。

2. 名词谓语句的语义

目前学界对于名词谓语句表示怎样的意义，仍然处在讨论中。

20 世纪 80 年代，赵元任（1980）指出名词谓语句的谓语可以：①代表主语所隶属的一个类，如"他太太美国人"表示"他太太"是"美国人"类的一员；②提起对事物存在或程度的注意，如"屋里许多蚊子"的意思是"屋里有许多蚊子"；③表示一个过程或事件的情形，如"昨儿夜里起大风"。

有学者进一步分析了名词谓语句中两个名词 NP1 和 NP2 之间的语义关系，将其分为以下几种情况（周日安，1994）：

（1）同一关系。或者 NP1、NP2 从不同的角度同指一事物，或者 NP1 是 NP2 这个集合中的一个元素，如"培根英国人"。

（2）相属关系。NP2 是 NP1 的组成部分，或者 NP2 为 NP1 所占有，如"这张桌子三条腿"，"腿"是"桌子"的组成部分，两者是相属关系。"桌子"的语义中，含"有腿的"这样的义素。

（3）空间关系。即存现关系，表示某人、某物存在于某地，反映两个体词间的空间位置，如"山下面一片山谷盆地。盆地中一个村庄，村庄里的小广场上一片红旗"，NP1"山"后面带有方位名词"下面"，方位名词的参与，使体词间的空间位置清晰地反映出来，从而使并列关系转为主谓关系。

（4）时间关系。指的是某事物在时间上延伸、持续的长度，这类句子，一般 NP1 是代表事物的名词，NP2 是表示时段的结构，由数量结构加时间名词构成，例如："经济半小时"，"半小时"表示"经济"这种电视节目持续的时间长度。

（5）比分关系。是比较、对比、比值、分配等各种关系的总称，这类句子最主要特点是：两个体词前面都有数量结构修饰，数的比例关系改变了体词的并列关系，使之成为主谓关系，如"两个人一间房"。

（6）量化关系。此时 NP2 是个重叠的量词，从量上对 NP1 进行陈述与描写，例如"这里，螺号阵阵，渔歌声声，近近远远，红旗飘飘，白帆点点"。

但是，从语言事实来看，名词谓语中 NP1 和 NP2 之间的语义关系并非以上六类就能概括的，例如"那人最小心眼"，NP2"最小心眼"是对 NP1"那人"特征（品质）的描述，"老张癌症晚期了"中 NP2"癌症晚期"则是对 NP1"老张"的陈述。

3. 名词谓语句的教学

名词谓语句教学时要注意帮助学生理清 NP1 和 NP2 之间的关系，并且需要强调 NP1 和 NP2 排列的有序性，尤其是对那些有同一关系的名词谓语句，如"昨天五号"。否则，学生有可能将 NP1 和 NP2 颠倒，造出诸如"＊星期一明天"的句子。

实际上，除了那些 NP1、NP2 在指称功能和陈述功能上等值的句子中两者可以自由颠倒外，如"一斤五块钱"可以颠倒为"五块钱一斤"，"国庆节星期一"也可以是"星期一国庆节"，大部分体词谓语句中 NP1 和 NP2 是不能自由颠倒的。

那么 NP1 和 NP2 在语序上有何规则呢？

项开喜（2001）归纳了其中的几条规则，包括：定指成分在前，非定指成分在后；周遍义成分在前，非周遍义成分在后；相对时间词在前，绝对时间词在后；属概念在前，种概念在后；整体范畴在前，部分范畴在后；实体义在前，抽象义、比喻义、象征义名词在后。

我们利用以上这些规则就可以对学生的偏误进行解释，例如为什么不能说"星期一明天"呢？是因为"明天"是相对时间词，在话语中一般是作为已知信息引入的，"明天"就是说话人所处时间的下一天，而"星期一"是绝对时间词，在名词谓语句中，绝对时间词要放在相对时间词的后面，所以我们只能说"明天星期一"，而不能说"星期一明天"。

【案例分析】

汉语中并非每一个名词都能充当谓语，因此我们在教名词谓语句时应该告诉学生名词谓语句的主语和谓语间是存在一定选择性的。

（1）主语是一般的时间名词，谓语是表示日期、时间、节令、天气等的时间名词，或者主语和谓语都是处所名词。如"今天星期三""明天晴天"中主语"今天"和"明天"都是时间名词（相对时间词），"星期三"（绝对时间词）是表示日期的时间名词，"晴天"是表天气的时间名词。

案例中，学生的偏误句"今天我的生日"和"昨天很好的天气"，主语都是时间名词，但是"我的生日""很好的天气"属于普通名词短语，因此不能充当谓语。

（2）主语是人名或代词，谓语表示职务、性格、籍贯、单位等。如"张芳已经教授了""你北京人吧？"此时除了在对举语境外，普通名词一般不能直接作谓语，如我们不能直接说"张三高个子"，但可以说"张三高个子，李四矮个子"。

案例中"他我的朋友"之所以不正确，是因为"我的朋友"只是普通名词，并不表示职务、性格、籍贯或者单位，不过如果说"他我的朋友，她李四的朋友"就能成立了。

（3）谓语是对主语的注释，如"郑州河南的省会""他经济学博士"。

（4）谓语描写主语的状况、特征或属性，谓语是描写性的形名组合或者带数量词的名词短语，如"她大眼睛黄头发""桌前三把小沙发和一个矮茶几"。

（5）谓语表明主语的类属，通常用"的"字短语，如"他文化部的，搞创作的""我们的电视十九寸的"。

【思考练习】

1. 你认为名词谓语句中 NP1 和 NP2 应该如何归纳？除了本文列出的周日安（1994）的分类方法，对于对外汉语教学来说，是否还有更简单、高效的分类方式？

2. 有些体词谓语句的性质不太容易确定，例如"小孩肝炎，他妈肺病"，"山那边一片树林"，"那家伙一把络腮胡子"等，这些句子都既可以把主语体词理解为转指，如"小孩"转指"小孩的病"，"山那边"则是处所转指物体，也可以理解为省略了"是"或"有"，你如何看待这两种不同的理解？

3. 选择一套对外汉语教材，看看它对名词谓语句的教学设计是否合理，并提出改进建议。

4. 请为名词谓语句的教学设计一套教案。

【拓展阅读】

1. 周日安．体词谓语句的分类．赣南师专学报，1994（1）.
2. 项开喜．体词谓语句的功能透视．汉语学习，2001（1）.
3. 赵元任．中国话的文法．香港：香港中文大学出版社，1980.
4. 王红旗．体词谓语句的范围和语法形式．汉语学习，2016（2）.

第二节　主谓谓语句教学

【案例导入】

　　王永这周给学生讲主谓谓语句，课本上对主谓谓语句的解释是"主谓谓语句是由主谓短语充当谓语的句子。一般情况下，表示人或事物的第二个主语是全句主语（主语1）的一个组成部分"，给出的例句是"马大为头疼""他全身都不舒服""你身体好吗""今天天气冷不冷"。课上有同学提出了这样一个问题"主谓谓语句的两个主语之间是省略了'的'吗？比如'马大为头疼'也可以说成'马大为的头疼'，'今天天气很好'也可以说成'今天的天气很好'"。王永觉得学生说的有道理，但又不太全面，他决定下课后查查资料再回答学生。

【基础知识】

汉语句子中的谓语，除了可以由动词性成分、形容词性成分和名词性成分充当外，还可以由主谓短语充当。主谓短语充当谓语的句子就是主谓谓语句，主谓谓语句是现代汉语中的特有的句式之一。

1. 主谓谓语句的类型

主谓谓语句到底包括几类，学界目前还没有统一的看法，被公认的比较典型的主谓谓语句主要包括以下几种：

（1）大主语 S1 或小主语 S2 分别是谓语 VP 的施事、受事，即"施事+受事+VP"，或"受事+施事+VP"，如：

>　　这个字我认识。（受事+施事+VP）
>　　我衣服洗了。（施事+受事+VP）

（2）小主语 S2 表示大主语 S1 所表示的事物的一部分，或者大主语 S1 和小主语 S2 之间是领属关系如：

>　　她眼睛很大，鼻子小巧。
>　　我身体很健康。

（3）大主语 S1 表示谓语 VP 关涉的对象，如：

>　　中草药他很有研究。
>　　那个人我跟他一起喝过酒。

（4）大主语 S1 表示处所，小主语 S2 可以是 VP 的施事或者受事，如：

>　　颐和园妈妈去过了。（处所+施事+VP）
>　　上海房子卖疯了。（处所+受事+VP）

除此之外，主谓谓语句还包括"工具+施事/受事+VP"，如"这把刀李师傅切过肉""这根针棉袄缝不了"，"材料+施事+VP"，如"黄瓜张师傅做菜了"，"S1 或 S2 是表周遍性的名词短语"，如"什么活儿我们都干"，"我们什么活儿都干"。

2. 时间词能否作主语

汉语中有些形似"主谓谓语句"的性质不好判定，例如"时间词+施事+VP"结构的句子，如"下午我们开会""明天天气不好"中的时间词"下午""明天"是属于主谓谓语句中的大主语呢？还是句首状语呢？

对于时间词能否作主语，有不同的说法：

一种说法认为大主语是全句的话题，这样主谓短语前的时间词也有作主语的可能，例如赵元任（1979）就把"今儿天好"中的"今儿"看作大主语，他认为"如果把主语理解为主动者，那么上述分析（指把'今儿'分析成主语，编者注）确是荒唐。但如把主语理解为话题，是给说话布置场地的，那么，正是这种词序的不同表示说话人的注意点不同"。

另一种说法则认为话题虽然在很多情况下与主语重合，但二者并非同一概念，不能用话题代替主语，两者最明显的区别，就是话题可以游离于句子结构之外，如"这件事，中国人民的经验是太多了"中，"这件事"就是话题而不是主语（宋玉柱，1991），因此宋玉柱主张时间词能否作主语，应根据具体情况而定，"今天天气很好""早晨空气新鲜"中的"今天"和"早晨"应该看作主语，因为它们只能出现在句首，不能出现在句中，而在"今天我去北京""明天校长来视察"这样的句子中时间词只能算作状语，因为它们既可出现在句首，又可出现在句中，例如"今天我去北京"又能说成"我今天去北京"。

3. 大小主语的换位

主谓谓语句中大、小主语有些是可以换位的，范继淹(1984)很早就研究过这一问题，他认为"施事+受事+VP""处所+施事+VP"一般有对应的"受事+施事+VP""施事+处所+VP"，而"受事+施事+VP"不一定有对应的"施事+受事+VP"，"处所1+处所2+VP""工具+施事+VP"没有对应的"处所2+处所1+VP""施事+工具+VP"，"系事+施事+VP"一般没有对应的"施事+系事+VP"。后来孟琮(1988)、陈平(1994，2004)等相继进一步研究过这个问题，总的来说，从大、小主语的语义关系来看，它们之间能否互换位置的规律大致如下(杨德峰，2012)：

(1)当大主语为处所时，若小主语为受事，大小主语可以换位，但换位后多用于对比，如：

①北京房子卖疯了。→房子北京卖疯了。

例①中"房子北京卖疯了"一般不能单说，可以出现在对比的语境中如"房子北京卖疯了，汽车却无人问津"。

若小主语为处所，大小主语不能换位，如：

②王府井动物园坐103路。→＊动物园王府井坐103路

本句大、小主语换位后，原句中的终点"王府井"就变成了起点，原句中的起点"动物园"则变成了终点，句子的语义发生了变化，因此换位是不成立的。

若小主语为施事，当表处所的大主语为谓语动词的非必有论元时，大小主语不能换位，当它为谓语动词的必有论元时，大小主语可以换位，但常用于对比，如：

③花园里妈妈种了一些菜。→＊妈妈花园里种了一些菜。
④颐和园他没来过。→他颐和园没来过。

例③中大主语"花园里"是环境格，并非动词"种"的必有论元，所以大小主语互换后就不成立了，例④中大主语"颐和园"为动词"来"的必有论元，因此大小主语互换句子仍然成立，但是互换后的句子"他颐和园没来过"一般也不单说，只能用在对比的语境中，如"他颐和园没来过，圆明园来过"。

(2)当大主语为施事时，若小主语为受事或者对象，大小主语可以换位，换位前的句子常用于对比，如：

① 他烤鸡吃过。→烤鸡他吃过。

② 我们这件事没有意见。→这件事我们没有意见。

例①中，"他烤鸡吃过"单说并没有"烤鸡他吃过"自然，但我们可以说"他烤鸡吃过，烤鸭没吃过"，例②同样也是如此，相比较"我们这件事没有意见"，"这件事我们没有意见"更常用，前者可以出现在"我们这件事没有意见，那件事有意见"中。

若小主语为处所，则大小主语一般可以换位，换位前的句子也常用于对比，但也有某些不能换位的情况，如：

③ 我北京去过。→北京我去过。

④ 咱们屋里谈。→＊屋里咱们谈。

例③中，"我北京去过"可以用在"我北京去过，上海没去过"这样的表示对比的句子中，而例④这样的句子之所以不成立，是因为表示处所的小主语"屋里"并非动词的必有论元。

（3）大主语为受事，若小主语为施事、处所时，大小主语可以换位，如：

①苹果弟弟吃了。→弟弟苹果吃了。

②火车票学校就能买到。→学校火车票就能买到。

需要注意的是，换位后的句子并没有换位前常用。另外，当受事大主语为疑问代词或者施事和受事均为表示指人的词语时，"受事＋施事＋VP"就不能变换为"施事＋受事＋VP"了，如：

③ 烤鸭谁都吃过。→＊谁烤鸭都吃过。

④ 她哥哥我见过。→＊我她哥哥见过。

若小主语为工具，则大小主语一般也可以换位，不过换位前的句子多用于对比，如：

⑤ 猪肉这把刀没切过。→这把刀猪肉没切过。

例⑤"猪肉这把刀没切过"可以用在"猪肉这把刀没切过，牛肉切过"中。有时大小主语也不能换位，例如"衣服洗衣机洗过了"，就不能说成"＊洗衣机衣服洗过了"，这是因为虽然小主语同为工具，但是能够换位的句子中的小主语并非典型的工具格，而是有些接近施事，例⑤中"这把刀"前并不能补上"用"表示工具，但"衣服洗衣机洗过了"中"洗衣机"是典型的工具格，我们可以说"衣服用洗衣机洗过了"，所以例⑤中的大小主语可以互换，而小主语如果为典型工具格(可以补上"用")时，大小主语则不能互换。

若小主语为材料，则大小主语均不能互换，如：

肉热水洗过了。→＊热水肉洗过了。

（4）大主语为关涉，小主语为施事时，大小主语不能互换，如：

那个人我跟他一起喝过酒。→ ＊我那个人跟他一起喝过酒。

（5）大主语为工具时，若小主语为施事，则大小主语一般不互换，如：

这把刀李师傅切过肉。→ ＊李师傅这把刀切过肉。

若小主语为受事，则大小主语可以互换，如：

这把剪子羊毛没剪过。→羊毛这把剪子没剪过。

变换后的句子常用于对比，例如我们可以说"羊毛这把剪子没剪过，那把剪子剪过"。
（6）大主语为材料时，小主语为施事，则大小主语不能互换，如：

韭菜妈妈炒鸡蛋了。→ ＊妈妈韭菜炒鸡蛋了。

（7）大主语为系事时，小主语为感事，大小主语不能互换，如：

那个演员我觉得很漂亮。→＊我那个演员觉得很漂亮。

（8）大主语为对象时，小主语为施事，则大小主语可以互换，如：

这道题我有些不清楚。→我这道题有些不清楚。

在句型中，如果对象和施事都是指人的词语，或者施事为疑问代词、数量名，则大小主语是不能互换的，例如：

那个女孩大家有意见。→＊大家那个女孩有意见。

以上我们分析了主谓谓语句中，大小主语能否换位的大致规律，由此可以发现，不同的语义格对大小主语的换位有很大影响，杨德峰（2012）将各种语义格充当大主语的优先序列总结如下：
受事>处所（部分）、材料、工具（部分）、施事
处所>受事（部分）、施事（部分）

工具>受事(部分)、施事

关涉、材料、对象>施事

施事>处所(部分)

系事>感事

在充当大主语时,受事优先于材料、施事,优先于部分处所、工具;处所优先于部分受事和施事;工具优先于施事,优先于部分受事;关涉、材料、对象优先于施事;施事优先于部分处所;系事优先于感事。充当小主语的优先序列与充当大主语的相反。

4. 主谓谓语句的教学

主谓谓语句的教学重点在于首先要让学生明确汉语中的谓语并不一定都由动词性短语充当,主谓短语同样也可以充当谓语,然后在实际教学过程中还要注意帮助学生梳理主谓谓语句中 NP1 和 NP2 的关系,并告诉学生 NP1 和 NP2 在何种情况下可以互换,在何种情况下不能互换。

在帮助学生认识主谓短语可以充当谓语时,我们可以通过提问自然地引导学生说出主谓谓语句,例如"你作业多吗?""A(班里同学)学习怎么样?"还可以用准备一张两位同学的合影,其中一位同学个子高、头发长,另一位同学个子矮,头发短,引导学生说出"A 同学个子高,B 同学个子矮""A 同学头发长,B 同学个子矮"。

在帮助学生梳理主谓谓语句 NP1 和 NP2 的关系时,鉴于 NP1 和 NP2 的互换规律较为复杂,为了方便学生的理解和记忆,教师也可以分析下互换规律背后的认知动因。杨德峰(2012)曾经将这一认知动因归纳为距离相似原则,如果 NP2 在概念上距离 VP 近,NP1、NP2 一般不能换位,或不常换位,或换位后使用上有一些限制,例如当 NP1 为处所,NP2 为施事或者受事时,NP1、NP2 或者不能互换,或者互换后只能用于对比,就是因为施事和受事均为 VP 的必有论元。凡动作,必有施事、受事,也就是说表示施事或受事的 NP2 与 VP 概念距离近,因此更常紧挨着 VP,而处所则不是动作的直接支配成分,只是一种外围格,在概念距离上离 VP 较远,一般充当 NP1,只能在表示对比的语境中才能充当 NP2。

【案例分析】

案例中学生提的问题其实涉及主谓谓语句和一般主谓句的关系,有学者主张主谓谓语句是由一般主谓句转换而成的(胡裕树,1981、袁毓林,1996),其中一个表现就是案例中的那一类主谓句(大主语和小主语是领属关系)是通过一般主谓句删除"的"后变来的,如"他的身体很健康"是一般主谓句,删除"的"后就成了主谓谓语句。

但是学者们同时也强调了这两种句子的区别,李珠(1979)从三个方面分析了这些区别:从意义上看,陈述的对象不同,"他身体很好"侧重的是"他","他的身体很好"侧重的则是"身体";从形式上看,语音停顿的地方不同,"他身体很好"可以在"他"后有较大停顿,可以插入状语,如"他最近身体很好",而"他的身体很好"则在"身体"后可以有较大停顿,状语也只能在"身体"后插入;语法功能不同,主谓谓语句的作用是说明性,而不是叙述性。袁毓林(1996)进一步指出主谓句派生出主谓谓语句的过程具有明显的语用动机,这个过程的实质就是话题化——让某个本来处于居中位置的成分移到句首主语的位置，成为话语平面的话题或次话题。

【思考练习】

1. 你认为句首的时间词能否被看作主谓谓语句的主语？

2. 如果我们根据大小主语的语义关系来为主谓谓语句分类，你认为应该如何安排主谓谓语句在不同阶段的教学顺序？

3. 选择一套对外汉语教材，看看它对名词谓语句的教学设计是否合理，并提出改进建议。

4. 为主谓谓语句教学设计一套教案。

【拓展阅读】

1. 宋玉柱．现代汉语特殊句式．太原：山西教育出版社，1991.

2. 杨德峰．也谈主谓谓语句大、小主语的换位．语言研究，2012(1).

3. 李珠．谈谈主谓谓语句．语言教学与研究，1979(2).

4. 邵敬敏，任芝锳，李家树，税昌锡，吴立红．汉语语法专题研究（增订本）．北京：北京大学出版社，2009.

第三节　联合复句教学

【案例导入】

　　这周上课，王永给同学们讲了"不但……而且……"这个语法点，课本中涉及了两个不同的句型"A 不但……，而且/也/还……"和"不但 A……，（而且）B 也……"。在课堂操练时，有韩国同学造出了"不但中国菜好吃，而且不贵""天气不但不好，而且空气不好"这样的句子，王永告诉大家应该说"中国菜不但好吃，而且不贵""不但天气不好，而且空气不好"。接着就有同学提问："老师，我们以前学的'虽然……，但是……'主语不一样的时候，'虽然'也可以放在主语后面，比如'我虽然会说几句汉语，但是汉字还写不好''房租虽然有点儿贵，但是我还是觉得马上搬进去'，为什么'不但'不行呢"？王永也有点疑惑，他决定下课之后查下资料再回答学生。

【基础知识】

　　案例中涉及的"不但……，而且……"属于联合复句中的递进复句，复句教学是汉语教学的重点也是难点之一。

　　联合复句是指两个或两个以上语法上关系平等，不分主次的分句构成的复句。主要包括并列、连贯、递进、选择四类复句。

　　1. 并列复句

　　并列复句是由两个或两个以上的分句并列组成的，它们或叙述相关的几件事情，或说明相关的几种情况，或描写同一事物的几个方面。并列复句中常出现以下这些关联词："也""又""还""既……，又……""一边（面）……一边（面）……""有时……有时……""一会儿……一会儿……""不是……而是"等，如：

① 风停了，雨也停了。
② 星期天我跟男朋友先看了电影，又一起吃了饭。
③ 我们既要保证工作完成的质量，又要提高效率。
④ 她一边唱歌，一边跳舞。
⑤ 看他的长相就知道，他不是广东人，而是广西人。

并列复句中有时也可以不使用关联词，如：

风轻悄悄的，草软绵绵的。

使用并列复句要注意，分句中出现的事物、情况一定要属于同一性质、范围，如：

① ＊那件毛衣不是不好看，而是颜色不好看。
② ＊他一边抓紧时间做剩下的题，一边把选择题都做完了。

例①中的前一个分句是对毛衣的整体评价，后一个分句是对毛衣颜色的评价，不属于同一范围，不能并列；例②中的前一分句是指整个活动，后一分句则是这个活动中的一个组成部分，因此也不能成立。

在表示并列关系的这些关联词中，留学生不好区分的主要是"既……又……"和"既……也……"，这两组关联词有时是可以替换使用的，如：

① 我们既要看到成绩，也/又要看到不足。
② 改进了工具后，既节约了人力，又/也节约了财力。

但有时不能互换，如：

① 他既没打电话来，我也没打电话去。
　＊他既没打电话来，我又没打电话去。
② 我平时工作很累，所以周末既不想出门，也不想做饭。
　＊我平时工作很累，所以周末既不想出门，又不想做饭。

以上这两组例句代表了"既……又……"和"既……也……"的两点区别：（1）用"既……也……"的各小句主语可以不同，"既……又……"一般只有一个主语（句首）；（2）"既……也……"可以连接述宾词组的否定形式，"既……又……"则不能。

2. 连贯复句

连贯复句又叫顺承复句、承接复句、顺接复句。构成连贯复句的几个分句按照顺序述说连续的动作或者情况，表示事物间先后承接的关系，因此它几个分句的位置不可颠倒。在连贯复句中常用的关联词有"于是""就""便""又""（首）先……然后/再/接着……""起初……后来……"等，如：

> ① 小王感冒了，发烧40度，于是同学们把他送进了医院。
> ② 我在北京只呆了几天，就匆匆返回了上海。
> ③ 他今天在家看了会电视，运动了一个小时，又给自己做了一顿饭。
> ④ 下了课，我们先去了图书馆借书，然后去了超市买东西。
> ⑤ 他们俩起初彼此都看不顺眼，后来慢慢成为了好朋友。

连贯复句也有不用关联词的，只依靠动作和情况的先后顺序来安排分句，例如：

> ① 他收拾了行李，来到车站，搭上了北上的列车。
> ② 突然一阵大风袭来，暴雨飘泼，路边的花儿们都变得七零八落了。

在表示承接关系的关联词中，学生容易产生偏误的有"后来""然后"和"以后"，以及"于是"和表示因果关系的"所以"，例如：

> ① ＊毕业后我在一家饭店做公关工作，以后转到一家外贸公司工作。
> 　＊然后我父亲的态度变了，好像不愿意再讲道理。
> 　＊这个时期，父亲不时提醒我们必须把学业搞好，后来，要有一定的方向，千万不要想不劳而获。
> ② ＊我很喜欢它，于是常常做这种汤喝。
> 　＊因为房间里有很多垃圾，于是我把垃圾扔到垃圾桶里。

例①中的三个句子，属于"后来""以后"和"然后"的混用，第一和第二个句子中都应该用"后来"，而不是"以后"和"然后"，第三个句子应该用"然后"，而不是"后来"；例②中的两个句子则是属于把"所以"误用为"于是"。

"后来、以后、然后"虽然都可以表示承接关系，但也有不同之处："后来"强调时间的先后，它引起的分句中的动作或情况发生在前一分句的后一阶段，只能用于已经发生的事情，常与"开始、起先、起初"等词语搭配；"以后"表示现在或现在所说时间之后的时间，既可以指过去的时间，也可以指将来的时间；"然后"强调动作或情况发生的顺序，表明动作或情况的发生是在另一个动作或情况发生后，可用于过去或将来的情况，常与"首先""先"等搭配。

例①中的第一个句子"＊毕业后我在一家饭店做公关工作，以后转到一家外贸公司工作"，第二个分句中的情况并没有明确的起始时间，只是说明过去的某个事实或强调某种结果，因此不能用"以后"只能用"后来"（周清艳，张静静，2005）；第二个句子也并不表示动作或情况发生的顺序，只是表示后一分句发生在前一分句的后一阶段，因此只能用"后来"；而第三个句子中"后来"引导的句子表示的是过去的将来，两个分句也有明显的先后顺序，因此只能用"然后"，不能用"后来"。

至于"于是"和"所以"的区别，则在于"于是"表示的是承接关系，一般用于已经发生的事情，"所以"表示的则是因果关系，因此常常和"因为"搭配，它既可以用于已经发生的事情，也可以用于将来发生的事情。

例②中的两个句子中前后分句表示的都是因果关系，所以更应该用"所以"而非"于是"。

3. 递进复句

递进复句是后一个分句比第一分句在意义上更近一层的复句，"更进一层"的关系可以体现在程度、数量、时间、范围等方面，分句的顺序也不能变动。常用于递进复句的关联词主要有"更""还""甚至""不但……而且……""不仅……，还……""不但……反而……""尚且……何况……"等，例如：

① 我来中国学汉语不但是为了找个好工作，更是为了来感受中国文化。
② 小王会唱歌，还会作词、作曲。
③ 他失去了生活的信心，甚至想到了死。
④ 这种家具不但式样美观，而且价格便宜。
⑤ 他听了我失败的消息，不但没有安慰我，反而埋怨我不努力。
⑥ 我死尚且不怕，况且只是吃点苦受点累呢！

在以上这些关联词中，"不但……而且……""尚且……何况……""更""甚至"等表示的都是顺进关系，即后一分句以前一分句的意思为基点来进行顺向推进，而"不但……反而……"表示的则是反进关系，前一分句以否定的意思为基点，后一分句则向一个肯定的意思反向推进，类似的还有"非但不……反倒……""不光没……反而"等。

在表示递进关系的关联词中，留学生最容易产生偏误的有"何况"和"况且"，如：

① *这个字许多中国人都不认识，况且我们外国人？
　*连硬座票都卖光了，况且卧铺票？

"何况"和"况且"在表示补充说明另一个理由的时候是可以互换的，比如：

② 这本字典是专门为留学生学汉语编写的，何况/况且又不贵，我得买一本。
③ 机场本来就不太远，何况/况且我们又打车去，不用那么早出发。
④ 我本来就不喜欢他，何况/况且他对我也没有意思，勉强在一起也不幸福。

但是当"何况"用反问语气表示更进一步的意思，即经过比较其结果不必再说时，是不能替换成"况且"的，例①中的两个句子都表示的是"更不用说"这一情况，因此只能用"何况"，不能用"况且"。

4. 选择复句

选择复句表示从不同分句代表的事情中，选择一件。根据选择是否已在句中做出，选择复句可分为"选择未定"和"选择已定"的两种。

"选择未定"复句中，分句提供两个以上的选择项，至于具体选择哪个，说话人并未确定，常用的关联词有"不是……就是……""要么……要么……""或者……或者……""（是……）还是……"，如：

① 我不是明天回去，就是后天回去。
② 你要么坐飞机去上海，要么坐高铁去。
③ 或者你来找我，或者我去找你，都行。
④ 你是自己一个人住，还是跟别人合租了房子？

在以上这些关联词中，除了"是……还是……"用在疑问句中外，其他几组关联词都用在陈述句中。

"选择已定"复句中，分句提出的选择项，说话人已经做出了选择，或者先取后舍，肯定前项否定后项，如"宁可/宁愿……也不……"，或者先舍后取，否定前项肯定后项，如"与其……不如/宁可……"等，如：

⑤ 宁可站着死，也不跪着生。
⑥ 他宁愿冒着雨去上课，也不想迟到一分钟。
⑦ 与其这样浑浑噩噩地过一辈子，还不如出去看看世界。
⑧ 天气这么好，与其宅在家里看电视，我宁可跟朋友们一起去公园野餐。

在表示选择关系的关联词中，留学生容易产生偏误的是"或者"和"还是"，

⑨ ＊如果有不清楚的事，请给我打电话，还是写信。
　＊父亲一有了休息时间，就带我们三个弟兄去中国餐厅，还是去游乐场。
　＊父母是孩子的第一任好的老师，或者不好的老师呢？孩子们不能选择。

"或者"和"还是"的区别在于"还是"表示选择关系时，多用于疑问句，如"他是学汉语，还是学英语？""今天是热，还是不热"，用于陈述句中，一般用在"无论/不论/不管……还是……，都/总……"句中，如"无论去还是不去，都要告诉我"；而"或者"表示选择关系时，则用于肯定句，如"或者你来，或者我去，咱们明天一定要见一面"。例⑨中的三个句子，前两个都是肯定句，都应该将其中的"还是"改为"或者"，第三句是疑问句，需要将其中的"或者"改为"还是"。

【案例分析】

汉语中连接分句的连词在句中的位置比较复杂。有的连词不管分句的主语是否相同，既可以出现在主语前，也可以出现在主语后，如"虽然""既然""只要""只有""如果""无论"。有的连词在前后两个分句的主语不同时，则会出现在不同的位置，例如案例中的"不但"，当两个分句的主语不同时，"不但"应放在第一个主语的前面，如"不但天气不好，而且空气不好"，当两个分句主语相同时，"不但"则应该放在第一个主语后面，如"中国菜不但好吃，而且不贵"。

我们可以将联合复句中的连词在句中的位置总结如下（杨德峰，2007、杨德峰、姚骏，2016）：

连词	前后两个分句主语不同		前后两个分句主语相同	
	主语前	主语后	主语前	主语后
或者	+	−	−	+
一边	−	+	−	+
既	−	+	−	+
于是	+	+	+	+
首先/其次/再次	+	−	+	−
然后	+	−	−	−
不但	+	−	−	+
不仅	+	−	−	+
而且	+	−	+	−
甚至	+	−	+	−
宁可	−	+	−	+
宁愿	−	+	−	+
要么	+	−	−	−
与其	+	−	−	+
不如	+	−	+	−

注：+：可用；−：不可用。

【思考练习】

1. 汉语复句中的关联词和英语中的连词有何区别？

2. 你认为"他不是不知道，而是装糊涂"和"他不是老师，而是医生"中的"不是……，而是……"是一样的吗？有何区别？

3. 请自选一部汉语教材，考察它在联合复句的教学顺序上是否合理，有无需要改进之处？

4. 假设你的教学对象为初级水平的留学生，请你从下列关联词语中选出两对进行模拟教学：既……又……，一边……一边……，（首）先……然后/再/接着……，起初……后来……，不但……而且……，尚且……何况……，不是……就是……，宁可……也不……

【拓展阅读】

1. 李晓琪，章欣．"既 A 又 B""既 A 也 B"的异同分析．暨南大学华文学院学报，2005(3)．

2. 周清艳，张静静．"以后"和"后来"．湛江海洋大学学报，2005(2)．

3. 齐沪扬．对外汉语教学语法．上海：复旦大学出版社，2014．

4. 杨德峰．对外汉语教学核心语法．北京：北京大学出版社，2009．

第四节 偏正复句教学

【案例导入】

今天课上在学习"不管……都……"时，班里有同学造出了"不管天气很不好，我也要去爬山""不管你不喜欢我，我也喜欢你"这样的偏误句，王永告诉同学们"不管"后的分句是有限制的，必须跟不确定的选择项，比如正反对比形式，或者有疑问代词，又或者用"A 还是 B"的并举形式。接着就有同学提问："老师，'不管'和我们原来学的'尽管'有什么不一样？"王永意识到偏正复句中的关联词是学生习得汉语虚词的难点，同学们经常会犯这样那样的错误，那么在偏正复句的教学上我们是不是有好的教学方法呢？

【基础知识】

偏正复句又叫"主从复句"，它其中的两个分句在语义上是一偏一正或一主一从，正句或主句是句子的重点，偏句或从句是修饰限制正句或主句的。偏正复句按照分句间的逻辑语义关系又可分为因果复句、转折复句、条件复句、假设复句、让步复句、目的复句等。

1. 因果复句

因果复句中的两个分句是原因和结果的关系，按照是说明因果关系的还是推论因果关系的，可以把因果复句分为说明性因果复句和推因性因果复句两类。

说明性因果复句是就既成事实说明原因和结果，常用的关联词有"因此""由于""以致""因为……所以……""之所以……是因为……"，如：

① 知识的海洋是无边无际的，因此，学习是无止境的。

② 由于我最近没有好好复习功课，这次考试考砸了。

③ 他不遵守交通规则，以致出了严重的车祸。

④ 因为人的生命是有限的，所以我们要好好珍惜时间。
⑤ 他之所以脾气这么暴躁，是因为生意出了问题。

推因性因果复句则是以一定的事实或知识前提作为根据或理由，推论出结果，结果不一定已经实现，常用的关联词有"既然……那么/就……""可见"，如：

① 既然你不想说，我也就不再追问了。
② 他这道题又做错了，可见他还没有掌握这个知识点。

在以上这些表示因果关系的关联词中，留学生最容易出现偏误的是"因为"和"由于"的混用，教材释义时往往把这两个词都解释成 because，所以学生容易发生混淆。的确，这两个词都可以表示原因和理由，例如"因为/由于身体原因，我今天请假没去上课""因为/由于天冷，我们都不想出去逛街了"，但二者仍然存在不同之处，"因为"要比"由于"常用。"因为"可以和"所以"搭配，"由于"除了和"所以"搭配外，还可以和"因此""因而"搭配，"因为"则不能，例如在"由于他努力学习，因此成绩很好"和"由于采用了高科技手段，因而效率提高了好几倍"中"由于"都不可以替换为"因为"。此外，"因为"还可以用在后一个小句中，"由于"则不能，如"你一定要带上这把伞，因为天气预报说有雨"。

2. 转折复句

所谓转折复句指的是正句并不顺着偏句的意思说下去，而是转到偏句相对、相反或部分相反的意思上去。根据转折语气的轻重，转折复句可以分为重转和轻转两类。

重转的转折复句，分句之间的关系是对立的、矛盾的，常见的关联词有"虽然……，但是……""尽管……，但是/然而/还是……"，例如：

① 我虽然没有上过大学，但是我已经靠自学掌握了无线电技术。
② 虽说你已经超过 18 岁了，但是我们还是不放心让你一个人在外面住。
③ 尽管这里离北京市中心很远，然而房价却仍然飙升至了每平方米 5 万元。

轻转的转折复句前后两个分句的转折关系并非绝对对立，"转折"的意味较轻，偏句中一般没有关联词，正句中的关联词常用的有"不过""只是""就是""但""只不过"等，如：

① 我们可以明天去，不过得先问问父母的意见。
② 他挺想买房子的，只是工资太低，暂时买不起。
③ 我很喜欢那件衣服，就是价格太高了。

所以同样的句子，分别用表示重转的关联词和表示轻转的关联词，就会产生不同的效果，如：

　　① 虽然天晴了，但是很冷。
　　② 天晴了，不过很冷。

　　例（1）用的是"虽然……但是……"，强调分句间的鲜明对比，"天晴了"按理说应该不冷，但实际上"天很冷"，转折语气很强；例②用的则是"不过"，只是为了进一步补充说明"天很冷"，转折的语气弱。

　　3. 条件复句
　　条件复句的偏句表示条件，正句表示结果，按照结果的实现是否有特定条件，我们可以将条件复句分为特定条件复句和无条件复句。
　　特定条件复句是指正句表示的结果的实现，需要以偏句中的条件为条件，常用的关联词有"只有……才……""只要……就……""除非……否则/要不"等，如：

　　① 只要天不下雨，我们的运动会就正常举行。
　　② 只有你踏踏实实地好好学习，成绩才能提高。
　　③ 除非他问我，否则我是不会告诉他的。

　　无条件复句则指的是正句所表示的结果的实现，并不以偏句的条件为前提，即在任何条件下该结果都会产生，常用的关联词是"不管……也/都……""无论/不论……也/都……""任凭……也/都……"等，例如：

　　① 不管明天下不下雨，我们的运动会都会正常举行。
　　② 无论什么时候，都不能给父母丢脸。
　　③ 不论刮风还是下雪，她都坚持锻炼。
　　④ 任凭别人怎么说，她都坚持自己的看法。

　　在以上这些关联词中，学生最容易产生偏误的是"不管/不论/无论"的使用，例如"＊不管我的神色异常，我马上准备出去""＊不论下大雨，他都去跑步""＊不论春夏秋冬，小张一直一个人住在那儿"，因此在教学时我们需要强调的是，无条件复句的使用在句法上是有限制的，它要求偏句"不管/无论/不论"后引导的句子或者是正反对比形式（"下不下雨"），或者有疑问代词（"谁""那儿""什么"）和程度副词（"多"），或者是有"还是"的并举形式（"刮风还是下雪"），总之条件不能是确定的。另外，"不管""不论""无论"虽然是近义词，但它们仍有区别："不管"常用于口语，"不论/无论"则更常用于书面语。
　　4. 假设复句
　　假设复句与因果复句不同，后者的原因和结果都已经实现，前者则只是提出假设，结果往往只是根据这一假设推论出的，常用的关联词有"如果……就……""要是……就……""倘若……就……""假如……那……""要不是……，就……"等，如：

　　① 如果明天不上课，咱们就去看电影。

② 要是你累的话，就休息一会吧。

③ 假如我只剩下一年的生命，我一定要死在路途中。

④ 要不是他提前给我们打了电话，我们恐怕还不知道这个消息呢。

假设复句中还有一类是在正句中用"否则""不然"，表示对前一分句作出假设的否定，并指出该否定条件中推论出的结果，即如果这个事实或者条件不存在将会产生的结果，例如"必须先交学费，否则不能上课"，说的就是当"先交学费"这个假设不成立的时候，"上课"这一结果就无法实现。

5. 让步复句

让步复句指的是偏句先退一步说，承认某种情况，主语说明在这种让步条件下所产生的结果，常用的关联词有"即使……也……""尽管……也……""就算……也……""哪怕……也……""纵使……也……"等，如：

① 即使你不想去学校，也得去。

② 尽管老师提前带着我们复习了很长时间，我这次考试也还是有很多不会的题。

③ 就算她做错了事，你也不应该打她。

④ 哪怕明天下雪，比赛也不能推迟。

⑤ 纵使你说破了天，我也不会买保险。

对于留学生来说，掌握让步复句的难点在于对"让步"的理解，因此常常会出现该用让步复句的时候用成了其他复句的情况，如用"如果"代替了"即使"，例如：

① ＊如果你感冒了，你也不应该请假。

② ＊如果下雨，我们也一定去长城。

以上两例中的"如果"都应该改为"即使"，在教学时，我们需要强调的是，"如果……就……"表示假设关系，后一分句是顺着前一分句的假设推断出结果，而"即使……也……"则表示假设兼让步关系，偏句"即使"后引导的句子是表示一种假设，但正句并不是顺着偏句做出的推论，而是提出一种不受假设影响的结果或结论，例如在"即使你感冒了，你也不应该请假"中，说的就是就算"感冒"这一假设如果成立的话，"也不应该请假"，更何况这一假设还不一定成立。

6. 目的复句

目的复句中的偏句表示目的（也可能是避免发生某种不希望的情况），正句表示为了实现这一目的而采取的做法，常用的关联词有"以便""以免""免得""省得"，如：

① 为了取得更好的成绩，我们必须付出更多努力。

② 早点儿走，以免赶不上第一班车。

③ 你实现统计下报名的人数，以便我们发放调查问卷。

④ 自己开车去吧，免得坐公交太挤。

在以上这些关联词中"省得"和"免得"意思和用法相同，可以互相替换，"以免"和"省得"基本相同，但略有区别，后者后面可以直接跟动词和形容词，前者不行，如"咱们去外面吃吧，省得做饭"中的"省得"不能替换为"以免"。另外，"省得"多用于口语，"以免"多用于书面语。

【案例分析】

根据李晓琪(2007)的分析，留学生汉语虚词学习的困难主要集中在意义分不清和用法掌握不好两个方面，对于复句中关联词语的掌握同样也是如此。例如在意义上，学生常常分不清"因为"和"由于"的区别，因为它们都可以翻译成 because；还有在用法上学生常犯的错误包括缺少关联词语("＊她虽然很瘦，身体很好")、关联词语搭配错误("＊即使下雨，可是不会太大")、关联词语位置不对("＊我不但去过那儿，他也去过")、用错相关成分("＊不管天气很不好，我也要去爬山")等。案例中的学生在使用"不管……也……"时的偏误，就是属于用错了相关成分("不管"对后面的分句也有限制)。

那么，我们应该如何有效地进行汉语关联词语的教学呢？

首先，教师应该适当及时地对关联词的用法进行归纳和总结，使之条理化和系统化，例如对于连词"无论"，针对学生经常会犯诸如"无论天气很不好，我也去学校"和"无论天气好不好，我去颐和园"这样的错误，我们应该将"无论"的用法总结如下：A."无论"后边，一般要有其他关联词配合使用，如"都、也、反正"等；B."无论"后的成分应该是可选择的，常用格式有三："无论+V 不 V/A 不 A""无论+还是/或者"和"无论+疑问代词"。

其次，要有意识地进行近义关联词的对比教学，如我们在基础知识部分辨析过的"因为"和"由于"，"以免"和"省得"，通过辨析，学生才能够清楚地认识到每一个关联词在复句中的独特作用和位置。

再次，我们还可以借助实用性表格来体现对比研究成果，李晓琪主编的《现代虚词讲义》将虚词对比的结果用表格形式展现，不仅简洁明了，而且还可以方便学生随时查阅，我们在进行关联词的对比时也可以采用表格的形式，例如前文中我们利用表格对比了联合复句中的连词在句子中的位置，学生看了这个表格后就能很清楚地认识到哪些连词在主语不一致的情况下只能放在主语前，哪些只能放在主语后。

【思考练习】

1. 学界对于复句的再分类有不同的认识，你认为文中列出的偏正复句的分类是否合适？如果不合适，应该如何调整？

2. 如果你是一名汉语教师，你会如何给学生解释"即使……也……"的意义？

3. 请自选一部汉语教材，考查它在偏正复句的教学顺序上是否合理，有无需要改进之处？

4. 假设你的教学对象为初级水平的留学生，请你从下列关联词语中选出两对进行模拟教学：因为……所以……，虽然……但是……，只有……才……，只要……就……，不论……都/也……，如果……就……，要不是……，就……，即使……也……

【拓展阅读】

1. 赵宗飒 姚双云．从语体视角看"因为""由于"的差异性．当代修辞学，2016(1)．

2. 李晓琪．汉语虚词教学方法探讨．崔希亮主编．汉语教学：海内外的互动与互补．北京：商务印书馆，2007．

3. 邢福义．汉语复句研究．北京：商务印书馆，2001．

4. 梅立崇．现代汉语的"即使"假言句．世界汉语教学，1995(1)．

第八章　汉语语序教学

第一节　补语和宾语的语序

【案例导入】

马克在中国一所大学学汉语，这周他学习了趋向补语的用法，课文里给出的例句是"啊！我们爬上长城来了"，课上老师安排他们用给定的趋向补语完成"看图说话"的练习，有一幅图是一个明星走到一群人面前，给出的趋向补语是"走过来"。在准备了3分钟之后，大家都说了自己造的句子，第一幅图有的同学说是"这个明星走过来了"，也有同学说是"走过来了一个明星"，还有同学说"走过来了明星"，老师告诉大家我们可以说"这个明星走过来了"或者"走过来了一个明星""走过了一个明星来""走了一个明星过来"，但是不能说"走了过来明星"。马克不明白，同样都是"明星""走过来"，为什么有这么多不同的说法呢？

【基础知识】

汉语缺乏严格意义上的形态变化，语序和虚词表达语法意义的主要手段。对外国学生来说，语序也是他们习得的难点，例如"拿一本书出来"和"拿出来一本书"一样吗？为什么我们只能说"我等他半小时"，不能说"我等半小时他"？据统计，在中高级学习者作业及口头表达中，语序偏误与"了"的使用、用词不当并列为最常用的三大类偏误（张旺熹，2013）。因此，我们理应重视汉语的语序教学。

从句法层面来讲，补语和宾语的语序一直是学界关注的重点，讨论较多的主要包括两个方面：数量补语和宾语的次序问题；趋向补语和宾语的次序问题。

1. 数量补语和宾语的次序问题

数量补语和补语的次序较为复杂，可能是 VNM（动词+宾语+数量补语），也可能是 VMN（动词+数量补语+宾语），或者是 VNM 和 VMN 均可。影响次序的因素有很多，学界已有的解释涉及宾语的指称性质（有指/无指、定指/不定指）、宾语表新信息还是旧信息、数量补语中量词是否是借用量词、是否具有记数意义等因素。

A. N 是指人名词还是代词

当 N 为代词时，N 只能位于 M 前，指人名词可以在 M 前也可以在 M 后，例如：

（1）爸爸今天打了我一顿。

　　＊爸爸今天打了一顿我。

（2）他看了我一下，然后默默地走开了。

　　？他看了一下我，然后默默地走开了。

（3）你休息一两天，去拜望亲戚本家一回，我们便可以走了。

　　你休息一两天，去拜望一回亲戚本家，我们便可以走了。

在以上三组例子中，例①的宾语为代词，只能用 VNM 格式，VMN 不成立；例②VNM 用得最多，VMN 用得极少；例③中的宾语为表人名词，VNM 和 VMN 均成立。

但是在以上这三个例子中，我们会发现如果把例①中的代词"我"换成其他表人名词如"小明"，VMN 同样不成立，那是为什么呢？是因为其他因素限制了 M 位于"小明"前。

B. 宾语的指称性质

方梅（1993）从宾语的指称性质分析了影响数量补语和宾语次序的原因，她指出，当 N 为无指成分时，一般总是采用 VMN 语序，例如：

①叔叔，我能再做一回记者吗？

②打了四遍电话，不是说你不在，就是占线打不通。

所谓无指成分（nonreferential）指的是说话人在提到某个名词时，我们并不能把它同语境中某个具体的人或事物联系起来的成分（陈平，1987）。以上两个例子中的"记者"和"电话"都属于无指成分，我们只能说"做一回记者""打了四遍电话"，而不能说"＊做记者一回""＊打了电话四遍"。根据方梅的统计，在 VNM 语序中 N 为无指成分的仅占 1.63%，而在 VMN 语序中 N 为无指成分的则占 60.66%，可见 N 为无指成分时是排斥 VNM 语序的。

此外，当 N 为典型的不定指成分时，两种语序均不能成立，如"＊看了一眼两本书""＊找个人五次"。因为 M 是表示 V 的计量的，如果 N 是不确定的事物，支配它的动作没有确定的数量可言，因此宾语的不定指特征和动词的可记数特征是矛盾的。

当 N 为定指成分时，定指性的强弱也将会影响 VNM 和 VMN 格式的使用，定指性越强的成分，越倾向于在 VNM 中出现，也就是说 VNM 表现定指性成分的能力大于 VMN 式，例如：

①林老头病了，李先生看他好几趟。＊看好几趟他（N＝代词）

②曾先生又嘱咐了祥子一遍。？嘱咐了一遍祥子（N＝专有名词）

③我去告诉太太一声。＊告诉一声太太（N＝称谓词）

④他故意的上下颤动，摇这个老猴子几下。摇几下这个老猴子（N＝这/那（+量词）+名词）

⑤我不小心碰了他的车一下。碰了一下他的车。（N＝领属性定语+名词）

⑥看了手表一眼。看了一眼手表。（N＝光杆普通名词）

⑦她看了路旁的小狗一眼。她看了一眼路旁的小狗。（N＝限制性定语+名词）

在以上七个例子中，宾语分别由代词、专有名词、称谓词、这/那+名词、领属性定语+名词、光杆名词和限制性定语+名词充当，定指性由强到弱。定指性强的成分排斥或者不太经常使用 VMN 格式，定指性弱的成分则两者均可。

所以到这儿我们就能发现为什么不仅不能说"＊打了一顿他"，也不能说"打了一顿小明""打了一顿媳妇"了，因为"小明"和"媳妇"都属于定指性强的成分，排斥 VMN 格式的使用。

C. N 传递新信息或旧信息

据方梅（1993）研究发现，VNM 中的 N 所指的对象一般都是上文已经提到过的，即传递的是旧信息，而 VMN 中的 N 在表达旧信息的同时，也常常用来表示新信息。因此能够传递新信息也是 VMN 格式区别于 VNM 格式的特点之一，例如：

① 伊姑娘进来了。……曹和茅同时看了她一眼。
② "刘四爷，看看我的车！"祥子把新车拉到人和厂去。
　　刘老爷子看了车一眼，点了点头，"不离！"
③ 宗二爷仍然余怒未消，但此时却意外地听到了关老爷子的一声惊叹声……
　　关老爷子瞅了一眼发懵的宗二爷，又说……
④ 昨晚你到哪儿去了？
　　我……我去了趟二虎家。
⑤ 你叫公务班来打扫一下地板，不要有沙子。

以上的 5 组例子中，例①中的"看了她一眼"和例②中的"看了车一眼"都属于 VNM 式，其中的 N"她"和"车"分别回指上文的"伊姑娘"和"车"，都是旧信息；例③中的"瞅了一眼发懵的宗二爷"则是 VMN 式，N"发懵的宗二爷"同样也是旧信息；而在例④和例⑤中的 VMN 格式"我去了趟二虎家"和"打扫一下地板"并不能变换成对应的 VNM 格式，因为"二虎家"和"地板"都属于第一次出现的新信息。

D. 数量补语中的量词是否是借用量词

当数量补语中的量词是借用量词时，我们只能用 VNM 式，不能用 VMN 式，例如：

① 他被狗追得气急了，狠狠踢了它一脚。
② 爸爸打了他一巴掌。
③ 砍了鬼子一刀。

以上 3 例的"脚""巴掌""刀"都是从名词中临时借用的量词，我们不能说"＊踢了一脚它""＊打了一巴掌他""＊砍了一刀鬼子"。不过"眼"和"把"不受这个限制，如"他狠狠瞪了一眼旁边的小王"。

E. 数量补语中的量词是否具有计数意义

吴怀成（2011）从语用的角度分析了影响数量补语和宾语的次序的因素，他指出，专用动量词何时位于宾语前、何时位于宾语后与数量结构是否具有"计数意义"有关，即是否强调数量成分的述谓性。如果该动量词具有计数意义，强调述谓性，那么它就是语义的中心，就可以位于句尾，例如：

① 他打了我一下。
② 我上高中的时候一个星期才回家一次。
③ 每三周利用周末时间集中上课一次。

以上三例中的动量词"一下"和"一次"之所以能够位于句末就是因为它们具有"计数"意义，可以作为语义的重心。而多数情况下专用动量词和时量词相比，意义都较虚，所以大多位于 N 前，例如："踢了一通皮球""干了一气活儿""谈了一阵工作"，这也是因为这些动量词"一通""一气""一阵"都不能表示确定的量，影响了它们的"计数"意义和述谓性，因此不能位于句末。

除了以上 5 点因素之外，可能会影响数量补语和宾语次序的还有动词本身的意义（表示予夺和使动时，只能用 VNM），宾语的长度（N 在四音节以上，更常用 VMN 式）等。

2. 趋向补语和宾语的次序问题

汉语中的复合趋向动词由单音节的趋向动词"上、下、进、出、回、过、起、开"和"来去"结合而来，如"上来、下去、进来、回去"等，它们在动词后有时会和宾语同现，如"小明拿出来了一本书""大家走回教室去"。当趋向动词和宾语同现时，可能会有如下几种语序：VC1C2N、VC1NC2、VNC1C2。影响最终语序确定的原因十分复杂，学者们也从句法、语义和语用等各个方面进行了分析，但直到现在针对这一问题学界仍未达成一致。同时，趋向补语和宾语的次序问题一直也是对外汉语教学中的难点。

能跟复合趋向补语共现的宾语包括施事宾语、受事宾语和处所宾语三类，如：

① 走进一个人来
② 拿出一本书来
③ 走进教室去

在跟处所宾语共现时，情况较为简单，我们只能采用 VC1NC2 格式，不能使用 VC1C2N 和 VNC1C2 式，如：

① 走进教室去　　＊走进去教室　　＊走教室进去
② 飞回北京去　　＊飞回去北京　　＊飞北京回去
③ 扔过墙去　　　＊扔过去墙　　　＊扔墙过去

至于为何处所宾语排斥出现在 VC1C2N 和 VNC1C2 式中，张伯江、方梅（1996）的解释是因为"来、去"此时为不及物动词，如"＊拿来北京""＊带去屋里"不成立，因此处所宾语不能出现在 VC1C2N 中，而 VNC1C2 中，N 是 V 的宾语，和 C1 没有及物性关系，所以也不能出现处所宾语。但实际上，"来、去"此时并非不及物，我们完全可以说"把电脑带去教室"。因此后来杨凯荣（2006）对此作了新的解释，他认为，与"来、去"相比，C1 对处所宾语的需求度更高，与场所的关系更密切，例如我们把"来、去"去掉也仍然成立，如"走进教室、飞回北京"，而且"来/去"在单独作谓语时也可带可不带处所宾语，但 C1 就不能不带处所宾语（"他来了"成立，但"＊他进了"不成立）。因此，在与 C1 共现时，"来、去"对宾语的需求度竞争不过 C1，只能放弃带处所宾语的要求了；而至于为何 VNC1C2 也不成立，则是因为 V 不要求终点，处所宾语同表方式的 V 在语义上不吻合。

当趋向补语与受事宾语共现时，情况十分复杂，这三种格式都有可能出现，如：

① 他带回来一本外国杂志。
② 他带一本外国杂志回来。
③ 他带回一本外国杂志来。

如果动词后带"了1"（表示已然），当宾语是带数量词的名词短语时，这三种格式都成立，某些情况下，宾语也可为光杆名词（不带数量词），但此时这三种格式的使用都是有限制的，不能独立成句①，如：

① 他拿出来了一本词典。
　他拿出了一本词典来。
　他拿了一本词典出来。
② 他拿出来了词典之后就开始做题了。
　他拿出了词典来以后，我们就开始对照词典讨论问题了。
　老师让马克把课本拿出来，可是马克课本没拿出来，却拿出来了词典。

如果动词后不带"了1"，当宾语受数量词修饰时，VNC1C2 常用于祈使句中，如"你拿一本书进来""你搬把椅子进来"，VC1C2N 只能用于已然，不能用于未然，如"他拿进来一本书""刚刚那位顾客买回来两件衣服"成立，但"你拿进来一本书"不成立，VC1NC2 格式受限较多，既不能用于未然（祈使句）中，C2 也不能用"去"，如"他刚刚搬进一把椅子来"成立，但"你搬进一把椅子来"（祈使句）和"他刚刚拿出一本词典去"也不成立。

而当宾语不受数量词修饰（光杆名词）时，不能用于 VC1C2N 格式，但可用于 VNC1C2 格式（常用于祈使句中），VC1NC2 格式的使用受限制，一般不能单独使用，例如："你们快抬啤酒上来"成立，"＊你们快抬上来啤酒"不成立，而"抬上啤酒来"单用不成立，但我们在"抬上啤酒来之后你们就可以下班了"中是成立的。

以上是趋向补语与受事宾语共现的情况，当趋向补语与施事宾语共现时，情况又略有

---

① 这里谈的是动词带"了1"的情况，当句中有"了2"时，VC1NC2 也可独立成句（不能用 VNC1C2、VC1C2），例如："啊！我们爬上长城来了！""陈老师走进饭馆去了""你朋友跑下楼去了"。

不同了，这三种格式同样都有可能出现，但使用场合不同。

如果动词后带"了1"，当宾语是带数量词的名词短语时，VC1NC2 中的 C2 只能用"来"，另外两种格式不受限制，如"教室走进来了一个学生""家里跑了一条狗出去""屋顶爬上了一个人来"都成立，但"＊屋顶爬上了一个人去"不成立；当宾语为光杆名词时，排斥 VC1C2N 格式，VC1NC2 使用时也只能用"来"，例如："家里跑了狗进来""家里跑进了狗来"都成立，但"＊家里跑进来了狗"和"＊家里跑进了狗去"不成立。

如果动词后不带"了1"，当宾语是带数量词的名词短语时，最常用 VC1C2N 格式，VC1NC2 中的 C2 只能用"来"不能用"去"，不能用 VNC1C2 格式，如"从院子里跑出来一条狗""厨房里飞进去两只苍蝇""厨房飞进两只苍蝇来"都是成立的，但"厨房飞进两只苍蝇去"和"厨房飞两只苍蝇进来／去"都不成立。当宾语是光杆名词时，排斥 VC1C2N 格式，VC1NC2 和 VNC1C2 格式也只有在极个别非现实句中才能使用（陆俭明，2002），如"如果爬上上来，怎么办？""别开窗，会飞苍蝇进来的""小心飞进苍蝇来"等。

至此，我们已经分析了在不同情况下趋向补语和宾语的次序，不难发现，三种句式的限制条件十分复杂，既跟动词的性质有关，也跟宾语的性质有关，既跟动词带不带"了"有关，甚至也跟"了"的位置有关。那么我们如何从认知上为这三种句式的理据寻求解释呢？我们将在下一节中作具体讨论。

【案例分析】

案例中马克遇到的问题属于复合趋向补语带宾语时的语序问题，根据图片提供的语义关系可知，"明星"属于施事，它可以直接作主语，"这个明星走过来了"对于留学生来说理解起来没什么问题。难的是"明星"做施事宾语的情况，在看图说话时，动词一般都会带上"了"，而对于名词"明星"它有三种形式可供使用：不定指形式"一个明星"，定指形式"这个明星"，以及定指性居中的"明星"。在趋向补语和施事宾语同现的句子中，我们一般不能使用定指性强的宾语（"这个明星"），因为 VC1NC2、VC1C2N、VNC1C2 都倾向于用于引入新信息的场合，而旧信息才会采用定指形式。不定指形式"一个明星"（数量短语+名词）可以同时用于 VC1NC2、VC1C2N、VNC1C2 三种格式中。根据我们基础知识部分的分析可知，定指性居中的光杆名词"明星"不能用于"VC1C2 了 N"格式，所以"走过来了明星"是不成立的。

鉴于复合趋向补语带宾语时语序的复杂程度，我们在进行教学时可以不必一次性地把全部使用规则都教给学生，否则可能会把学生讲糊涂。我们可以采用"点拨式"的讲解方法，进行有针对性的讲解，学生哪儿出了问题我们就在哪儿重点讲，其他的则留待日后慢慢学习。

【思考练习】

1. 你如何解释当数量补语中的量词是借用量词时，我们只能用 VNM 式，不能用 VMN 式，如"爸爸打了他一巴掌"成立，但"爸爸打了一巴掌他不成立"？

2. 请你以"去""上海""一趟"为例，设计一套针对动量补语和宾语次序的教案。

3. 你认为"他拿出来了一本词典""他拿出了一本词典来""他拿了一本词典出来"有什

么区别？

4. 请你以"走""进来""学生"为例，设计一套针对趋向补语和宾语次序的教案。

【拓展阅读】

1. 方梅．宾语与数量词语的顺序问题．中国语文，1993(1)．
2. 吴怀成．动量词与宾语的语序选择问题．汉语学报，2011(1)．
3. 杨凯荣．论趋向补语和宾语的位置．汉语学报，2006(2)．
4. 陆俭明．动词后趋向补语和宾语的位置问题．世界汉语教学，2002(1)．

第二节　时间顺序原则和汉语的语序

【案例导入】

　　　　张亮在一所大学的汉语学院做兼职汉语老师，这个星期在学习了复合趋向补语之后，班上有学生问了他这么一个有趣的问题："老师，我们可以说'拿出来一本书'，也可以说'拿一本书出来'和'拿出一本书来'对吗？那它们到底有什么区别呢？"张亮虽然研究生的研究方向是面向对外汉语教学的语法教学，但是他发现这个问题把他难住了，他打算回去查一查资料再回答学生。

【基础知识】

　　上一节中，我们分析了复合趋向补语和宾语的排序，本节我们要进一步讨论的问题是"动词-复合趋向补语"带宾语的句式的形成究竟有何理据？我们将运用时间顺序原则解决这一问题。时间顺序原则不仅仅能够用来解释趋向补语和宾语的次序，还能够解释诸多汉语中表面上看似互不相干的语序问题。

　　1. 时间顺序原则

　　时间顺序原则是戴浩一(1988)为了解释汉语里的语序现象而提出的，该原则认为两个句法单位的相对次序决定于它们所表示的概念领域里的状态的时间顺序。

　　时间顺序原则可以在汉语各种词序中得到验证，例如：

　　　　① 我吃过饭，你再打电话。
　　　　② 李小姐吃了半碗饭就饱了。
　　　　③ 张三上楼睡觉。
　　　　④ 他念完了这本书。

　　例①中的两个分句"我吃过饭"和"你打电话"在概念领域中是吃饭在前，打电话在后，所以它们在句法上的排列也只能是先发生的("吃饭")排在前面，后发生的("打电话")排在后面；例②和③分别是带连接词和不带连接词的连谓结构，前后两个动词之所以不能互换，也是因为在概念领域中"吃饭"必然发生在"饱"之前，"上楼"也发生在"睡觉"之前；

例④是动结式的例子，戴浩一指出，诸如"念-完-了"这样的动结式的排列顺序就是根据"动作-结果"这种自然时间顺序排列的。

需要强调的是，在对比英语之后我们发现，时间顺序原则更适用于汉语，英语的语序并不遵循这一原则，例如以上的 4 个例子，我们翻译成英语分别是：

① Call me after I have finished the dinner.

② Miss Li was full after eating just half a bowl of rice.

③ Zhang San went upstairs to sleep.

④ He has finished reading the book.

从这 4 个句子中我们可以发现，除了例③符合时间顺序原则之外，其他 3 例均不符合，而且例③我们也可以说成是 Zhang San went to sleep after he went upstairs.

除了以上这些例子，时间顺序原则在汉语语序上的一个重要体现就是汉语中状语的位置，我们先来看以下两组例子：

① 他从中国来。

*他来从中国。

② 他昨天到美国来。

他昨天来到美国。

例①中的"从"字短语只能位于动词之前，因为"从……"代表的是"来"的起点，是在动作之前的状态，因此只能放在动词前。例②中的两个句子，因为"到……"的位置不同而有不同的意义，前者"他昨天到美国来"中，"到……"表示出发时的目的地；而"他昨天来到美国"中，"到……"表示的是到达的处所，在时间顺序上，移向某处早于抵达某处，抵达某处是在移动之后，所以"到美国来"（leave for the USA）中"到美国"需在"来"之前，而"来到美国"（arrive in the USA）中的"到美国"则需在"来"之后。

2. 时间顺序原则同趋向补语和宾语的次序问题

下面我们将重点以趋向补语和宾语的顺序为例，来说明时间顺序原则是如何影响汉语的语序的。

当趋向动词和宾语同现时，如果不算"把"字句，可能会有三种不同的语序：VC1C2N、VC1NC2、VNC1C2。杨德峰（2005）指出，这三种句式都是符合时间顺序原则的。VC1C2N 是先发生 V，再发生 C1C2；VC1NC2 是先发生 VC1N，再发生 C2 或 NC2；VNC1C2 是先发生 VN，再发生 C1C2 或 NC1C2。

对于 VC1C2N 来说，趋向补语历来也被看作结果补语的一个小类，那么这就意味着 V 是主要动作，C1C2 是动作的结果，按照时间顺序原则，显然应该是动作在前，结果在后，所以它是符合时间顺序原则的。

对于 VC1NC2 来说，N 并非 VC1C2 的宾语，而是应该看作先发生了"VC1N"，然后又发生了"C2"或者"NC2"，以"拿出一本书来"为例，它其实是"先拿出一本书，然后一本书才来"，"开过一辆车来"也是如此，它说的是"先开过一辆车，然后一辆车才来"。据此分析，VC1NC2 在句法上的排列也是概念领域中先发生的在前，后发生的在后，因此也是符合时间顺序原则的。

而对于 VNC1C2 来说，它同样也体现了时间顺序原则：VN 发生以后，C1C2 或 NC1C2 才发生，例如"带一个人上来"实际上是"先带一个人，然后这个人再上来"，因此这个句子实际上是一个连动句，又如"拿一张纸出来"既可以是动作发出者"先拿一张纸，然后和纸一起出来"，也可以是他"先拿一张纸，然后纸出来（从不显现到显现）"。

那么既然以上三式都符合时间顺序原则，它们的区别又应该如何解释呢？"拿出来一本书"和"拿出一本书来"还有"拿一本书出来"到底有何区别呢？

杨德峰（2005）指出，这三种不同的格式反映的是不同的认知方式：VC1C2N 式是把 VC1C2 作为一个整体来认知，即把 VC1C2 看作了一个整体、一个过程；VC1NC2 式是把 VC1N 作为一个整体来认知，C2 或 NC2 作为另一个整体来认知；VNC1C2 式是把 VN 作为一个整体来认知，C1C2 或 NC1C2 作为另一个整体来认知。这种认知方式的差别体现在扫描上，VC1C2N 式是"总括扫描"，尽管 V、C1C2 是次第发生的，但人们是把 V 和 C1C2 作为一个整体来感知的，因此"拿出来一本书"在扫描时将"拿出来"看作一个整体；VNC1C2 式则属于"次第扫描"，进入人们视线的首先是 VN，然后才是 C1C2 或 NC1C2，VN 和 C1C2 或 NC1C2 是依次呈现在人们面前的，因此"拿一本书出来"就是动作发出者"先拿一本书"，然后他"再跟一本书一起出来"或者"一本书单独出来（显现）"；VC1NC2 式则既有"总括扫描"，也有"次第扫描"，它进入人们视线的首先是 VC1N，之后才是 C2 或 NC2，即 VC1N 和 C2 或 NC2 是依次呈现在人们面前的，这是次第扫描，但在扫描 VC1N 时，采用的又是总括扫描，即把 V 和 C1 作为一个整体来感知，例如"拿出一本书来"是将"拿出一本书"看作一个整体，先"拿出一本书"，然后再是"一本书来"。

【案例分析】

"动词-复合趋向补语+宾语"的教学首先要帮助学生辨别"VC1C2N（拿出来一本书）""VNC1C2（拿一本书出来）"和"VC1NC2（拿出一本书来）"在语义上的区别。我们可以指出：

① VNC1C2（拿一本书出来）：倾向于突出动作本身的发出
② VC1NC2（拿出一本书来）：倾向于突出动作执行的过程
③ VC1C2N（拿出来一本书）：倾向于突出动作执行的结果

因此，当说话人要强调动作的发出时，可以使用 VNC1C2（拿一本书出来），当强调动作的过程时，可以使用 VC1NC2（拿出一本书来），当强调动作的结果时，可以使用 VC1C2N（拿出来一本书）。当留学生出现下述语病时：

① ＊你快点儿拿出来一本书。
② ＊我明天买回来五瓶啤酒。

我们可以从语义角度去分析上述错误的原因，上例中有"快点儿"和"明天"修饰动词表示动作未完成，但上两例中采用的 VC1C2N 式强调的是动作的结果，表明动作已完成，所以前后矛盾。因此可以改为 VC1NC2 式"你快点拿出一本书来"或者 VNC1C2 式"我明天买五瓶啤酒回来"。

其次，教师应该指出这三种句式在使用上的差别。从使用频率来看，VC1NC2 式使用频率最高，VC1C2N 式次之，VNC1C2 式使用频率最低(张慧娜，2008)，在教学中可以主要介绍前两式。

从使用的句类来看，VC1NC2 和 VNC1C2 式多用于陈述一个未然事件，常用于祈使句中，比如"请大家拿出一本书来""请大家举起手来""请你挂一幅画上去""请你带一件衣服过来"；而 VC1C2N 式多用于陈述一个已然事件，强调动作的结果，常用于陈述句，如"他搬过来一把椅子""门外走进来两个人""他捞起来一条鱼"等。

【思考练习】

1. 除了我们在本节中举出的这些例子，你认为时间顺序原则在汉语中还有哪些体现？

2. 为什么时间顺序原则适用于汉语的语序，但跟英语的语序却没有那么契合？

3. 你能从汉语中为时间顺序原则举出一些反例来吗？

4. 有的时候概念领域的时间顺序并不那么好确定，比如"他天天念书，以便考上大学"和"为了考上大学，他天天念书"，戴浩一认为前者更符合时间顺序原则，动作在先、目的在后，袁毓林(1994)则主张后者"先有目的、后有动作的顺序更为自然"。你如何看待二位学者的分歧？

【拓展阅读】

1. 戴浩一．时间顺序和汉语的语序．国外语言学，1988(1)．

2. 杨德峰．"时间顺序原则"与"动词+复合趋向动词"带宾语形成的句式．世界汉语教学，2005（3）．

3. 袁毓林．关于认知语言学的理论思考．中国社会科学，1994(1)．

4. 刘青．字法、句法与时间顺序原则之例外．汉语学习，2008(5)．

5. 张慧娜"复合动趋式+宾语"句式的研究与对外汉语教学．内蒙古师范大学硕士论文，2008．

第三节　多项定语语序

【案例导入】

朴宝英在中国传媒大学学习汉语，今年她通过了 HSK 5 级考试。这个星期，老师给她布置了一篇命题作文，题目是《我最喜欢的一位汉语老师》，宝英写完之后把作文交给了老师。今天，老师把批改后的作文还给了宝英，老师改了这么几个地方：把"他是有经验的我们学校的老师"改成了"他是我们学校的有经验的老师"，把"他告诉我们，作为学生，一定要处理好打工和学习的时间"改成了"一定要处理好学习和打工的时间"。宝英不明白同样都是作定语为什么"我们学校的"一定要放在"有经验的"之前，"学习"要放在"打工的"之前呢？

【基础知识】

多项定语的语序是留学生在学习定语时的一个难点，学界也从不同的角度尝试对多项定语的排序规则作了总结。

我们按照多项定语之间的地位是否平等可以将多项定语分为并列关系的多项定语和递加关系的多项定语两种：前者几个定语之间没有主次之分，并列修饰中心语；后者几个定语之间没有直接的关系，它们依次修饰后面的成分。表示并列关系和表示递加关系的多项定语在排序时略有不同。

1. 并列关系多项定语的顺序

表示并列关系的多项定语的顺序十分灵活，在词性、地位完全平等的情况下是可以自由互换的，如：

① 四班安妮、马克和金敏儿的作文写得都不错。
② 四班马克、安妮和金敏儿的作文写得都不错。
③ 四班金敏儿、马克和安妮的作文写得都不错。

以上 3 个例子中，马克、安妮和金敏儿不存在任何地位或重要性上的差异，是完全平等的，所以是可以自由换位的。

但是很多时候并列关系的多项定语在排序上也有一定的逻辑顺序，例如：

① 老师、同学和朋友的帮助让我恢复了信心。（由主到次）
② 我们要兼顾国家、集体和个人的利益。（政治地位的递降）
③ 最近金银的价值都略有上涨。（价值由大到小）
④ 这时，一个穿着红外套、扎着两根辫子、长着一双大眼睛的姑娘站起来了。
（观察事物的过程）

以上 4 例中，多项定语分别是按照重要性的大小、政治地位的高低、价值的多少以及事物的认识规律排列的，一般不能互换。不过，重要性本身就是人为判定的结果，说话人可以把他认为重要的定语放在前面，例如"她是个美丽、大方的姑娘"和"她是个大方、美丽的姑娘"同样都是成立的，只不过前者更强调"美丽"，后者更强调"大方"。

2. 递加关系多项定语的顺序

表示递加关系的多项定语顺序十分复杂，学界目前取得的研究成果主要有：

（1）带"的"的定语在不带"的"的定语之前。（朱德熙，1982）

例如我们只能说"瓷的小茶壶"，或者"小的瓷茶壶"，但是不能说" * 小瓷的茶壶"，只能说"烟台的大苹果"，或者"大的烟台苹果"，但是不能说"大烟台的苹果"。不过，朱德熙（1982）也强调这里有两点例外：一是数量词做定语，虽然不带"的"，但是可以放在"的"的定语之前，例如"一间最大的屋子"，二是领属性定语只能放在最前面，不能放在后面，如"他最大的孩子"。

　　朱德熙提出的这个规则存在不少反例，例如"他是政治版最老的编辑""她看着窗外湖里游来游去的鸳鸯，羡慕不已"，都是带"的"的定语在不带"的"的定语之后。所以是否带"的"只能算是多项定语排序的一个补充条件，关键还是看定语表达的语义类别。因此，后续的研究都主要从定语的语义着眼进行分析。

　　(2)表递加关系的定语可分成两个大的层次：限制性的定语在前，描写性的定语在后；限制性定语的顺序遵循以下顺序：①表示领属关系的名词或代词；②处所词和时间词共现时，可以互为先后；③其他表示范围的定语(如主谓短语、动词短语、介词短语等)；④数量词短语；描写性定语则遵循以下顺序：①主谓短语；②动词(短语)、介词短语；③形容词(短语)及其他描写性词语；④不用"的"的形容词和描写性的名词。(刘月华，1983/2001)

　　例如"他是政治版最老的编辑"中"政治版"之所以能够位于"最老的"之前，就是因为"政治版"属于限制性的定语，区分与"经济版、娱乐版、生活版"等，"最老的"则属于描写性定语，所以即使"最老的"带上了"的"，它也不能越过"政治版"。

　　再例如"这是整个学校一天的活动计划"中的两个定语"整个学校""一天"分别属于领属定语和时间词定语，是不能互换的，又如"他刚才说的那一套意见我全部同意"中的"他刚才说的""那一套"分别属于表示范围的定语和数量词定语，一般也不能互换。

　　至于带多项描写性定语的句子如"那个个子高高的年轻男生是我的同学""我有一条没膝的百褶雪纺长裙"都遵循"数量词(限制性定语)→主谓短语→形容词→不用'的'的形容词"的定语语序。如果出现了数个不带"的"的描写性定语连用的情况，则排列顺序一般是"大小、新旧>新旧>颜色>形状、式样>质料"，因此"百褶雪纺长裙"中的"百褶"和"雪纺"都属于不带"的"的形容词，前者表示的是式样，后者表示质料，按照刘月华的排序是式样在前，质料在后，所以我们一般不说"雪纺百褶长裙"。

　　(3)多项定语的排列遵循"领事>处所>指示>数量>来源>性状>质地>名物"或"处所>领事>指示>数量>来源>性状>质地>名物"的顺序，即"领事"和"处所"的位置可调换，例如"他的梳妆台上那一把从福建买来的精美的牛角梳子"，也可以说成是"梳妆台上他的那一把从福建买来的精美的牛角梳子"。(范晓，2001)

　　范晓的这一排序相对更为具体细致，但实际上与刘月华的排序并不矛盾，"领事、处所、指示、数量"按照刘月华的分类都属于限制性定语，应该放在描写性的表示"来源、形状、质地"的定语之前。

　　(4)对于不带"的"的多项黏合定语来说，它们的排列遵循一条最基本的规律"对立项少的定语排在对立项多的定语之前"，对立项的数目大致相同时，可以互换位置，如我们之所以说"大红球"而不说"红大球"就是因为"大"只和"小"对立，而"红"则和"黄、白、黑、绿"等构成对立项。(袁毓林，1999)

　　黏合型的多项定语并列时一般不会超过三项，所以袁毓林总结的这一规律只用"对立项多/少"这一条标准是可以涵盖的，但是他同时也承认这一规律有时候会遇到例外，例如"瘦高个儿"中"瘦"和"高"对立项数目相等，但"瘦"和"高"并不能互换位置，"白色长筒袜"中"白色"的对立项多于"长筒"，但仍然只能排在"长筒"的前面。

【案例分析】

案例中出现的两个句子"他是有经验的我们学校的老师"和"他告诉我们，作为学生，一定要处理好打工和学习的时间"中，都有多项定语修饰的偏正短语，宝英的问题就出在多项定语的顺序上。

"他是有经验的我们学校的老师"中的定语"有经验的"和"我们学校的"属于递加关系，根据我们对表递加关系的多项定语顺序的分析可知，"我们学校的"这一属于限制性的领属定语，应该放在描述性的定语"有经验的"之前，而且描述性的定语和限制性的定语位置不能互换，所以我们只能说"我们学校的有经验的老师"。

而"作为学生，一定要处理好打工和学习的时间"中的定语"学习的"和"打工的"则属于并列关系，汉语中表示并列关系的多项定语常常要遵循一定的逻辑顺序，比如先尊后卑、先外部后内部、先主后次、发生时间的先后等，对于学生来讲，学习是更主要的任务，工作则是次要的，所以按照定语排列先主后次的规则，我们一般说的是"学习和打工的时间"而不是"打工"和"学习"的时间。

【思考练习】

1. 对于并列关系的多项定语在排序上的标准，除了我们列出的这些，你还能列出其他的标准吗？试举例说明。

2. 你认为表递加关系的多项定语中限制性的定语在前，描写性的定语在后这一规则有何动因？

3. 你如何解释袁毓林(1999)提出的"对立项少的定语排在对立项多的定语之前"这一规则背后的成因？

4. 如果从教学的角度来看，你认为如何给学生讲解递加关系多项定语的顺序更合适？

【拓展阅读】

1. 范晓 . 关于汉语的语序问题(二) . 汉语学习，2001(6) .

2. 袁毓林 . 定语顺序的认知解释及其理论蕴涵 . 中国社会科学，1999(2) .

3. 陆丙甫 . 定语的外延性、内涵性和称谓性及其顺序 . 载于语法研究和探索(四) . 北京：北京大学出版社，1988.

4. 马庆株 . 多从定名结构中形容词的类别和次序 . 中国语文，1995(5) .

第四节　多项状语语序

【案例导入】

上个星期朴宝英清楚了多项定语的排列顺序之后，这周她的作文又出现了新的问题，作文题目是《我在中国的留学生活》。作文中，她写了她来中国之后的学习和生活。其中有这么几句，"晚上11点，我们宿舍的管理员在门口已经等我们了""开学时，院长要求我们按时根据学校的规定上课""老师对我们经常说'每天都要复习复习'"。老师告诉她,这几句应该分别改成"我们宿舍的管理员已经在门口等我们了""院长要求我们根据学校的规定按时上课"和"老师经常对我们说'每天都要复习复习'"。宝英又不明白了,为什么"已经"必须要放在"在门口"前,"按时"要放在"根据学校的规定"后,"对我们经常说"要说成"经常对我们说"呢?

【基础知识】

多项状语同多项定语一样,在句子中的顺序十分复杂,甚至比多项定语的情况更为复杂,它不仅能出现在主语和谓语之间,还能出现在主语之前(如"慢慢地他想起一点来");不仅能出现动词谓语句、形容词谓语句中,还能出现在主谓谓语句(如"他的确学习很好")以及名词谓语句(如"今天刚星期三")中;共现状语的数量也可以达到5项以上,如"昨天下午王勇在现代汉语课上和李老师就动物是否有语言的问题激烈地争论起来了"中,共现的状语为"昨天下午""在现代汉语课上""和李老师""就动物是否有语言的问题""激烈地"。

多项状语仍然也可以根据状语间的关系分成并列状语和递加状语两类,前者各状语之间的地位是平等的,没有主次之分,它们联合起来共同修饰或限制同一个中心语;后者各状语项之间也没有主次之分,按一定的顺序共同修饰谓语,各项之间在语义上都与中心语存在修饰关系。(刘月华,1983/2001)下面我们简要梳理下多项状语的共现规则。

1. 并列关系的多项状语语序

和多项定语类似,表示并列关系的多项定语在理论上是可以自由互换位置的,如:

① 这次班会,老师诚恳、耐心地听取了同学们的意见。
② 这次班会,老师耐心、诚恳地听取了同学们的意见。

在以上2例中,"这次班会"是时间状语可以放在句首,后面的两项状语"诚恳""耐心地"是表示并列关系的状语,它们是可以互换位置的。

但是,和多项定语一样,表示并列关系的多项状语在实际使用时,可能受逻辑关系、说话人观察的顺序、文化规约或上下文语境的制约,如:

① 我怀着忐忑的心情,紧张又兴奋地迎来了人生中的第一次演讲比赛。
② 你必须严肃、认真地对待这个问题。

这一点我们已经在上一节做过具体分析,在此不再赘述。

2. 递加关系的多项状语语序

表示递加关系的多项状语大致可分为描写性状语和非描写性状语两类,前者描写动作行为或变化的方式、状况或者主语做动作时的情态,后者则描述动作行为发生的时间、地点、范围、程度、对象等,例如:

① 我们把教室彻底打扫一下。

② 他害怕地哭了出来。

③ 我们昨天去故宫了。

④ 这件事对我影响很大。

以上 4 个例子，例①和例②的状语"彻底"和"害怕地"属于描写性的，前者指向动作，后者指向主语；例③和例④中的状语"昨天"和"对我"则是非描写性的，它们一个说明的是动作发生的时间（"昨天"），一个表示的是对象（"对我"）。

对于描写性状语来说，它除了可以指向动作和主语之外，偶尔还可以指向动作的宾语。如"等回到家，我要热热地沏壶茶喝"，但这类状语出现频率极低。

根据刘月华（1983）的研究，指向动作的描写性状语如果和指向主语的描写性状语共现，它们在句子中的基本顺序是"指向主语的描写性状语>指向动作的描写性状语>谓语动词"，例如：

① 他不动声色地一件件处理着。

② 我幸福地飞快跑向校门。

例①中"不动声色"指向"他"，"一件件"指向"处理"，所以"不动声色"应该位于"一件件"之前，我们不能说"＊他一件件不动声色的处理着"；例②中"幸福地"指向"我"，"飞快"指向谓语动词"跑"，我们也不能说"＊我飞快幸福地跑向校门"。

那么，指向主语的描写性状语为什么一定要位于指向动作的描写性状语之前呢？这其实是因为指向动作的状语与谓语动词的关系更加紧密，所以也应该更贴近动词，这一点我们也能从指向主语的状语后常加"地"（单音节的除外），而指向动作的状语后可加可不加"地"看出来（形容词短语和动词短语类的状语除外），例如我们只能说"妈妈欣慰地看着表演节目的儿子"，不能说"＊妈妈欣慰看着表演节目的儿子"，但是我们可以说"他慢慢地站了起来"，也可以说"他慢慢站了起来"。

当句中出现了非描写性状语时，多项定语又应该遵循何种顺序呢？

综合学界各位学者的研究成果（刘月华，1983/2001、金立鑫，1988、杨德峰，2009/2016），我们可以将多项定语（包括描写性状语和非描写性状语）在句中的排序大致总结如下：

A. 表示语气、关联的

B. 表示时间的

C. 表示范围的

D. 描写行为动作者的（描写性定语）

E. 表示目的、依据、协同的

F. 表示处所、方向、路线的

G. 表示对象的

H. 描写动作行为的（描写性定语）

下面是一些具体的例子：

① 他毕竟只是犯了个小错误，就别追究了。
　　　　A　C
② 我毫不犹豫地和她一齐走了出去。
　　　　　　D　　　E　　H
③ 我们一定根据学校的规定对这件事做出严肃的处理。
　　　　A　　　E　　　　　　G
④ 她的眼泪顺着脸颊慢慢地流了下来。
　　　　　　　　F　　　H
⑤ 昨天他在班会上跟班主任针锋相对地吵起来了。
　　B　　　F　　　G　　　　H

我们需要强调的是，上面列出的顺序也仅仅是一种倾向，并非绝对的，根据语境的不同，这些状语的顺序会有所变动，例如在例②中，我们同样也可以说"我和她一齐毫不犹豫地走了出去"，此时主语变成了"我和她"，"毫不犹豫"指向的也是"我和她"，又比如例④如果为了突出"眼泪"流下来时的缓慢程度，我们可以说成是"慢慢地，她的眼泪顺着脸颊流了下来"。

总的来说，在以上这一多项状语的排列顺序的基础上，还会出现以下几种灵活的语序①：

(1)否定副词的位置十分灵活，并且会直接影响句子的语义，例如：

　A. 我对你不感兴趣。
　B. 我不对你感兴趣。

前者否定的是动作行为本身，即"我对你没有兴趣"，而后者指向的则是感兴趣的对象"你"，言外之意可能是"我不对你感兴趣，但我对你的朋友感兴趣"。

(2)表示范围的状语和否定副词连用时，排列的顺序不同，也会引起语义的变化，例如："我们全不知道这件事"和"我们不全知道这件事"，前者说的是"所有人都不知道这件事"，后者说的则是"我们中的部分人知道这件事"。

(3)由"把""被""让""叫"引导的介词短语充当状语的位置十分灵活，可以位于表示目的、依据、协同的状语之后、谓语动词之前的任何位置，例如"他慢慢地把手抽了出来""他把包从自己的座位上拿了起来""我正要给你把书送过去呢"。

(4)表示动作、行为者所在处所的"在+名词""从+名词"也可以放在描写动作行为者的前面，例如"昨天我舒舒服服休息了一天"，也可以说成是"昨天我在家舒舒服服休息了一天"。

(5)指向动作行为的描写性状语也可以放在表示处所、方向、路线的前面，例如"老

---

① 参见杨德峰(2016：209-211)。

师在黑板上写字的时候，有一个学生从教室偷偷地出去了"，也可以说成是"老师在黑板上写字的时候，有一个学生偷偷地从教室出去了"。

(6)关联副词"也"可以位于表示对象的状语之后，例如"弟弟也对这件事情不满意"，也可以说成"弟弟对这件事情也不满意"。

【案例分析】

案例中宝英写错的这三个句子，问题都出在状语的顺序上。

第一个句子"晚上11点，我们宿舍的管理员在门口已经等我们了"，一共有三个状语："晚上11点"表示时间，"在门口"为处所状语，"已经"也表示时间(但是它跟"晚上11点"不一样，后者可以放在整个句子的开头，它只能位于主语后)。根据我们上文的分析，当"在门口"和"已经"共现时，表示时间的"已经"一般要位于表示处所的"在门口"之前，所以我们不能说"管理员在门口已经等我们了"。

第二个句子"开学时，院长要求我们按时根据学校的规定上课"中同样有三个状语"开学时"与"晚上11点"类似，可以位于整个句子的开头，"根据学校的规定"属于表示依据的状语(上文的E类)，"按时"则属于描写行为动作"上课"的描写性状语，它同谓语动词的联系更紧密，在位置上应该更靠近"上课"，所以我们只能说"根据学校的规定按时上课"。

第三个句子"老师对我们经常说'每天都要复习复习'"中则有两项状语"对我们"和"经常"，前者表示动作行为的对象(上文的G类)，后者属于时间副词，根据我们上文总结的规则，表示时间的状语应该位于表示动作行为的状语之前，所以我们只能说"老师经常对我们说"。

【思考练习】

1. 试举例说明表示并列关系的多项状语的顺序在实际运用中可能会受哪些因素的影响？

2. 你如何理解指向主语的描写性状语一般要放在指向动作的描写性状语之前？

3. 除了文中举出的6种灵活出现的语序，你认为还有其他的情况出现吗？试举例说明。

4. 在实际的教学过程中，我们应该如何帮助学生理解多项状语语序的灵活性？

【拓展阅读】

1. 金立鑫．成分的定位和状语的顺序．汉语学习，1988(1)．

2. 刘月华．状语的分类和多项状语的顺序．语法研究和探索(一)．北京：北京大学出版社，1983.

3. 黄河．常用副词共现时的次序．北京大学中文系编．《缀玉二集》．北京：北京大学出版社，1990.

4. 袁毓林．多项副词共现的语序原则及其认知解释．语言学论丛(第二十六辑)．北京：商务印书馆，2002.

第九章　汉语语法教学策略

第一节　汉语语法教学模式

一、形式导向模式

【案例导入】

　　小王在一所大学的海外教育学院担任汉语教师，班上学生的汉语水平为初级，这周他开始讲表示目的的连动句，按照教材，他上课时先将这种连动句的语法形式板书到了黑板上："S+V1O+V2O"，并给学生讲解了这一句型的使用规则：两个动作是连续的，第二个动词表示第一个动词所示动作的目的，然后，他利用 PPT 呈现了几个例句，包括"我现在回学院上课""他下午去不去朋友家玩儿"等，最后又让学生做了替换练习(替换部分为："我回学院上课"，备选项为"去商场买东西；去朋友家玩儿；回家看爸爸")。课下，小王安排学生自己造出 5 个连动句，学生们还是造出了"＊她发了信去邮局""＊去吃买冰激凌"等错误的句子。他不明白，自己明明讲得很清楚，学生怎么还是出错了呢？

【基础知识】

　　1. 形式导向的语法教学模式

　　形式导向的语法教学模式是目前对外汉语语法教学实践中最传统的一种语法教学模式，它的主要特点是以语法形式为着眼点，从形式到意义，注重语法知识和规则的讲解。教学的基本环节为：从语言形式出发—讲解语法规则—学生机械性练习或根据教师的提示做有意义的练习—学生记忆规则。

　　2. 语法教学实例

　　初级阶段教授"比"字句时，如果采用形式导向的语法教学模式，我们首先会先形式上把初级阶段要教的"比"字句分成这么几个句式：(1)S+Prep."比"+N/Pr+A，如"这件旗袍比那件旗袍漂亮"；(2)S+Prep."比"+N/Pr+A+Psycho-V/Aux. V+O，如"他比我喜欢你/他比我能吃"；(3)S+ Prep."比"+N/Pr+A+NumP，如"这本书比那本书贵 20 块钱"。

　　在讲解每一类句型时，大致分为以下 4 个具体步骤：

（1）讲解语法规则，以"S+Prep."比"+N/Pr+A"为例，告诉学生"比"字句是用来比较两种事物的性质或特征，"比"和其后的宾语共同构成了介词短语，句子中的形容词谓语则要被放在"比+N."的后面。

（2）教师呈现具体用例（可结合具体语境），如"大商场的东西比小商店的多""这件衬衫比那件衬衫便宜""小云比他忙"。

（3）在初级阶段由老师领读例句，学生逐一跟读（中高级阶段这一步骤可能省略）。

（4）学生套用句型造句或进行替换、变化、完成句子等机械性练习。

如果想要进一步充实和完善练习步骤的话，学生可根据图片、自行表演等方式用所学句型进行表达。

3. 形式导向模式的优缺点

形式导向的语法教学模式作为最传统的语法教学模式，其优点在于所形成的教学体系十分系统，便于学生形成语法概念，结构清楚，教师操作起来也很容易。而通过对操练阶段的巩固和提升，学生可以根据情况自主造句，在教师给定的限定性的教学活动中，学生甚至可以熟练地把刚学会的句型根据教师给定的语境脱口造出正确的句子。

但是它的缺点也非常明显：

（1）形式导向的语法教学模式侧重语法知识和语法规则的讲授，容易造成"语法和语境脱离"（李晓琪，2004）。

一方面，学生虽然掌握了结构形式和规则，但有可能并不明白语法点的使用语境，往往会用错或回避使用；另一方面，我们也常常会看到这样的情况，老师在课堂上讲解语法知识，学生听得很明白，课上的操练和课后的语法作业也都能按要求完成，但是在实际应用中，按照课上所学的语法规则造句，往往一用就错，例如教材上讲"无论"都会说："表示在任何条件下，情况、结果都不会改变"，并且给出常用格式"无论……，都/也……"，然后再举例，这样的解释非常清楚、简明，但是学生还是会造出各式各样的病句，如"＊无论天气很不好，我都要去游泳""＊无论他说得好极了，也我不相信"。这就说明，我们不能只盯住死的语法规则，而必须充分考虑到语法点使用的语境，不只考虑如何让学生用对，也要考虑如何让学生用得得体。

（2）形式导向的语法教学模式讲解的语法知识和规则数量很大，容易造成学生的记忆和学习负担。

陆俭明（2000）曾经强调"语法教学不宜过分强调，更不能直接给学生大讲语法规则"。形式导向的语法教学模式要想将一个复杂的语法项目讲清楚，难免就会列出多条语法规则，这无疑会给学生造成很大的学习负担，更不用谈有些语法项目的限制规则本身在汉语研究中就存在争议了。例如，汉语中"把"字句的使用条件十分复杂，不仅"把"字句的句式语义就有"处置式""致使说""位移说"等几种不同的解释，而且"把"字句中介词"把"的宾语、谓语、谓语动词的宾语，以及"把"字句的使用环境等都有很多限制。刘月华（2001）在《实用现代汉语语法》中用了31页（P731-P761）来讲"把"字句，可以这么说，我们在教材或者课堂教学中，如果想通过"讲"的方式把"把"字句讲清楚，是不太可能的。而且在教学实践中，并非所有的语法规则都需要教给学生。那么哪些语法规则必须讲，哪些不用讲，对于新手教师来说也是一项挑战。

（3）形式导向的语法教学模式由于多数靠刺激—反应式的操练模式，学生对语法项目缺乏深层次的认知——不了解按此结构组织句子的基本原理，不了解语序成因，更不了解在何种情境下使用(卢福波，2007)，所以很容易就会产生遗忘。

所以总的来说，形式导向的语法教学模式曾经作为最盛行的教学模式，由于其存在各种问题，学者们已经开始转而探索并提倡更适合汉语特点、利于提升学生表达能力的语法教学模式了。

【案例分析】

小王教授连动句时采用的是典型的形式导向的语法教学模式：他先给学生呈现了表示目的的连动句的语法形式，并讲解了相关的语法规则，接着让学生进行了机械性操练。在这种教学模式下，学生在课堂上操练时根据小王给定的语境和词汇，很容易就能完成练习。

前面我们已经分析过，形式导向的语法教学模式的弊端之一是因强调语法知识和语法规则的教授，容易造成语法和语境分离，以致学生对语法项目缺乏深层次的认知，不了解句子的成因，也不了解句子应该在何种情境下使用。小王在布置课后作业时，要求同学们自己选择语境和词汇，所以同学们很有可能会因为不清楚连动句中两个动作之间的相互关系、不清楚连动句应该在何种情况下使用而产生偏误。

案例中两个病句的问题出在动词排列顺序上，"＊她发了信去邮局"将前后两个动作倒置了，实际上"去邮局"发生在前，"发信"发生在后，"发信"是"去邮局"的目的，所以应该改为"她去邮局发了信"；而在病句"＊去吃买冰激凌"中，"买冰激凌"和"吃"表示前后发生的两个动作，"吃"是"买冰激凌"的目的，所以应该改为"去买冰激凌吃"。这些偏误反映出学生可能并不清楚在连动句中到底哪个动作是"目的"，也不清楚为什么表示目的的动词应该后置，所以我们建议小王在讲连动句时，最好能告诉学生连动句中语序构成的认知动因，强化学生对连动句中两个动作的相互关系以及语序致因的理解，这样学生就能减少或者避免语序类的偏误了。

【思考练习】

1. 你在学校学习外语时，老师们是否也采用了形式导向的语法教学模式？请举例说明。

2. 结合你的汉语教学经验或者学习外语的经验，阐述形式导向的语法教学模式的优缺点。

3. 你认为课堂教学应不应该讲语法规则？

4. 查阅早期对外汉语教材，结合教材内容说明形式导向的语法教学模式在教材中的应用。

【拓展阅读】

1. 李晓琪．关于建立词汇——语法教学模式的思考．语言教学与研究，2004(1)．

2. 孙德金．对外汉语语法教学中的形式与意义．语言教学与研究，2007(5)．

3. 卢福波. 语法教学与认知理念. 汉语学习, 2007(3).

4. 陆俭明. "对外汉语教学"中的语法教学. 语言教学与研究, 2000(3).

二、表达导向模式

【案例导入】

在意识到语法知识和语法规则的讲授在汉语语法教学中不应该占据绝对地位后, 小王尝试调整了自己的教学方法, 在学习新的语言点时, 他会给出该语言点的使用语境, 告诉学生它适用于什么情况, 然后通过启发的方式帮助学生们自己发现这个语言点在使用时有哪些限制条件。例如, 这个星期他们开始学习"把"字句, 他为学生设计了"把"字句的两种使用场景: 解决问题场景和报告已经发生"使变化"事件, 在第一种场景下, 他通过提问的方式引导学生回答: "Q: 外面太吵了, 怎么办? A: 把门关上""Q: 教室里太热了, 怎么解决? A: 把空调打开"; 接着他启发学生自己探索发现"把"字句的所表达的语义, 并通过反例引导学生发现"把"字句对"把"引介的对象和动词的限制; 最后他安排学生自己选择对话场景用"把"做对话练习。下课后, 同学们都说这样学起来很有意思, 自己说话的机会也多了, 但是也有同学说这样会影响课堂效率, 还是希望老师多讲讲。小王开始反思, 这种语法教学模式到底合不合理? 自己应该怎样改进呢?

【基础知识】

小王调整后的语法教学模式我们可以将其称为表达导向的语法教学模式。

1. 表达导向的语法教学模式

我们在对外汉语课堂上讲的语法是理论语法, 而不是教学语法, 它"是从意义到形式, 而不是从形式到意义"(赵金铭, 1994)。很多学者都意识到汉语语法教学不能从形式出发, 而应该从意义出发, 从表达出发, 并在此基础上构建意义导向的、表达导向的对外汉语教学语法体系(祖人植, 2002; 卢福波, 2000), 建立表达导向的语法教学模式(李先银, 2014)。

表达导向的语法教学模式是基于语言教学目的、培养语言能力而提出的, 应用于具体的语法项目, 其教学活动程序与形式导向的语法教学模式相对, 具体包括两个方面:

A. 在什么情境下用什么形式, 即用什么。

B. 该形式使用上有什么限制, 即怎么用。(李先银, 2014)

2. 具体实例

我们以"了"的教学为例, 在汉语教材中, "了"一般会被分为"了₁"和"了₂", "了₁"用于动词后表示已然、完成或实现, 如"我看了电影"; "了₂"则用于句末表示变化、新情况的出现或表示确定的语气, 如"下雨了"。但是学界对于"了"的分类、语法性质和语法意义仍然存在分歧, "了"的习得也一直是留学生们的习得难点。

我们上面已经谈到, 表达导向的语法教学模式关注"在什么情景下用什么形式"和"该形式使用上有什么限制"两个问题。所以对于"表示动作完成或实现"的"了", 我们可以先通过提问的方式为学生创设几个典型情境，并告诉学生如果一个动词已经完成或者实现了，我们就可以把"了"放在动词后，如：

  (1)Q：你早上吃了几片面包？
   A：我吃了三片面包。
  (2)Q：你昨天喝了几杯咖啡？
   A：我喝了五杯咖啡。
  (3)Q：你上周末做了什么？
   A：我上周末看了电影。

  然后，我们可以引导学生自己发现"了"的使用规则，以完成表达导向的语法教学模式的第二个组成部分"怎么用"，如果句子宾语前边有数量成分，"了"一定要放在动词后面，数量成分前面，如"我们参观了两个景点""我们骑了半个小时的自行车"；又比如并非所有叙述过去发生的事件时都要用"了"；如果一个事件在过去常常发生或者发生在过去但并不强调已经完成，就不能用"了"，例如"过去他常常来看我"表示的是过去经常发生的某件事情，"去年我在美术学院学习美术"只是陈述曾经的事实并不强调"学习"的完成，都不能用"了"。

  最后，在练习环节，我们可以让两位同学一组，每位同学都写下最近一次买东西的时间和地点，然后用"了"互相提问和回答。

  3. 表达导向模式的优缺点

  提倡表达导向的语法教学模式的学者认为，形式导向的语法教学模式与形式导向的语法教学模式相比，更适合新形势下对外汉语语法教学的需要(李先银，2014)，因为：

  (1)它直接服务于培养语言能力的教学目的。在这一语法模式下，语言的意义和言语的表达被视作语法教学的关键，学生不必专门记忆繁琐的语法规则，只需要从整体上掌握各种表达意图对应的表达形式，在情境中进行操练；

  (2)它要求学生在具体场景中学习语法，体现"在学中用，用中学"的教学理念。形式导向的语法教学模式的缺点之一就是容易造成语法和语境脱离，而表达导向的语法教学模式将语言使用情景和语言形式联系起来，在练习环节中也避免了机械性操练；

  (3)它不局限于单句，更侧重语段和语篇层面的学习，语言情景真实。例如对于连词"于是"表达导向的语法教学模式会为学生创设这样一个使用情景："T，S 做什么，事情A，于是 S 做 B"("昨天下班后，我去山本的宿舍找他喝酒，山本不在宿舍，于是我一个人去喝了")；

  (4)突出学生的主体性，整个过程不是教师讲，而是引导、启发学生自己去发现。比如在学习"了"应该怎么用时，我们可以让学生自己通过例句发现"了"的使用规则。

  我们认为，表达导向的语法教学模式与形式导向的语法教学模式相比在培养学生的表达能力上显然更具优势，但是我们也应该看到，它同时也存在一定的问题，比如：强调言语的表达功能，淡化语言规则，学生可能无法形成鲜明的语法概念，头脑中的语法体系缺乏系统性，因此有可能会影响学生语言产出的精确性；表达导向的语法教学模式强调开发学生自主发现语法规则的能力，但由于学生的学能存在差异，学生们的学习结果也会不一致，尤其对于学能差一点的学习者来说，这也会给他们的学习造成一定的压力和负担；表达导向的语法教学模式的课堂学习效率往往不如形式导向的语法教学模式。

【案例分析】

在案例中，小王采用了表达导向的语法教学模式，他先为学生设计了两种"把"字句的使用场景，目的是帮助学生解决"在什么情境下用"这一核心问题，然后他又通过启发引导的方式帮助学生自己发现"把"字句的语义和使用规则，目的是帮助学生明确"把"字句在"使用上有什么限制"，完成这两个步骤后，让学生们自己选择场景进行对话练习，这样的练习一方面可以强化学生对于"把"字句语义的理解，另一方面也可以帮助他们在表达中检验自己对"把"字句的掌握情况，以便发现偏误随时纠正。

从学生们的反馈情况来看，小王教学模式的改进还是得到了同学们的认可的，但是从他们反映的问题来看，有同学认为这样会影响课堂效率，这说明小王在实际操作的过程中可能有所拖沓，比如在引导学生自己探索使用规则的部分可能会进行较慢。我们建议小王在培养学生自主学习能力的同时，也适当进行干预，把控课堂节奏，如果学生在总结"把"字句的使用规则时遇到了困难，他就可以"上场控球"了。

【思考练习】

1. 你如何理解情语境在语法教学中的作用？

2. 结合你的汉语教学经验和学习外语的经验，分析表达导向的语法教学模式的优缺点。

3. 你认为实例中"了"的场景分类和教学步骤是否合理？如果不合理，应该如何修改？

4. 请你按照表达导向的语法教学模式，设计一套"把"字句的教学步骤。

【拓展阅读】

1. 李先银. 表达导向的对外汉语语法教学模式探讨——以"了"的教学为例. 国际汉语教学研究，2014(3).

2. 卢福波. 谈谈对外汉语表达语法的教学问题. 语言教学与研究，2000(2).

3. 赵金铭. 教外国人汉语语法的一些原则问题. 语言教学与研究，1994(2).

4. 祖人植. 对外汉语教学语法系统研究思路述评——从语言共性与个性的视角. 北京大学学报(哲学社会科学版)，2002(4).

三、认知导向模式

【案例导入】

小王最近带着学生们学习了复合趋向补语的引申用法，包括"上来、下来、下去、起来、出来"等，每次上课他都会先采取情景对话的方式导入例句，然后再引导学生总结这些趋向补语表示的意义和用法，最后再让同学们做对话练习。全部学完之后，小王安排同学们回去完成一项课后作业，用这些趋向补语各造一个句子，同学们把作业交上来之后，小王发现有好几位韩国同学都把应该用"起来"的句子误用为"下来"了，如"＊他们有个问题，两个人讨论下来""＊我的朋友把自行车往左边转的时候，跟一个中国人冲突下来"。小王内心产生了疑问：为什么韩国同学都会把"起来"误用为"下来"呢？是不是因为自己上课采用的教学方法有问题？

【基础知识】

1. 认知导向的语法教学模式

认知导向的语法教学模式是一种在语法教学中贯彻认知理念的教学模式，它的主要特点是：（1）在语法教学的过程中充分考虑学生的认知特点，"调动学习者已有的知识结构和思维能力，类比性地认识汉语语言结构以及词语构成，并在该过程中让学习者体会、理解汉语为母语者语言使用的基本思维方式"（卢福波，2007）；（2）从认知视角为语法规则提供合理的解释，帮助学生了解语法规则形成的认知动因，以促进学习者的理解和掌握；（3）强化有意义的练习，突出语境条件，帮助学生在语境中强化理解和记忆。

需要强调的是，将认知视角引入第二语言教学领域早已有之，20 世纪 60 年代，美国心理学家 Caroll 以转化生成语法和认知心理学为理论依托提出了认知法（Cognitive Approach），又称"认知—符号法"，它主张在外语教学中发挥学生的智力，注重对语言规则的理解和创造性运用，认为书面语言能力和口头言语能力同样重要，听、说、读、写训练需齐头并进。

我们这里所谓的认知导向的语法教学模式，一定程度上继承了认知教学法的主张，但又有所不同。一方面，它同样强调意识在学习中的作用，强调学生是学习的中心，注重培养学生的语言交际能力，但是另一方面，认知导向的语法教学模式的理论基础是认知语言学，它更强调的是将认知语言学的研究成果渗入到日常的教学中，试图用认知语言学的相关理论为语法规则提供恰当的解释以辅助学生对语法规则的理解和学习，而认知教学法在语法规则的讲解上与语法翻译法类似，主张用演绎法来教授语法规则。

2. 具体实例

以初级阶段表目的连动句的教学为例，采用认知导向的语法教学模式进行教学的核心就是要让学生理解连动句中的两个动词 V1 和 V2 之间的语义关系，以及 V1 和 V2 语序构成背后的认知动因（为什么不能互换），具体实施时，我们可以按照以下步骤进行：

（1）提问导入：

Q：你上周末去哪儿了？
A：我去超市了。
Q：你去超市做什么？
A：买东西。
（然后引导学生构成"我去超市买东西"）
也可以通过看图对话的方式导入（图片：一群孩子来到北京大学）：

　　Q：这些孩子来到哪里了？

　　A：北京大学。

　　Q：那你觉得他们来北大做什么？

　　A：参观/看演出/听讲座。

　　（然后引导学生构成"孩子们来北大参观/看演出/听讲座"）

　　类似的对话导入可以多做几组，选择不同的场景和动词，引导学生分辨表目的的连动句。

　　（2）从这些连动句出发，启发学生思考：这些句子中的两个动词有何关系，如果互换位置行不行，学生此时就能很轻松地答出 V2 是 V1 的目的，不能互换位置。

　　（3）教师在此基础上归纳总结，强调 V1 和 V2 不能互换位置，是和它们在物理世界中实际发生的时间顺序相一致的：物理世界中先发生的要放在句子前面，后发生的要放在后面。

　　（4）练习阶段可以安排不同形式的练习，如提供成对儿的动词词语，让学生判断哪个应该放在前面，哪个应该放在后面；让学生看图造句；让学生根据自己这两天所做的事用连动句的形式对话。

　　3. 认知导向模式的优缺点

　　认知导向模式的语法教学模式充分考虑了学习者的认知特点，并注重在语法教学的过程中帮助学生了解语法规则形成的认知动因，具体来说有以下优势：

　　（1）以学生为中心，注重培养学生自主学习的能力；

　　（2）让学生在语法学习的过程中不仅知其然，还要知其所以然。学习和练习并非简单的"刺激—反应—强化"，而是建立在意义理解的基础上；

　　（3）学生在理解了语法规则背后的认知动因后，一方面可以将目的语和母语间的共性融会贯通，另一方面也能加深对汉语中那些与他们的目的语不同的语法规则的认识，减少使用时的偏误。

　　但是我们也应该看到，认知导向模式也存在一定的问题，需要教师们在实践操作中加以注意：

　　（1）语法规则认知原理的讲解比例不能过大。认知解释的目的是帮助学生对语法规则的理解，进而提升他们的语言表达能力和准确度，但如果讲解比例过大反而容易造成喧宾夺主，挤占学生自主学习和练习的课堂时间。因此认知原理的讲解最好采取渗入、调拨的方式，启发学生自主发现，教师进行适当的提示和补充。

　　（2）认知原理的讲解是对汉语教师能力的挑战。认知原理的讲解不能想当然，尤其是新手教师必须提前吃透汉语本体知识要点，并对认知语言学有充分的了解。

　　（3）汉语中很多语法现象往往存在多种认识和解释，如"把"字句，那么在实际的教学过程中就需要教师进行合理的鉴别和选择，否则就会影响解释的可信度，进而影响学生对语法项目的理解和学习。

【案例分析】

韩国学生之所以会出现将"起来"误用为"下来"的偏误是受了母语迁移的影响。

"讨论起来"对应的韩国语为"토론하다"，"冲突起来"对应的韩国语为"충돌하다"。其中"다"为动词后的助词，"하"是"下"的意思，因此，受母语的影响，韩国学生就很容易将表示"开始"的起来误用为"下来"。

复合趋向补语的引申用法是汉语语法教学和学生习得的一大难点，大部分教师在教授复合趋向补语时采用的多是小王在案例中使用的教学模式——以表达为导向，将语法学习和语境结合起来，让学生明白什么时候该用哪个趋向补语，以及趋向补语在使用时有哪些规则限制等。但是这样的教学模式也可能会存在一定的问题，就是有时候不同语言中趋向补语的适用语境是不一致的，比如汉语中应该用"起来"的语境，韩语中用的是"下来"，这种情况下学习者就很容易受母语迁移的影响产生偏误。

所以我们建议，这种情况下小王不仅需要帮助学生明确"下来/起来"等什么时候用和怎么用，还需要启发学生理解汉语中趋向动词的选择有何认知动因，也就是说，认知导向的语法教学模式更为适合。"下来"的本义是表示朝着说话人选择的参照位置的从上到下的位移，而"下来"的三种引申意义"动作或状态变化的延续（趋向终点）"，如"定居下来"；"动作或状态变化的停止"，如"停下来"；"动作或状态变化完全停止后的延续（在新变化开始前的状态）"，如"寂静下来"，都与"来"在认知图式上侧重不断趋向终点的过程有关。而"起来"的本义为表示参照点为动作起点的、从低到高的位移，"起来"的引申用法"动作变化的开始"正是与"起来"在认知图式上侧重的参照位置为起点并有所延续有关。韩国学生如果理解了"下来"和"起来"的引申义和本义在认知上的联系，就会明白为什么汉语中表示动作开始应该用"起来"而非"下来"了，进而建立正确的认知图式，减少使用上的偏误。

【思考练习】

1. 对比三种不同导向的语法教学模式，分析各自的优缺点。
2. 在语法教学内容上，这三种不同的语法教学模式是否存在适用差异？
3. 你认为语法规则认知原理的讲解在语法教学中应该占多大比例？
4. 选择合适的语法教学内容，现场演示认知导向的语法教学模式。

【拓展阅读】

1. 卢福波. 语法教学与认知理念. 汉语学习，2007（3）.
2. 何冰艳. 认知教学法是语法翻译法的翻版吗. 戴炜栋主编. 外语教学法的机遇与挑战——第二届中国外语教学法国际研讨会论文集. 上海：上海外语教育出版社，2007.
3. 杨德峰. 日语母语学习者的汉语复合趋向补语引申义习得情况分析——基于中介语语料库的研究.《第九届国际汉语教学研讨会论文选》编辑委员会. 第九届国际汉语教学研讨会论文选. 北京：高等教育出版社，2010.
4. 高顺全. 复合趋向补语引申用法的语义解释. 汉语学习，2005（2）.

第二节 汉语语法教学方法

一、显性/隐性语法教学

【案例导入】

张丽是一所大学对外汉语教育学院汉语国际教育硕士专业研一的学生，这个学期学院为他们开设了《对外汉语课堂教学理论与实践》课程，刚开始上课时，这门课的任课老师就把他们班上的同学分配到院里不同的留学生班级，让他们跟着留学生们一起上课，让他们看看院里的老师们是怎么上课的，还安排他们要写听课记录，并谈一谈自己从听课中获得了哪些经验，做了哪些反思。张丽今天听课的时候，任课老师讲到了"比"字句，任课老师在跟同学们讲完"比"字句的基本形式"A＋比＋B＋Adj."后，告诉同学们"在'比'字句中，形容词前不能用绝对程度副词，如'很''非常'等。例如，我们不能说：我比他非常大。要说：我比他大多了"。接着就有同学提问："老师，什么是绝对程度副词？"然后老师又花了五分钟给大家讲了绝对程度副词如"很"和相对程度副词如"更"的区别。下课回来后，张丽完成了听课笔记，在最后的反思部分，她写下了一句话："语法教学时到底应不应该'讲'语法？"

【基础知识】

张丽的疑问"语法教学时到底应不应该'讲'语法"其实反映的是语法教学是不是应该采用明示的、详细讲解语法规则的方法的问题，也就是语法教学应该采用显性语法教学方法还是采用隐性语法教学方法的问题。

1. 显/隐性语法教学界定

显性和隐性语法教学的区分关键在于学习者能够意识到自己正在学习语法规则，Ellis（1999）曾经给二者下过这样的定义：显性教学是"给学习者语法规则，然后加以练习"，后者则是"学习者从所学例子中归纳出语法规则"。在汉语教学领域，吴勇毅（2012）也曾这样定义过显性语法教学和隐性语法教学："明示的、详细讲解语法规则的教学是显性语法教学；隐蔽的、在学生不自觉的状态下进行的语法教学，是隐性语法教学。"

我们认为，显性语法教学和隐性语法教学各自具有这样的特点：

（1）显性语法教学会讲语法规则，隐性语法教学不会；

（2）显性语法教学中学习者能够意识到自己正在学习语法，隐性语法教学中学习者则意识不到；

（3）显性语法教学中教师往往是讲授语法规则的主体，而在隐性语法教学中学习者从教师那里获得的是语言事实，由学习者自己在语言实践和语言事实中归纳出语言规则。

2. 显/隐性语法教学的区分

隐性语法教学和显性语法教学之间并没有明显的分界线，从隐性语法教学到显性语法教学是一个连续体，在这两者之间，语法明显度不断提高，语法隐藏度不断降低。

$$\text{隐性语法教学} \xrightarrow[\text{隐藏度}]{\text{明显度}} \text{显性语法教学}$$

例如在以下三例中，语法明显度是逐渐降低的，语法隐藏度则逐渐升高：

（1）老师：在"比"字句中，形容词前不能用绝对程度副词，如"很""非常"等。例如，我们不能说：我比他非常大。要说：我比他大多了。下面我们来做一组替换练习：我比他<u>大</u>多了。（高　胖　漂亮）

（2）教师：你们俩年龄差不多吗？

　　学　生：不，我比他非常大。

　　教　师：不，你应该说"我比他大多了"。

（3）教师：你们俩年龄差不多吗？

　　学　生：不，我比他非常大。

　　教　师：哦，你比他大多了。

在例（1）中，教师很明显在教授语法规则，学生容易就能注意到；在例（2）中，教师是采用明确更正的方式把语法规则潜移默化地教给学生，学生这时也能够意识到原来"比"字句的形容词之前不能用"非常"；在例（3）中，教师则是采用了重述的隐性反馈方式纠正了学生的错误，这时学生如果不格外注意老师反馈的语言形式，就有可能意识不到自己的错误，不能习得正确的形式，这时如果要让学生能够自主发现语法规则，教师就需要反复提供大量的语言事实，并进行反复的练习。

3. 采用显性语法教学还是隐性语法教学？

历史上，不同的语言教学法对显性语法教学和隐性语法教学的态度也是不一样的。语法翻译法采用演绎法进行语法教学，先讲解语法规则，再展示例句，然后在练习中运用、巩固规则，因此使用的是隐性语法教学的方式；而听说法注重句型操练，强调让学生在反复操练中达到自动化程度，从而提升语言能力，尤其是听说能力，此时显性语法教学已经开始衰落了，取而代之的是隐性语法教学方法。

那么，对外汉语教学实践中，语法教学究竟应该采取显性语法教学方法还是隐性语法教学方法呢？

如果我们要谈哪种语法教学方法更有优势，就应该从它的教学效果来判断，教学效果好的教学方法自然应该多被使用，但是，从目前的实证研究来看，学界对于显性教学和隐性教学的效果并未取得一致性的结论（靳洪刚，侯晓明，2016）。导致这一结果的原因，一方面如靳文所说的，目前的研究对显性和隐性教学的区分还不够清楚，另一方面，不管是显性教学还是隐性教学本来就各有长短，因此我们不能断然肯定一方，而否定另一方。

至于在实际操作时我们该选择哪种教学方法，也应该结合具体情况而定，综合考虑学习者的个体因素、教学目标以及学习环境等因素。吴中伟（2007）指出，"孩子还是成人，学母语的时候能否学习语法，短期教学还是长期教学，进修教学还是学历教学，培养综合技能还是侧重听说技能，在本国学还是在目的语国家学等，都影响着我们的教学策略（吴文指显性语法教学和隐性语法教学的选择，编者注)"，例如成人与孩子相比逻辑思维能力更强，更善于从规则中举一反三，因此与儿童相比，简明易懂的语法规则的讲授能够帮助他们自主学习，提高学习效率，但儿童则不宜如此；又比如短期教学往往以短期内快速提高语言交际能力为目标，因此语法内容应该少讲或不讲，而学历教育中则可以适当地把语法规则讲得透彻一些，系统一些，从而为学习者打下坚实的基础。

【案例分析】

张丽旁听的对外汉语课堂中任课老师所采用的语法教学方法是典型的显性语法教学，她不光给学生讲了语法知识，明确地告诉学生"比"字句中，形容词之前不能用"很、非常"，甚至在讲授的过程中，还使用了十分专业的语法学术语"绝对程度副词"。这个概念不但留学生会有疑问，而且不具有语言学背景的普通中国学生也未必十分清楚，这就使任课老师还得占用课堂时间专门为学生解释"绝对程度副词"这一概念。所以任课老师的这一做法并不恰当。

对于张丽的疑惑"语法教学时到底应不应该'讲'语法"，我们在基础知识部分已经做出了回答：是采用显性语法教学方法明确地讲解语法规则，还是采用隐性语法教学方法只为学生提供充分的语言事实和练习让他们自己提炼语法规则，需要综合考虑学习者的个体因素、教学目标以及学习环境等因素。张丽所在的对外汉语教学课堂中的学习者是成年人，如果是长期班，或者学历教育班，那么教师在课堂上简明扼要地讲一讲语法规则有利于学习者举一反三，自主学习，所以也未尝不可；但如果是短期班，教师在课堂上就应该少讲甚至不讲语法规则。

需要强调的是，即使是显性语法教学，讲授的内容也是语法知识和语法规则，而不是语法学知识，而且对外汉语教学中讲的语法是教学语法不是理论语法，因此教师在讲授的过程中要注意使用简明易懂的语言，尽量少出现语法术语，即使出现也应该以最简单的、最基础的语法概念为主，对于诸如"绝对程度副词"这样十分专业的语法学概念，是应该避免的。

【思考练习】

1. 就你个人学习外语的经验而言，你更倾向于认同显性语法教学还是隐性语法教学？为什么？

2. 有实证研究发现，显性语法教学法的教学效果与汉语语法结构的复杂度(如是非问句和助词"了"的难度对比)及复杂度类型(意义复杂或结构复杂)有关(靳洪刚，侯晓明，2016)，你如何看待这一问题？

3. 你如何理解"显性语法教学讲授的内容是语法知识，而不是语法学知识"？

4. 对外汉语课堂的语法教学与中文系本科生上的"现代汉语"课程在教学方法上有何不同？

【拓展阅读】

1. 戴曼纯. 二语习得的"显性"与"隐性"问题探讨. 外国语言文学(季刊)，2005(2).

2. 靳洪刚、侯晓明 . 汉语作为第二语言实证研究纵观：显性与隐性学习、知识、教学 . 世界汉语教学，2016(2).

3. 尹枝萍、郝兴跃 . 明示语法教学与暗示语法教学讨论 . 云南师范大学学报(哲学社会科学版)，2005(2).

4. 吴中伟 . 怎样教语法：语法教学理论与实践 . 上海：华东师范大学出版社，2007.

二、演绎、归纳和类比

【案例导入】

　　张丽这周又去另外一个汉语长期班听课学习了，今天课上出现的语法点是副词"再"和"又"。教材中把副词"再"和"又"的义项罗列了出来，又在各义项下展示了几条例句。课堂上，任课老师讲到"再"和"又"时是这样设计的：先在 PPT 上为同学们展示了"再"和"又"的例句，既有正确的、也有错误的，如："(1)他说错了，又说了一遍。(√) 他说错了，再说了一遍。(×)(2)你说错了，请再说一遍。(√) 你说错了，请又说一遍。(×) (3)参观了长城以后，我们又参观了长城。(√)参观了长城，以后我们再参观了长城。(×)"，然后问了大家这样一些问题："(1). 例(1)说的是过去发生的事，还是将来发生的事？例(2)呢？(2). 例(3)和例(1)、例(2)相比，有什么不同？"接着，老师启发学生回答："再"和"又"有什么区别？学习结束后，老师又让同学们做了练习。张丽下课回来后，照例进行了反思，她在听课笔记上写道：从实例到规则？抑或从规则到实例？

【基础知识】

　　汉语语法教学从实例到规则和从规则到实例，代表的是两种不同的语法教学方法：演绎法和归纳法，这是两种传统的语法教学的基本方法，此外还有类比法。

　　自 20 世纪 50 年代新中国的对外汉语教学事业正式开展以来，汉语语法教学的方法也随着时间的推进产生了很大的变化，从 50 年代的演绎法占据主流，到 60 年代归纳法被提升至主导地位，再到 70 年代类比法的兴起，直至 90 年代任务型教学方法的蔓延，汉语语法教学方法逐渐趋于综合，越来越多样化。

　　1. 演绎法

　　演绎法是 50 年代在对外汉语语法教学中占据主导地位的教学方法，它的特点是从语法规则到具体语言材料。这一点在当时的教材《汉语教科书》中体现得很清楚：教材的编排体例是先语法后课文；在课程设置上，设讲授课和练习课，讲授课讲授语法知识，练习课则根据讲授课讲解的语法知识，进行大量练习，培养语言技能；讲授方法在初学阶段是一个教师讲语法、一个教师用学生的母语翻译。(程棠，2008)

　　我们举例来说明演绎法如何实施：

　　　　以"不但……，而且……"的教学为例，课文中出现的句子是"我十年以前见过他，这十年变化很大。不但他不认识我了，而且我也可能不认识他了。"(《新实用汉语课本》第 2 册第二十四课"你舅妈也开始用电脑了")。

教师：同学们，小云十年没见舅舅了，他们俩还能认识对方吗？……不能。那课文是怎么说的？……对，"不但他不认识我了，而且我也可能不认识他了"。

（教师板书，"不但……，而且……"）

教师：我们可以说"不但 A，而且 B"，B 表示的意思比 A 更近一层，如果 A 和 B 是一个主语，那么主语要放在"不但"的前面，例如我们可以说"张老师不但是我的汉语老师，而且也是我的中国朋友""而且也是我的中国朋友"……

（继续讲练更多例子）

教师：那如果 A 和 B 不一样的话怎么办呢？……对，这时候主语要放在 A 的后面，例如课文里的句子"不但他不认识我了，而且我也可能不认识他了"，还有"不但中国人喜欢《红楼梦》，而且外国人也很喜欢这部小说"……

教师：请同学们看一看，用上"不但……，而且……"和我给的这些词组，应该怎么说？

会打太极拳　会游泳
喜欢看电视　喜欢看戏
学习汉语　学习中国文化
常常踢足球　参加足球赛

演绎法一直到现在都仍然是语法教学的一种常用方法，它重点突出（"讲-展示-练"），有利于帮助学生对语言知识和语法规则的掌握，教学效率也很高。但是在语法规则的讲解上容易出现讲得过多过复杂的情况，例如《汉语教科书》第十三课讲体词谓语句（一）是这么说的：

"以体词构成谓语主要成分的句子，叫体词谓语句（一）。体词包括名词、代词和数量词。体词说明主语所指的人或事物是'什么'，而系词可以说是一种特殊的动词，它的功用就在于联系主语和谓语体词。体词和系词构成的谓语对主语起判断、说明作用。"

很明显，把这样的语法规则直接讲给留学生是不合适的。所以这就提醒我们，在采用演绎法进行语法教学时，一定要注意语法规则的简单扼要。

2. 归纳法

随着 20 世纪 60 年代时对外汉语教学实践性原则的提出和强调，归纳式的语法教学方法开始逐渐占据主导地位，这也与当时"精讲多练"教学理念的贯彻以及直接法的引进密不可分。

归纳法是从具体语言材料到语法规则。在教学中，先让学生接触具体的语言材料，然后引导学生从具体的语言材料中概括出语法规则，与演绎法相反，这是从具体到一般的过程。

我们以副词"就"和"才"的教学为例说明归纳法的实施过程：

教师先展示例句：
他六点才来。　　　　　　　　　　我五点半就来了。

这个故事我听了三遍才听懂。   他听了一遍就听懂了。

我等了半个小时，才上公共汽车。   他等了两分钟就上车了。

（通过对比，引导学生发现它们的区别，领会句子的意思）

教师：这两组句子有什么区别？"他六点才来"是说他来得早还是晚？"我五点半"就来了呢？……

（引导学生归纳"才"和"就"的用法）

教师："才"和"就"表示时间时，意思相反。"才"表示说话人认为行为动作实现得晚或实现得慢，"就"表示说话人认为行为动作实现得早或实现得快。

（给情景进行操练，略）

归纳法在现在的对外汉语课堂上仍然很受欢迎，它能够培养学生自我归纳和总结的能力，提升学生的语感，但是和演绎法一样，归纳法在实施时要注意语法规则讲解的简明扼要，教师应尽量引导学生自己归纳和概括出语法规则，切不可自己在课堂上大讲特讲。

3. 类比法

类比法兴盛于 20 世纪 70 年代，主要特点是使用句型教学。它既不同于演绎法，也不同于归纳法，是从具体语言材料到具体语言材料，它会把语法规则归纳为若干句型，把句型具体化为不同的范句。学生在学习范句后，再进行模仿和操练，从而逐渐领悟语法点的使用语境和规则。在这其中，教师可以不讲语法规则，也可以进行简单的解释。

例如在类比法为主编制的教材《基础汉语课本》中，在结束语音部分的学习后，从第一册第十一课开始，在课文前面会先展示本课要讲的几种句型，紧接着就是几组替换联系，然后才是课文和生词。

以第一册第 21 课为例，该课语法点为名词谓语句、时间词和主谓谓语句。教材首先展示范句：

> 现在八点半。
> 我们上午八点上课。
> 他身体很好。

接着是替换练习，一共四组，分别对应三组范句，如替换练习 2 为：

你们上午几点上课？

我们上午八点上课。

> 早上，起床， 六点半
> 早上，吃早饭，七点
> 上午，去教室，七点四十
> 上午，下课， 十二点

在课堂教学时，教师首先要带着同学们学习这三个句型，然后在指导学生完成替换练习，如果有必要可以对语法点进行画龙点睛似的总结和归纳。

类比法的目标是"使当课要求掌握的语法点能够以句型的形式在学生的头脑中形成比较明确的概念"（李培元等，1980），如果使用恰当，能够帮助学生提高语言技能，甚至有可能帮助学生实现脱口而出式的流畅输出，但是类比法也有一定的问题：替换练习过多容易让学生觉得枯燥无味，感觉自己像一台机器，抑制了学习者自己的主观能动性，学习者很有可能流利地说出正确的句子，却不具备在一定的情境下进行语言交际的能力。

【案例分析】

本案例中教师教授"再"和"又"时采用的教学方法就属于归纳法，她先为学生提供了对比性的例句，帮助学生在对比中对"再"和"又"的区别有了感性的认识；然后通过提问的方式，引导学生总结出"再"和"又"区分的关键条件：（1）在表示动作行为重复发生时，"再"用于将来，"又"用于过去；（2）除了表示重复之外，"又"还可以表示添加，即前后两个不同的动作行为相继发生；最后学生又通过练习巩固了"再"和"又"的用法。

应该注意的是，归纳法的使用有助于学生自己形成对语法规则的认识，但是对于初级阶段的学生来说，他们的汉语语感还不强，所以自己提炼语法规则还存在一定的问题，这就需要老师一方面多为学生提供语言材料，另一方面适当地多做总结概括；到了中高级阶段学生已经有了一定的语感之后，教师就可以多采用引导的方式鼓励学生自己发现语法规则了。

对于张丽的疑问"从实例到规则？抑或从规则到实例"，其实我们没有必要给出明确的答案。事实上，从20世纪50年代到80年代，即使是演绎法、归纳法、类比法依次成为教学方法主流的时候，其他几种教学方法也并没有被完全抛弃，而是一直兼用的。尤其是80年代之后，结构和功能兼顾的教学理念的提出，更使得教学方法日趋综合化、多样化。所以，我们可以这样认为：教学方法理应因人、因教学内容而异，教师完全可以根据学生水平、学习态度和教学内容等灵活、综合地运用各种教学方法。

【思考练习】

1. 结合国内对外汉语教学法的发展历史，谈一谈语言教学法与演绎法、归纳法和类比法的关系。

2. 对比分析演绎法、归纳法和类比法各自的优缺点。

3. 选择一个语法项目，试试看如果分别用演绎法、归纳法和类比法应该如何教？

4. 你如何理解教学方法应该因人、因教学内容而异？

【拓展阅读】

1. 程棠．对外汉语教学目的、原则、方法（第2版）．北京：北京语言学院出版社，2008.

2. 李培元，赵淑华，刘山，邵佩珍，来思平．编写《基础汉语课本》的若干问题．语言教学与研究，1980(4).

3. 赵金铭．对外汉语教学概论．北京：商务印书馆，2004.

4. 齐沪扬. 对外汉语教学语法. 上海：复旦大学出版社，2005.

三、任务型语法教学

【案例导入】

    今天张丽来到了院里一位年轻教师的汉语课堂听课学习。张丽发现，这位老师的课堂有些与众不同，她带领同学们做了很多课堂活动，在学习语法点时，她没有采用传统的归纳法、演绎法或者类比法，而是为学生设计了几个活动，让学生边做活动边学习。例如今天课上有一个语法项目是"把"字句，老师是这么导入的：她提前准备了一个包，包里有玩具狗、报纸等，然后老师把包给了一位同学 X，并发布了一些指令：（1）把包打开。（X 打开了包，发现里面有个小狗。）（2）把包里的小狗拿出来。（X 拿出了小狗。）（3）把小狗扔给 Y。（X 把小狗扔给了 Y。）接着老师向班里另外一位同学提问：刚才 X 干什么了？学生自然地回答："刚才 X 把小狗扔给了 Y"。下课之后，张丽查了资料，发现这位老师采用的教学法是现在很受欢迎的任务型教学法，她于是有了这么一个疑问：任务型教学法指导下的语法教学与传统的语法教学相比更有优势吗？

【基础知识】

    上一节我们已经为大家介绍了几种传统的语法教学方法，不论是演绎法、归纳法，还是类比法，都存在一个相同的问题，就是忽视了语境对语法的制约，以句法结构为主要的操练模式。这样的教学模式，很容易导致学生虽然掌握了语言知识和句型，但是却不知道怎样去用以及在什么场合用，因此在实际生活中的复现率低，学习的知识也有可能会变成"惰性知识"。（李晓琪，章欣，2010）

    在这一背景下，随着 20 世纪 80 年代末任务型教学法的发展，一种新的语法教学方法出现了，那就是任务型的语法教学方法。

1. 任务型教学法

    任务型教学法（Task-based Approach）始于 20 世纪 80 年代末，当时 Prabhu 在印度南部的 Bangalore 进行了一项强交际法的实验（Bangalore Project），主张让学生"在用中学"，课堂教学活动用任务形式呈现。这一教学实验，是把任务作为课堂设计单元的第一次尝试，并形成了任务型教学的雏形，引起了第二语言教学界的关注。（吴中伟，郭鹏，2009）

    20 世纪 90 年代之后，随着研究的深入，任务型教学法在理论上逐步成熟，20 世纪90 年代后期也因此被称为"任务的年代"。

    那么，到底什么是"任务"呢？

    目前来看，学者们对任务的定义各有不同，Ellis（2003）在分析和总结了前人对"任务"的定义后，提出了自己的看法，认为"任务是一个活动，它要求学习者为达到某个目标而使用语言，并在使用中把重点放在意义上，选择该任务是为了给师生提供有助于他们学习的信息"。

    总的来说，一个活动要想成为"任务"需要满足以下几方面的要求：（1）是语言活动；

(2)以意义为中心；（3）要有一定的目标，并且这一目标是为了解决交际问题而设；（4）任务的完成需要在真实的语言情境中进行。

任务教学法把任务作为整个教学设计的基础，最突出的特点是"在做中学，在用中学"，在实际教学中，这一特点体现为（任晓堂，2004）：

(1)通过完成任务来学习语言；

(2)强调学习活动和学习材料的真实性；

(3)学习活动以表达意义为主，而不以操练语言形式为主；

(4)以学生为中心，而不是以教师为中心；学生独立或以小组完成任务，教师主要负责设计任务，提供必要的材料，提出活动要求，并监控学生完成任务的情况；

(5)鼓励学生创造性地使用语言；

(6)鼓励课堂活动之间的联系。

一节课可以设计为一个大的任务，并可以分为若干个小的任务，形成一个任务链，前后任务互动（准备）和发展（延续）。

2. 任务型语法教学方法实例

那么，任务型语法教学应该如何实施呢？

Ellis（2003）将任务型的语言教学操作模式分为三个阶段：任务前阶段（The pre-task phase）、任务中阶段（The during-task phase）和任务后阶段（The post-task phase）。

任务前阶段的主要目的是为实施任务作准备，它可以从四个方面入手：让学生开展一个类似的任务；让学生看（听）一个示范性的任务；开展一些非活动性的准备活动；规划如何实施任务。

任务中阶段学习者在虚拟的交际情境中完成某个交际任务。在这一阶段，教师需要考虑：是否给学生限定时间，学生实施任务时是否可以参考其他材料；是否在完成任务的过程中提供动态的信息。

任务后阶段又被称为任务反馈阶段，在这一阶段教师可以安排学生进行任务的报告与反思，或者在任务讲评之后再重复相同的任务，又或者分析语言形式，引导学生重点学习某些语言形式。

这三个阶段在语言教学中并非都要体现，Ellis（2003）指出，任务中的活动是必要的阶段，任务前和任务后则是可有可无的。因此，最简约的任务型语言教学可能只有任务中阶段，而没有准备阶段。但是 Ellis 同时也强调，尽管任务前和任务后阶段不是必备的，但却在语言学习过程中起着重要作用。

下面我们将通过实例说明任务型语法教学的实施过程。

杜婷婷（2010）曾经为初级阶段"有"字句（"你家有几口人"）的教学设计了一套教案，具体如下：

在任务前阶段，教师提前安排学生将家庭成员的照片带到课堂上，让每位同学展示家庭成员的照片，并说出家庭成员的身份如"爸爸、妈妈、哥哥、姐姐"等；然后教师会利用幻灯片展示重点句型"你家有几口人"的语法构成"你家、有、几口人"，并说明"有"字句的意义"表达拥有或者存在"；接着，教师问班上的学习者"你家有几口人"，并加入句子"我有一个哥哥/弟弟/爸爸/妈妈"。

在任务中阶段，教师提前告诉学生任务的完成时间为 10 分钟，然后让学生两人一组，借助各自家庭成员的照片，一个问，一个答，教师此时要观察学生的练习情况，并记录学生练习中出现的语法错误。10 分钟后，各小组自告奋勇在全班面前完成"你家有几口人"的语法练习任务。

在任务后阶段，教师把学生在任务中出现的语言问题反馈给学生，学生通过集体讨论、翻阅参考书的方式进行纠正，然后教师进行讲评。在讲评之后，学生可以重新操练"你家有几口人"句型，最后，教师还可以展示冰箱、电视机等家用电器的图片，让学生练习拓展句型"你家有几台电视机"并复习量词的用法。

杜婷婷设计的这套教案，是符合任务型教学法的操作步骤的，但在任务前阶段，教师其实没有必要专门说明"有"字句的意义，只需要把"有"字句中在不同位置上可能会出现的词汇提前介绍给学生即可；而且教师最后设计的拓展活动"你家有几台电视机"其实情景真实性不强，学生在日常生活中不大可能用得到，建议改成让学生自己介绍留学学校的口头表达练习（教师可提前给出学校数据、校园地图和相关词汇），学生在这样的任务中使用"我们学校有 5 万名学生和 3000 名教师"，"学校里有外国语学院、文学院、物理学院……""我们班里有 15 名学生"等句子。

3. 任务型语法教学中的学与用

我们在上文已经提到任务型教学法最突出的特点是"在做中学，在用中学"，在大部分课堂时间里，学生都是在完成任务，因此，就会产生这样一个问题："学生完成任务的过程，都是他们使用语言的过程，那么学生是在什么时候学习语言的呢？"

程晓堂（2004）曾经就这一问题表达过自己的看法，他指出，任务型语言教学的确是围绕任务来展开的，但在实际教学中，往往有一个语言准备的阶段（任务前阶段），这一阶段中活动的主要目的就是使学生接触并初步理解一些重点语言项目；任务型教学并不放弃词汇和语法的教学，只是词汇和语法的教学目的是为完成任务铺平道路，让学生学习词汇和语法后马上能够运用到语言实践活动中；任务型教学强调"在用中学"的思想，学和用没有绝对的界限，完成任务的过程就是学习的过程。

【案例分析】

本案例中任课教师采用的语法教学方法是任务型的，这一教学方法与传统的语法教学方法相比，存在以下几方面的优势：

（1）强调让学生"在用中学"，使得学生既要关注语言形式和语言结构，更要关注语言的意义和功能，关注如何在语境中说出得体的言语。一方面，它既可以改变教学中知识讲解比重过大的状况，又可以将语法教学与语境密切联系起来，培养学生的实际交际能力。

（2）有利于培养学生的综合素质，学生在任务型语法教学中得到的训练是全面的。他们既要综合运用自己在任务前阶段收到的各种语言和非语言信息，也需要在任务中阶段调动自己听说读写各个方面的技能，还需要提升自己在任务后阶段总结纠正的能力。此外，因为任务往往都是以小组的方式来完成的，学生还可以由此培养自己与他人交流、合作、讨论的能力。

（3）有利于提升学生的学习动机，从而促进学生的汉语学习效果。在影响学习效果的学习者个体因素中，学习动机是仅次于学习能力的最能够预测学习效果的因素，也就是说，学习动机的强弱，尤其是融合型动机，与学习效果有直接关系。任务型语法教学强调情境真实，能够充分调动学生参与任务的积极性，提升学生的学习动机。这一点我们可以从任务型语言课堂中明显感觉出来，任务型的语言课堂往往课堂气氛非常活跃，学生们的学习热情都很高。但是，任务型教学虽然已经成为人们普遍关注的问题，但是正如吴中伟（2009）所言，在对外汉语教学中如何吸收任务教学法的理念，还是一个需要深入探讨的问题。目前我们仍然缺少典型的任务型综合课教材，还有我们应该如何在"任务"的框架内将"结构、功能、文化"结合起来，也是值得学界进一步探索的重要问题。

【思考练习】

1. 在实施任务型语法教学时，应该如何处理教师与学生的关系？
2. 你认为在课堂教学中，应该如何处理任务型语法教学方法和其他传统教学方法的关系？
3. 参考本节的任务型语法教学方法实例，自己选择一个语法项目设计一套教案。
4. 谈一谈你对在"任务"的框架内结合"结构、功能、文化"的看法。

【拓展阅读】

1. 吴中伟、郭鹏．对外汉语任务型教学．北京：北京大学出版社，2009.
2. 李晓琪、章欣．新形势下对外汉语语法教学研究．汉语学习，2010（1）.
3. 杜婷婷．任务型对外汉语语法教学的探索与实践．浙江大学硕士学位论文，2010.
4. 程晓堂．任务型语言教学．北京：高等教育出版社，2004.

第三节　汉语语法教学技巧

一、如何解释语法

【案例导入】

作为一名汉语国际教育专业的研究生，李萌这个学期第一次踏上讲台，在一家汉语培训机构担任汉语老师。班上一共有7位同学，有2位来自美国，4位来自韩国，1位来自日本，学生们都是中级水平。上了一个月的课，他慢慢开始适应课堂教学，但是也遇到了一些问题，最让他苦恼的是，有同学下课后给他提了意见，说他讲语法讲得不清楚，自己总是听不太懂，而且李萌自己也觉得学习语法点时同学们的积极性不太高。于是，最近他一直都在思索：课堂上讲语法怎么样才能让同学们觉得既清楚又有趣味呢？

【基础知识】

语法教学的方法作为语法教学实践中的核心问题，其实是既包括我们在第二节中谈到的宏观层面的演绎法、归纳法和类比法等，又包括微观层面的具体方法，即本节要讨论的语法教学技巧。

语法教学技巧从教学步骤来分，可以划分为语法点的导入技巧、语法点的解释技巧和语法点的练习技巧，其中语法点的解释作为语法课堂教学过程中的核心步骤，引起学界的诸多讨论。

目前来看，学界对于语法点的解释已经初步达成了一些共识，包括：（1）语法解释应"淡化"，不可大讲语法；（2）语法解释应简化，少用语法术语；（3）语法解释可以"教无定法"，但必须"法法有依据"。（陆俭明，2000；赵金铭，2002；周守晋，2010）

下面我们择要介绍几种常用的语法解释方法。

1. 图示法

图示法指的是教师运用图片、简笔画、图表等各种直观手段解释语法。图示法可以使语法解释更加形象直观，尤其对于初级阶段的学生来说，仅仅用语言解释语法，学生也不一定听得明白，图示法如果运用得当，既能够提高课堂效率，又能帮助学生理解。

例如，当我们在教比较句时，就可以利用一张姚明和詹姆斯的合影：

学生自然就能明白比较句的基本意义，也能自然地说出"姚明比詹姆斯高""詹姆斯比姚明小""詹姆斯得分比姚明多"之类的"比"字句。

有时，教师在课堂上现场画的简笔画，不仅能够起到促进语法解释的作用，还能够提升教学的趣味性，增强学生的活跃度。

她走下楼来了。

比如，讲趋向补语时，利用上图，寥寥几笔学生能明白"动词+下来"指的是面向说话人的自上而下的运动。当然，简笔画的使用需要教师有一定的绘画基础，教师平时可以多看一看简笔画教程，再加上一定的练习，

2. 情景解释法

情景解释法指的是教师利用课堂上的真实情景，或者学生的课外体验，为学生解释语法点。

比如"比"字句，教师可以这样提问：

教师：我们班有几个女生？
学生：我们班有 9 个女生。
教师：我们班有几个男生？
学生：我们班有 6 个男生。
教师：好，我们班的女生比男生多，男生比女生少。

又比如教方位词时，可以这样展开：

教师：大家想一想，从东门进来，英杰交流中心在你的哪一边？
学生：英杰交流中心在我的右边。
教师：二教呢？
学生：二教在我的左边。
教师：图书馆在哪里？
学生：图书馆在文史楼的后面。

情景解释法既有利于学生准确掌握语法点的结构和功能，也能将语法与语境结合起来，让学生明白什么时候应该用什么样的语法形式，而且情景与学生的个人经验密切相关，可以增强学生的课堂参与度。

3. 对比法

对比法是将所学语法点同汉语中或者学生的母语中相关和相对应的语法点进行对比，重点关注其中的差异特征，从而帮助学生在对比中更好地掌握语法点。

例如我们在前文中展示的"就"和"才"的教学就是以对比的方式展开的，教师可以设计这么几个对比明显的例子：

他六点才来。　　　　　　　　　　我五点半就来了。
这个故事我听了三遍才听懂。　　　他听了一遍就听懂了。
我等了半个小时，才上公共汽车。　他等了两分钟就上车了。

因为这些句子只在数量词和"就、才"的使用上有区别，学生通过对比区别特征，一

下子就能抓住这几个句子的区别：前面的句子都是强调在数量上多于说话人的预期或者在时间上晚于预期，后面的句子则表示在数量上少于说话人的预期，或者时间上早于预期。

我们还可以将语法点同英语或者学生的母语（适合国别教学）进行对比，例如在教授时间状语时，我们可以这样安排：

你明天上午有没有课？明天上午你有没有课？
Do you have class tomorrow morning?
我们星期日下午有一个聚会。星期日下午我们有一个聚会。
We will have a party this Sunday afternoon.

学生通过对比就能够发现，和英语中的时间状语通常位于句末不同，汉语中表时间的状语可以位于主语之后谓语动词之前，也可以位于主语之前表示强调。

但是，需要注意的是，汉外对比的方法存在一定的局限性，首先它要求学生的母语统一，在联合国班使用这种方法，反而有可能会适得其反；其次还要求教师要精通一门对比的语言，只有这样教师才能准确把握两门语言间的区别。

4. 暗示法

暗示法是教师借助体态语，或者重音和语气等来暗示学生。

例如在解释"对了"时，教师领读课文："A：那就这样吧。明天见。B：明天见。哦，对了，还有一个问题……"当读到"哦，对了"的时候，可拍一下脑袋，做猛然记起状。（吴中伟，2007）

又或者还是在解释"就"和"才"时，教师除了可以利用对比法为学生们设计几个相对的例子外，还可以在解释的时候，通过改变句子中"就"和"才"的重音和语气让学生体会出"就"和"才"在语用上的区别：

他六点才来。（不如意）	我五点半就来了。（如意）
这个故事我听了三遍才听懂。（不如意）	他听了一遍就听懂了。（如意）
我等了半个小时，才上公共汽车。（不如意）	他等了两分钟就上车了。（如意）

除了以上四种方法，解释语法点的常用方法还有公式法、表演法、翻译法、道具法等，在此不再赘述。

【案例分析】

怎样将语法解释得既清楚又有趣，确实是很考验教师基本功的一个重要方面。给外国学生讲语法与给中国学生讲语法不同，前者讲的是教学语法，后者讲的是理论语法，因此就要求教师在讲解语法点时要做到"准确、简明、通俗、实用"（吴中伟，2007）。另外，由于到了中高级阶段，课本中的语法点比初级阶段更复杂、细化，有的时候讲起来会让同学们觉得枯燥，因此讲解时能让同学们觉得"有意思"，激发他们的兴趣，能提升他们学习语法的积极性，学习的效果自然更好。

我们在本节中介绍了几种常用的解释语法的方法，鉴于李萌班上的同学来自三个国家，所以汉外对比的方法可能不太适用(如果日韩同学英语水平不高的话)，其他的几种方法比如图示法、情景解释法、语内对比法、暗示法、公式法、表演法等，李萌均可以根据学生情况和教学内容灵活使用。

在实际的操作过程中，有一点需要教师注意，虽然我们可以综合多种语法解释方法，也可以根据教学内容发挥自己的想象力创造新的解释方法，但是不论采用哪种方法，使用时均应做到"法法有依据"，切不可单纯为了实现"热闹"的课堂氛围而变成为了"使用方法"而"使用方法"。

【思考练习】

1. 除了本节介绍的几种方法，你还能想到哪些解释语法的方法？

2. 结合具体的教学内容，阐释如何做到"法法有依据"。

3. 你如何看待讲解语法时语法术语的使用？

4. 有学者主张语法的解释越少越好，也有学者认为语法的讲解要考虑教材，教材里写的，课上不一定全讲，教材里没有的，需要的话，教师上课要补充，你认为哪种观点更合理？

【拓展阅读】

1. 程棠．对外汉语教学目的、原则、方法(第 2 版)．北京：北京语言大学出版社，2008.

2. 陆俭明．"对外汉语教学"中的语法教学．语言教学与研究，2000(3).

3. 赵金铭．对外汉语教学语法与语法教学．语言文字应用，2002(2).

4. 周守晋．汉语课怎样解释语法点——理解语法点的实质，简化解释方案．《第九届国际汉语教学研讨会论文选》编委会．第九届国际汉语教学研讨会论文选．北京：高等教育出版社，2010.

二、如何练习语法

【案例导入】

在了解了语法解释的一些常用方法后，最近李萌在教学中又遇到了新的问题：课本上针对语言点安排了很多语法练习，有句型替换、句子扩展，也有会话练习、看图说话，还有交际练习，但是他在上课的时候由于时间有限，一个语法点往往只能安排一个练习，于是他就想知道，语法练习到底应该怎么设计呢？这么多种语法练习，课堂上应该如何使用既能保证学生练习的充分，又能提高课堂效率呢？

【基础知识】

练习是课堂教学中的重要环节，尤其在交际法和任务法教学中，练习所占的比重甚至有可能超过语法解释的比重。对于学生来说，语法练习可以帮助他们发现自己还没有掌握或者掌握不好的语法项目，也能帮助他们巩固已经习得的语言项目，交际型练习还能够帮助他们提升自己的语言交际能力。

根据分类标准的不同，练习语法点的方法大致可分为以下几类：根据练习对形式和意义侧重程度的不同，可分为机械性练习、有意义的练习和交际练习；根据语法练习的针对性，可分为焦点型练习和非焦点型练习，前者是专门针对某一个或几个语法点而设，后者则并不针对某个特定的语法点，一般表现为有意义的练习或交际性练习；根据语法练习与不同语言技能结合的角度来看，分为理解性和表达性练习，前者包括听力练习、阅读练习等，后者包括说和写的练习；从材料输入的角度看，可以分为基于输入材料的练习，不依赖输入材料的练习等。（崔永华，杨寄洲，1997；吴中伟，2007）

下面我们将以机械性练习、有意义的练习和交际练习的分类为例，择要介绍几种最常用的语法练习技巧。

1. 机械性练习

机械性练习指着重训练学生掌握语法点的结构形式而非意义的练习，学生在机械性练习中通过反复的高频率训练达到"机械般"的熟练甚至自动化程度。常见的机械性练习主要包括重复、替换、扩展练习等。

重复练习可以是教师领读、也可以是学生重复句子和对话，在初级阶段，这一方法用得较多，通过重复练习，教师可以帮助学生纠正发音、认读汉字、提高学生说包含汉语新语法点的句子的流利度。

替换练习是听说教学法的特点，教师会先给出带语法点的正确句子和替换的词语，要求学生对句子中划线的被替换部分进行替换，替换的词语和被替换的词语在词类和结构上有很强的相似性，被替换的部分可以是一处，也可以是两处。

例如针对形容词作谓语这一语法点，可以这么设计替换练习：

天气暖和了。

| 热 | 冷 | 凉快 |

针对情态补语这一语法点，可以设计一组多项替换练习：

他起得早不早？
他起得很早。
他起得不早。

| 来，早 |
| 回答，对 |
| 睡，晚 |

与重复练习和替换练习，扩展练习的机械性没有那么强，它要求学生不断增加词语或

句子，增加话语的长度，从而让学生能够流利地说出包括语法点的句子。

最基本的扩展练习是词语扩展，例如教师可以说出一个词语提示，然后由学生不断添加词语，增加句子的长度，例如：

　　　　教师：饭　　　学生：饭
　　　　教师：中国　　学生：中国饭
　　　　教师：吃　　　学生：吃中国饭
　　　　教师：喜欢　　学生：喜欢吃中国饭

除了词语扩展外，还可以进行句子扩展和扩展问答，前者一般会给出例子和要求扩展句子中的其中一部分，然后由学生仿照例句来完成句子；后者则是以师生对话的形式完成句子的扩展。

句子扩展和扩展问答练习要求学生在模仿的基础上自己补充相关信息（扩展出来的部分），因此已经比较接近有意义的练习了。

2. 有意义的练习

有意义的练习指的是需要明确理解练习内容的意义后才能完成的练习，学习者在这样的练习中，不仅要关注语言结构，更要关注意义的表达是否正确。有意义的练习的目的是在有意义的情境中加深对语法点的理解，为交际练习打下基础。

变换练习是一种最常见的有意义的练习方式，例如在学习"被"字句时，教师可以给出相对应的"把"字句，要求学生变换成"被"字句，以帮助学生了解"把"字句和"被"字句的语序差异以及"把/被"介引的宾语的差异：

　　　　请把下面的"把"字句都变换为"被"字句：
　　　　妈妈把我的手机拿走了。
　　　　小明把花瓶打破了。
　　　　汽车把那位老人撞倒了。

但是，变换练习也存在一定的缺陷，比如上例要求把"把"字句改为"被"字句，就可能让学生觉得两种句型可以自由替换，实际上，并非所有的"把"字句都能变换为"被"字句，如"你把衣服洗了"（祈使句），此时就需要教师及时补充说明二者的区别，以免造成学生的误解。

复述练习也是一种在课堂上以及课后常用的有意义的练习。在语言习得的过程中，复述是一种很重要的认知策略，它是学习者短时记忆中的信息能够进入长时记忆的必要条件，通过不断复述复习，学生学过的语法点才能巩固。复述往往以复述对话或课文的形式进行，在以练习语法点为目标的复述练习中，教师可以将语法点作为复述线索展示给学生，例如：

　　　　课文内容如下：

　　王小云：林楠，昨天的京剧怎么样？

　　林娜：很有意思。今天天气很好，我们去游泳，好吗？

　　王小云：太好了！什么时候去？

　　林楠：现在去，可以吗？

　　王小云：可以。

　　教师：请用你自己的话复述这段课文，提示：××怎么样……天气很好……好吗？……什么时候去？

　　另外，教师还可以要求学生进行缩减复述，或者给学生提供几张图片，让学生看图复述，以及让学生按课文或对话中的人物，进行分角色复述。

　　除了变换练习和复述练习，选择、填空、改错、连词成句、翻译、看图说话等也都属于有意义的练习。这些练习虽然同属于有意义的练习，但程度有别，比如连词成句对意义的要求最低，最接近机械性练习；选择、填空、改错、翻译练习也属于意义程度不高的练习，属于在考察语法形式准确性的同时兼顾了意义；看图说话相对来说对意义的要求更高一些。

　　3. 交际练习

　　交际练习是目前在语法教学中最受重视的练习方式，因为交际练习为学生提供的是真实的语境，只有通过交际练习，学生才能在关注语言结构的同时，发现自己的言语表达是否得体，不断提高自己的语言交际能力。

　　交际练习的形式不一，常见的有定向问答（讨论内容为学生本人经历，但教师和其他同学不知道的）、叙述、自由会话、课堂讨论、语言社会实践等，除了语言社会实践，其他的交际练习都是在课堂上模拟真实的交际环境，例如：

　　当学生学过了钟点和时间的表达后，教师就可以布置如下的交际练习：

　　假设你和你的同桌是两个路人，互相不认识，而你的表停了，那你怎样向他/她询问时间？

　　任务语法教学中的任务练习也属于交际练习，例如：

　　在学过了处所方位词后，教师可以安排同学两人一组，一起去看学校附近的商业街地图，每人选择三个自己常去的地方和一个没去过的地方。然后，先介绍这些地方及具体位置，再一起商量一个两人都常去的地方，并向全班汇报它的具体位置，最后全班可以一起看地图，并改正说得不准确的地方。

【案例分析】

　　我们已经在基础知识部分介绍了几种常见的语法练习方法，下面我们将重点谈一谈练习方法的选择问题。

　　课堂上的语法练习和教材上的语法练习不同，教材上的语法练习非常全面，从机械性练习，到有意义的练习，再到交际练习，教材都可以涉及，一个语法点可能练好几遍；但是课堂上的语法练习不同，在综合课中，目前最常见的语法学习方法是带着课文学语法，操作步骤往往是"生词(1)—课文(1)—语法点(1)—语法练习(1)—课文(2)……"在学完一个语法点后，教师会带着学生做一组针对该语法点的练习，也就是说，除了复习课之外，课堂上在新授课阶段能够提供给学生的练习机会是比较少的，那么怎样在保证练习效果的前提下，提高练习效率，保证课程进度呢？

我们认为，有以下几点需要考虑：

1. 部分语法练习方法带有明显的特定教学法特征，例如替换练习、句型转换等是听说法最常用的，任务练习则是任务型教学法的核心练习方法。所以我们在选择语法练习方法时首先要考虑它与教学法的协调统一，如果整个课程采用的都是听说法，那么就应该多安排替换练习、句型转换、句子扩展练习，如果课程采用的是任务型教学法，自然应该多用任务练习。

2. 目前国内大多数汉语长期班综合课的教学课堂采用的多是综合教学法，既注重意义的表达，也兼顾语言知识和语法结构的学习，我们认为，机械性练习虽然能帮助学生在反复操练中达到熟练程度，但它却忽视了意义理解和意义表达，而综合课的教学目标是培养学生的语言交际能力，不但要让学生"说"，还要让学生知道"什么时候说""怎么说"更合适，所以从这个角度来看，机械性练习在课堂上不宜过多使用。

3. 课堂上进行语法练习还是应该以有意义的练习和交际练习为主。为了提高学生的参与度，提高学生的课堂积极性，在设计有意义的练习时，教师可以多安排一些更需要学生发挥自主性的练习，比如复述、看图说话等。

【思考练习】

1. 除了本节介绍的几种方法，你还能想到哪些练习语法的方法？
2. 分析机械性练习、有意义的练习和交际练习各自的优缺点？
3. 你认为在语法练习的选择上应该如何兼顾练习效果和课堂效率？
4. 综合本章第三节语法解释和语法练习技巧的内容，请尝试为目的连动句设计一套教案。

【拓展阅读】

1. 吴中伟. 怎样教语法：语法教学理论与实践. 上海：华东师范大学出版社，2007.
2. 崔永华、杨寄洲. 对外汉语课堂教学技巧. 北京：北京语言大学出版社，2007.
3. 卢福波. 汉语语法教学理论与方法. 北京：北京大学出版社，2010.
4. 陈枫. 对外汉语教学法. 北京：中华书局，2008.

第十章　学习者如何习得语法

第一节　学习策略

【案例导入】

　　马克和欧文是英国剑桥大学汉语专业三年级的学生，他们都是英国人，也同样都是从大学一年级开始学习汉语。三年时间，马克已经考过了 HSK 六级，而欧文才刚刚过了四级。老师发现，他们平时学习汉语时，有很多不同的学习习惯，比如一次练习中出现了他们没有学过的关联词"以致"，欧文马上去词典里查它的用法，而马克则是自己先根据上下文推测了它的意思，发现"以致"引导的后一分句是前一分句造成的结果，并且是不好的或者说话人不希望的结果，随后他又去查词典验证了他的这一推测。那么，马克和欧文这些不同的学习习惯是否会是造成他们语言水平差异的原因呢？

【基础知识】

　　马克和欧文这些不同的学习习惯实质上反映的是他们在第二语言学习策略使用上的区别，这是影响他们汉语水平的重要因素之一。围绕学习策略这一议题，我们需要讨论一下以下几个问题：(1)如何界定学习策略？(2)有哪些学习策略？如何分类？(3)哪些因素会影响学习策略的使用？(4)学习策略和语言水平之间究竟是什么关系？

　　1. 学习策略的定义

　　"策略"这个词在英文中对应的是 strategy，它在词典中的释义为"为了实现某件事情而制订的一个或一系列计划，尤其是在一段很长的时间内"(a general plan or set of plans intended to achieve something, especially over a long period) (COBUILD Advanced English Dictionary)。

　　在第二语言习得领域，学者们对于"学习策略"这一概念的涵义，则有许多不同的看法，例如 Stern (1983) 认为，"(学习)策略最好用于泛指语言学习者采用的一般的、或多或少有意的学习方法"，它与技巧(techniques) 不同，后者用于描述在语言学习的某些特定领域如语法和词汇中的可视行为的具体形式，如从语境中推测语法规则、查词典等；Wenstein 和 Mayer (1986) 认为："语言学习策略是学习语言时的做法或想法，这些做法和想法旨在影响学习者的编码过程"；Oxford (1989) 则指出，"语言学习策略是学习者为了使语言学习更加成功、更加自主、更加愉快而采取的行为或行动"。

Ellis（1999）指出，学者们对于学习策略定义的分歧主要集中在 4 个方面：（1）学习策略究竟是可以观察到的行为，还是大脑中无法观察到的心理活动，抑或是兼而有之？(2)学习策略指的是某人学习语言方法的总体特点，还是指完成某个具体任务所采取的技巧？（3）策略是否能够在意识范围之内？（4）策略能否对语言的发展产生直接影响？

在 Ellis 看来，定义语言策略最好的方法是列出它们的主要特点，他列出了学习策略的 8 个特点(Ellis，1999)。在这八个特点中，他针对以上 4 点分歧分别谈了自己的看法，如"策略可以指总的学习方法，也可以指第二语言学习的具体活动或技巧"（分歧 2），"学习者一般都能意识到所用的策略，并能够描述策略的内容，特别是当别人要求他们注意自己活动的时候"（分歧 3），"有些策略是从外部可观察到的行为，有些策略是不能直接观察到的内部心理活动"（分歧 1），"大部分策略为学习者提供可处理的语言信息，因此对语言学习有间接的影响。但有些策略也可能对学习产生直接的影响，例如记忆策略"（分歧 4）。

我们基本同意 Ellis 的看法，但需要强调的是，针对分歧 4，想要确定策略能否对语言的发展产生或直接或间接的影响，还需要实证研究来进行验证。

2. 学习策略的分类

对于学习策略如何分类这一问题，学者们采用不同的标准也提出了不同的分类方法，例如 Oxford（1990)按照学习策略与语言材料的关系将策略分为直接策略(direct strategies)和间接策略(indirect strategies)两类，前者是与所学语言有直接关系的策略，如认知策略(cognitive strategies)、记忆策略(memory strategies)等，后者是没有直接关系的策略，如元认知策略(metacognitive strategies)、情感策略(affective strategies)、社会策略(social strate-gies)等；Cohen（1990）则根据运用策略的目的，将学习策略分为学习语言的策略(1anguage learning strategies)和运用语言的策略(language using strategies)，前者包括识别(identifying)、区分(distinguishing)、组织(grouping)材料等，后者则包括检索(retrievaI)、复述(rehearsal)、交际(communication)等策略。

我们这里重点介绍 O'Malley 和 Chamot(1990)对于学习策略的分类方法。在学习第二语言的过程中，有一些策略并不是直接处理语言材料，而是控制学习者的认知过程，例如在认知过程中集中注意，这样的策略被称为元认知策略，它是个人对自己的认知过程及结果的意识与控制的策略。O'Malley 和 Chamot 看到了元认知策略的重要性，他们认为元认知策略控制了认知策略的使用，学习者的学习是否成功在很大程度上取决于元认知策略使用的成败，因此他们把它独立为与认知策略平行的一级策略。O'Malley 和 Chamot 对学习策略的分类具体可见下图：

3. 影响学习策略使用的因素

影响第二语言学习者学习策略使用的因素有很多，我们可以根据它们和学习者的关系将它们分为学习者因素和环境因素两类，前者是学习者自身具备的一些因素，如性别、年龄、个性/学习风格、学习经验、学习观念和学习动机等，后者则是学习者在学习语言的过程中的外部因素，包括学习环境是二语环境还是外语环境、学习任务是交际任务还是语言知识任务、教学方法是语法翻译法还是听说法等。

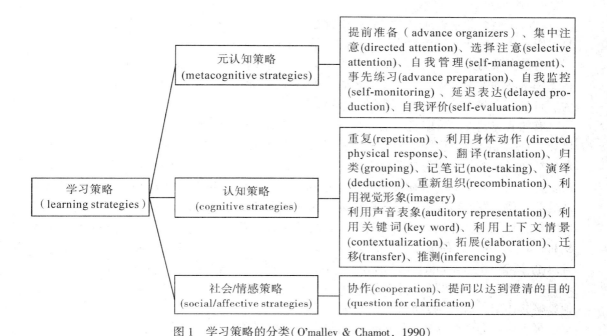

图 1　学习策略的分类（O'malley & Chamot，1990）

在学习者因素中，影响最大的当属学习动机。Oxford 和 Nyikos(1989)研究了影响美国中西部大学中 1200 名外语学习者学习策略选择的因素，结果发现，在他们调查的性别、专业、学习年限、课程性质(必修/选修)、听说读三项基本技能、学习动机等各项因素中，学习动机是在语言学习策略的选择上最强有力的单项影响因素，动机强的学习者对于与规则相关的形式操练策略（rule-related formal practice strategies）、功能操练策略（functional practice strategies）、一般性学习（general study strategies）、谈话/输入诱导策略（conversation/input elicitation strategies）的使用更为频繁。而且在研究中 Oxford 和 Nyikos 发现形式操练策略和一般性学习策略比功能操练策略更受欢迎，反映出学生对完成课程要求以及获得高分有很强的工具型动机。①

在环境因素中，对学习策略的使用影响最为显著的是学习任务，它既影响认知策略的选择，也影响元认知策略的选择。例如词汇任务往往会引发使用目标语资源（resourcing）和拓展（elaboration）等认知策略，以及自我监控（self-monitoring）和自我评估（self-evaluation）等元认知策略的使用；而听力任务则更多的是伴随着记笔记（note-taking）、推测（inferencing）和总结（summarizing）等认知策略，以及选择性注意（selective attention）、自我监控（self-monitoring）和问题确认（problem- identification）等元认知策略的使用。

① 与规则相关的形式操练策略包括运用结构知识、发现语言间的相似性以及生成和调整规则等；功能操练策略包括看外语电影、主动跟母语者交谈、模仿母语者、主动用外语教材、阅读原文材料等；一般性学习策略指的是诸如努力学习、忽略分散因素、充分准备、合理利用时间等策略；谈话/输入诱导策略则包括会话时请求对方放慢语速、要求对方发音准确以及猜测说话人说话内容等策略。

4. 学习策略和语言水平的关系

学习策略究竟是否能对学习者的语言水平产生影响？如果能够产生影响的话，是产生直接影响，还是产生间接影响？学者们在不同的实证研究中得出了不同的结论。

有学者认为学习策略和二语成绩没有关系，如 Politzer & McGroarty（1985）发现 37 名在美国学习的外国学生，在接受了 8 周的英语强化训练后，英语成绩与三类策略（课堂行为、自学行为和交际行为）使用的情况均没有关系。

有的研究则发现策略与二语成绩有关，但是如何相关，不同的学者又有不同的看法，例如 Bialystok（1981）用问卷的形式研究了二语水平与四种策略的关系，结果发现非传统策略包括功能操练和推测与二语成绩相关，传统策略如形式操练和监控则与二语水平无关；文秋芳、王海啸（1996）在研究了中国千余名二年级大学生的学习策略与英语四级考试成绩的关系后，发现传统策略形式操练策略和管理策略以及非传统策略功能操练策略与四级成绩都有相关性，并且形式操练策略对四级成绩的预测能力甚至高于功能操练策略；Wen & Johnson（1997）在研究中进一步发现，有些学习策略如词汇策略（vocabulary strategy）、容忍含糊策略（tolerating-ambiguity strategy）和回避母语策略（mother-tongue-avoidance strategy）能够对语言水平产生直接影响，而有的学习策略如管理策略（management）通过其他策略起作用，即对语言水平产生的是间接影响。

至于为何会产生这些不同的研究结果，一方面可能是因为被调查者的文化背景不同，例如 Bialystok（1981）调查的是加拿大学习法语的高中生，文秋芳、王海啸（1996）调查的则是中国学习英语的大学生；另一方面也可能与研究者测量外语水平的标准不同有关，文秋芳、王海啸（1996）和 Wen & Johnson（1997）依据的是学习者的四级或者专业四级考试成绩，而 Bialystok（1981）则是分别测量了学习者的听说读写四项技能。

【案例分析】

案例中，马克和欧文在学习习惯和方法上的差异反映的是他们在学习的过程中采用了不同的学习策略（当然他们对这些学习策略的意识程度是不同的），学习策略的选择和使用会影响他们的认知过程以及他们对认知过程的控制，进而对他们的语言水平产生或多或少、或直接或间接的影响。

马克和欧文在"以致"上学习方法的不同，涉及推测（inferencing）和利用目标语（re-sourcing）这两个认知策略，前者指的是学习者根据可用信息猜测意义（guess meanings）、预测结果（predict outcomes）以及补充缺失信息（full in missing information）的策略，后者指的是学习者使用目的语中参考材料（如词典等）的策略（O'malley et al.，1985）。是否能够进行合理地猜测和查词典（利用目的语自由）是研究者发现的善学语言者和不善学语言者在学习策略上的差异之一，有研究发现，善学语言者总是善于猜测（preparedness to guess），他们可以容忍含糊，但是在遇到他们认为重要或者感兴趣的词时会去查词典确认，而不善学语言者总是或者不加猜测地直接去查词典，或者在猜词后不再查词典确认（Wen & Johnson，1997）。欧文在遇到"以致"时直接去词典里查了它的用法，很有可能会因为印象不深过段时间之后就忘掉了，而马克则是先根据上下文语境推测了它的意思，然后再去查词典确认，这样既有利于他掌握"以致"的精确用法，也因为他自己先主动地做了推测而会使记忆更牢固，便于他以后对"以致"的运用。

【思考练习】

  1. 你在学英语时，常用哪些学习策略？

  2. 我们是否需要对第二语言学习者进行策略培训？

  3. 你如何看待学习策略与语言水平的关系？

  4. 如果学习观念会影响学习策略，那么这会给我们的汉语教学带来怎样的启发？

【拓展阅读】

  1. Oxford R., Nyikos M. Variables Affecting Choice of Language Learning Strategies by University Students. The Modern Language Journal，1989，73(3).

  2. Wen Q, Johnson R. K. L2 Learner Variables and English Achievement：A Study of Tertiary-level English Majors in China. *Applied Linguistics*，1997，18(1).

  3. Ellis R. The Study of Second Language Acquisition. 上海：上海外语教育出版社，1999.

  4. Cohen A. D. Strategies in learning and using a second language. London and New York：Longman，1998.

第二节　语言迁移及石化

一、语　言　迁　移

【案例导入】

  朴宝拉是某大学的汉语进修生，在学习了"对于"之后，老师布置她课下练习用"对于"造句。于是，她造出了以下几个句子："＊中国是对于韩国很友好的国家"，"＊我男朋友对于我很好"，"＊这个问题对于中美未来发展起积极的作用"。当她把作业交给老师批改之后，老师告诉她这几个句子中的"对于"都应该用"对"。她很疑惑，想知道"对于"和"对"到底有什么区别呢？

【基础知识】

  其实，朴宝拉之所以造出这样的句子，是受了她的母语韩语负迁移的影响。

  1. 语言迁移的定义

  所谓"迁移"(transfer)指的是在学习的过程中，已经获得的新知识、技能、学习方法等会对学习新知识、新技能和解决新问题产生影响。在第二语言习得过程中，学习者已经掌握的第一语言往往会在各个层面(语音、词汇、句法、语义、语用)对学习者的中介语产生影响，这就是第一语言的迁移。有时候学习者尤其是二语水平较高的学习者，中介语会反过来影响他/她的第一语言，这被称为"中介语迁移"。本节我们主要讨论第一语言迁移也即母语迁移问题，这是绝大多数学习者在二语习得的过程中都会遇到的。

2. 语言迁移的不同层面

母语迁移可以发生在语言的各个层面，例如语音、词汇、句法、语义和语用等。我们先重点来看句法迁移。

以荷兰语和英语为例，前者是空主语语言，允许代词主语在句子中省略，后者是非空主语语言，不允许代词主语省略。例如在荷兰语中可以说："A：Conoces a Juan？B：Sí. Habla mucho."（A：你知道胡安吗？B：是，他很健谈）其中"Conoces"和"Habla"分别为动词"conocer"（认识，知道）和"hablar"（说话，谈话）的第二人称和第三人称直陈式现在时，它们所对应的第二人称和第三人称代词主语都被省略掉了，但同样一段对话在英语中只能说："A：Do you know John？B：Yes. He talks a lot"，第二人称和第三人称主语必须出现。所以当荷兰学生在学习英语时，他们受荷兰语代词主语省略的迁移影响，就会造出诸如"＊Talks a lot"和"＊Is rainning"这样不合语法的句子。

在学习汉语的过程中，不同文化背景的学习者因为母语句法特征的差异，也会产生不同的句法迁移。例如泰国学生受泰语中状语位置灵活的影响，经常会把状语置于中心语之后，尤其是表示处所、目的和程度时，如"＊我们开车去曼谷从清迈""＊我很早起床为了帮妈妈做家务"，而韩国学生受韩语中状语既可以放在主语后也可以放在主语前的影响，有时会造出状语位于主语之前的句子，例如"＊周末在宿舍他玩儿了一天""＊在家里妈妈打扫房间"。因此当我们在进行不同国别的汉语教学时，就应适当考虑学生的母语背景，在学生出现偏误时对症下药。

除了句法层面的母语迁移之外，语言中的其他层面都可能会发生母语迁移，例如语音迁移主要发生在二语和一语相似但不同的音上，如汉语中的 g[k] 和法语中的 g[g] 一为清音，声带不震动，一为浊音，声带震动，所以法国学生学习汉语时遇见辅音 g 开头的词就很容易发成浊音词，如把"哥哥"发成[gɣ gɣ]；词汇迁移可能会发生在名词、动词、形容词、代词以及数词、量词等各个词类中，例如英语中没有独立的量词词类，所以英语国家的学生常常出现量词遗漏的偏误，把"那个国家""一支钢笔"说成"那国家""一钢笔"；语用迁移涉及的往往是可接受性而非合语法性的问题，例如有研究者发现美国人在纠正地位比自己低的对话者之前，他们通常会说"你说得很好"，然后在相同的情景下，日本英语学习者受日语的影响，却不愿意作这样的正面回应（Takahashi & Beebe，1993）。

到了 20 世纪末 21 世纪初，有学者开始认识到，语言迁移其实不仅仅会发生在语言层面，甚至会发生在概念层次，并由此提出"概念迁移"（conceptual transfer）的概念和相关理论（Jarvis，1998；Pavlenko，1998，2002）。"概念迁移"假设认为，语言使用者在某种语言的使用上表现出的跨语言影响，有部分是源于其在已经习得的语言中的概念和概念化模式（Jarvis，2011）。张会平、刘永兵（2013）讨论了中国学生学习英语介词时的概念迁移现象，例如中国学习者常常会说"on the sky"或者"on the blue sky"，但实际上正确的形式是"in the sky"，这是因为汉语中"上"所对应的空间概念与英语中 in 表达的空间概念相似，因此学习者在习得英语时会下意识地将"上"的空间概念迁移到英语学习中，但实际上从认知来讲，"上"的概念属性为"射体位置在地标之上"，射体可与地标接触，也可与地标有段距离，"在天上"是以人的地表活动范围为地标，所以天空中活动的物体所处的位置都是在"上"方，如"鸟在天'上'飞"，而在英语用中，on 的概念属性为"射体在地标之上""射体与地标接触"，所以我们就不能将"在天上"简单对译为 on the sky。概念迁移概念和相关理论的提出，有利于我们从认知根源上分析迁移的作用或偏误的根本原因。

3. 正迁移和负迁移

在第二语言习得的过程中，根据母语对第二语言习得效果的促进与否，母语迁移可以被分为正迁移和负迁移。正迁移是指第一语言能够对目的语的习得起促进作用的迁移，例如韩国学习者在学习汉语的过程中，如果某一汉语词语在韩语中有对应的且意义相同的汉字词，如汉语词"教室""生日""自力更生"在韩语中都有对应的汉字词"教室""生日""自力更生"，这些汉字词有利于学习者对于汉语词汇的掌握，此时韩语产生的就是正迁移；负迁移则是指第一语言对目的语的习得起干扰或阻碍作用，引起偏误的产生，例如韩语中部分汉字词与汉语词汇在字形或书写顺序上有细微差异，如汉语中的"电话""汽车""介绍"在韩语中对应的汉字词分别为"传话""自动车"和"绍介"，韩国学生如果不注意，就很容易在书写时张冠李戴，这就是韩语汉字词导致的负迁移。

【案例分析】

在本案例中，朴宝拉在使用"对于"时造出了错误的句子，就是受了母语负迁移的影响"对于"和"对"在韩语中都对应的都是"대하다"，也就是说"对于"和"对"是不分的。但在汉语中，"对于"和"对"都可以引出动作的对象或表示对待，但是"对"可以用于人和人之间的关系，"对于"不行；"对"前可以出现助动词、副词，"对于"不行。

韩国学生在学习"对于"时，如果将其对应成韩语的"대하다"，就有可能将"对于"和"对"看作同义词，从而将只能用"对于"不能用"对"的句子都用作"对"。

杨德峰、姚骏(2016)详细分析了"对于"和"对"的区别。

1. 对于

表示对待，他后面的成分可以是行为、动作的受事，也可以是行为、动作涉及的事物。一般不能用于人和人之间的关系，也不能用在助动词、副词后面，例如：

①领导对于这件事情有什么看法？
②抽烟对于身体没什么好处。

2. 对
(1)表示动作的对象。例如：

①他没说话，只对我笑了笑。
②妈妈对弟弟说："明天再去，可以吗？"

(2)表示对待。可以用于人和人之间的关系，也可以用在助动词、副词的前或后。例如：

①老师对我们很好。("对"用于人和人之间的关系)

②这儿的服务员对客人非常热情。("对"用于人和人之间的关系)

③我们会立即对这件事进行研究，你放心吧。("对"用在副词"立即"后面)

④他对这件事会有看法的。("对"用在助动词"会"前面)

⑤老师会对他进行批评教育。("对"用在助动词"会"后面)

此外还要注意，"对"多用于口语，"对于"多用于书面语。从使用范围来讲，能用"对于"的地方，一般都能用"对"；但能用"对"的地方，有的不能用"对于"。

【思考练习】

1. 你如何看待负迁移的作用？

2. 在学习英语的过程中，你是否曾经受过汉语正迁移或者负迁移的影响？请举例说明。

3. 在汉语课堂教学中，我们是否应该利用语言迁移的影响？如果是，应该如何有效利用？

4. 研究发现，当学习者的第二语言达到一定水平，就会对他/她的母语起到反向作用，这被称为反向迁移(backward/reverse transfer)。你如何看待反向迁移？

【拓展阅读】

1. Jarvis S. Conceptual transfer：crosslinguistic effects in categorization and construal. Bilingualism：Language and Cognition，2001，14(1)

2. Pavlenko A. , Jarvis S. Bidirectional transfer. *Applied Linguistics*，2002，23(2)

3. Takahashi T, Beebe L. Cross-Linguistic Influence in the Speech Act of Correction. In Kasper G. & Blum-Kulka S. (eds.). *Interlanguage Pragmatics*. NY：Oxford University Press，1993.

4. 张会平、刘永兵. 英语介词学习与概念迁移——以常用介词搭配与类联接为例. 外语教学与研究(外国语文双月刊)，2013(4).

5. 杨德峰、姚骏. 韩国人学汉语常见语法错误释疑. 北京：商务印书馆，2016.

二、石化现象

【案例导入】

三井寿是日本早稻田大学中文系三年级的学生，今年他通过了新 HSK 六级考试，并且打算去中国继续攻读中文系的硕士研究生。按理说，他的汉语水平已经很高了，但是他却很苦恼，一方面他的汉语发音还不是非常标准，有些音他怎么都发不好，比如"老师"的"师"，另一方面有些语法点他总是出错，比如"动词+复合趋向补语(本义)+宾语"这个句型，他刚刚学习时用不太好，直到现在还总是用错。最近一次作文他写了"通过早大正门我走进去早大里面"，老师给他改成了"通过早大正门我走进早大里面去"。他不明白，自己为什么就是改不掉这样的错误呢？

【基础知识】

三井寿这些难以纠正的偏误实际上是因为他在某些语法知识的习得上出现了"石化"（fossilization）。

1. 石化的定义

中介语的石化现象，又称僵化现象，是 Selinker(1972)在中介语理论的开山之作《中介语》(Interlanguage)中首次提出的，他指出："学习者母语中的语言项目、规则和次系统会倾向于被保留在中介语中，不管学习者的年龄多大，也不管学习者获得的解释和指导有多少，这种倾向都不会改变。"

在习得过程中，发生石化的可能是一个语言项目，如很多汉语学习者直到高级阶段发三声都有问题，也可能是一条语法规则，如中国学习者学习英语时常常用 V-ed 表示所有动词过去时，也可能是一个次系统，如整个语音系统。

Selinker & Lamendella(1992)将石化进一步界定为"学习者在达到目的语规则之前中介语的永久停止，可以发生在语言结构的任何层面，包括语音、词汇、语义、句法甚至语篇范围内，尽管学习者有机会也有动机融入到目的语文化当中"。1992 年，Selinker& Lakshmanan 将石化的定义重新修正为"学习者中介语学习停止的过程，表现为持续稳固的非目的语结构"，并认为石化是二语学习者的最终语言成效(ultimate attainment)。所以由此可见，石化现象从本质上来说是一种发展的停滞，并且带有抵抗性，有时学习者即使能够在主观上意识到石化的存在并付出了努力，已经石化了的中介语形式也不一定能得到改变。

围绕着石化的定义，语言学家们展开了激烈的争论。文秋芳(2010)指出，关于石化定义的争论主要表现在四个方面[①]：

A. 石化发生在局部还是整体

持局部石化(local fossilization)观点的语言学家认为语言（包括中介语）是由很多次系统组成的（如语音、词汇、句法、语篇等），学习者对不同次系统的掌握程度不同；而持整体石化(global fossilization)观点的学者则认为石化发生在整个中介语系统，虽然他们并没有否认语言是由不同的次系统构成的，但是他们认为有一个专门的机制在控制语言系统，致使二语学习最终都会石化，持这种观点的语言学家在很大程度上是持一种整体语言观。

B. 石化是一种认知机制还是行为表现

Selinker (1972)在首次提出石化概念时认为它是一种心理机制(mechanism)，也有学者从语言行为层面对石化进行了定义，如 Ellis(1985)认为："石化结构既可以是错误的目的语形式，也可以是正确的目的语形式。当石化发生的时候，如果学习者中介语中的 X 特征与目的语一致，那么这就是正确形式的石化；如果学习者中介语中的 y 特征与目的语

---

① 以下关于石化定义的四点分歧及相关分析均参见文秋芳(2010：82-87)。

不一致，那么石化错误就会出现。"Ellis 的这一定义从学习者语言运用入手，简单明了，形象直观，也富有操作性。

C. 石化是过程还是结果

有的学者将石化看作某些中介语长期不变的过程，有的学者则认为是学习者语言运用中的结果。Han（2004）认为，将石化视为过程的语言学家是从认知视角研究石化，而将石化视为结果的研究者则持一种现象逻辑观。文秋芳认为（2010）这两种观点并非完全对立，将石化视为过程的研究者没有否认石化结果的存在，相反，他们也是从石化结果入手去研究石化形成的过程；同样将石化视为结果的研究者也没有否认石化的形成是一个过程，只是他们更重视对石化结果的观察和描述。

D. 石化只表现为错误形式还是既包括错误形式又包括正确形式

以上引用的 Ellis 关于石化的定义，认为石化既包括错误的目的语形式，也包括正确的目的语形式。但是更多的语言学家认为，石化一词应该只为"非目的语形式"（non-target-like-forms）而设，如 Hyltenstarn（1988）认为石化是偏离目的语的语言特征，Preston（1989）认为石化是"中介语中不正确形式的永久持续"。

以上所探讨的有关石化定义的争论中，有些问题研究者们已经达成了共识，其中包括：石化只发生在学习者某些中介语次系统的语言运用上；石化需要长期的时间；我们观察到的石化行为是石化形成的结果；石化更多地表现为错误形式。

2. 石化和语言迁移

我们上一节谈到的语言迁移尤其是母语负迁移是造成石化产生的一个重要因素。Selinker（1972）在谈到语言迁移和石化的关系时曾说，如果我们能够通过证明那些中介语中石化的语言项目、规则或者次系统是受母语影响的结果，就说明语言迁移在起作用。例如法国学习者学习法语时常常将/r/发成小舌音，这就是受母语负迁移的影响，因为法语中的/r/都是小舌音；美国人学习法语中的/r/时常常将其发成卷舌音，也是母语负迁移的结果。

在句法层面，习得过程中石化的发生也常常是因为母语负迁移的影响。中国学生学习英语时，在屈折变化上常常出错，或者漏加了动词单三式的-s，或者漏加了名词的复数-s，虽然这样的错误在检查或受提示时他们大多能发觉并改正，但还是会反复犯类似的错误。这类错误的反复出现，究其原因，还是因为汉语中缺乏词形的屈折变化，动词的时体态、名词的单复数、形容词和副词的比较级和最高级在汉语中都没有词形的变化。

3. 石化成因的不同解释

除了语言迁移之外，还有很多因素都会造成石化的产生。在二语习得领域，学者们从不同方面探索了石化的成因，并提出了相关的解释模型和假说，最具代表性的解释主要包括：

（1）生物解释论

主要从人和生物成长的角度解释语言石化现象，持这一观点的代表学者有 Lenneberg 和 Lamendella。Lenneberg（1967）认为语言习得存在关键期，一旦错过关键期，大脑功能的侧化（lateralization）完成，学习者在学习语言时就很难达到母语者的水平；Lamendalla（1977，转引自杨连瑞，刘汝山，2006）则从二语习得的生理机制出发，提出"次系统"

（infra system）概念解释石化现象的形成，他认为，学习者在学习外语时，由于目的语知识的匮乏，目的语次系统尚未形成，学习者就会借助已有的第一语言的次系统构建目的语的语言形式，这种"借用"会产生一种介于两种语言之间的中介语，导致石化现象产生。

生物论的价值强调了年龄因素在外语学习者的重要性。年龄因素在外语学习中虽然是一个重要的因素，但是不可否认的是，我们周围也存在许多错过了关键期却仍然能顺利习得目的语的例子。这说明，生物论的一个主要问题就是它无法解释外语学习中的个体差异。受学习者个体差异的影响，如学习动机、个性、学能、努力程度、语言环境等，学习者的学习效果也存在很大差异，在这么多因素之中年龄因素就显得不那么突出了。

（2）交互作用论

主要探讨学习者在学习和交流过程中得到的反馈如何影响或作用于学习者。持这一观点的代表学者是 Vigil & Oller（1976）。他们认为，石化过程源于语用过程而非句法的使用过程，这一过程涉及情感和认知两种信息的交流，其中情感信息交流是通过超语言的形式实现的，如面部表情、语调和手势等，认知信息的交流则是通过语言形式实现的。在交流的过程中，肯定的认知反馈容易引起石化，否定的认知反馈则能有效防止石化的发生，如果学习者在交流时得到的是肯定的情感反馈和否定的认知反馈，前者会鼓励学习者继续语言尝试，后者则会使学习者作出必要的修改和调整，这样就能够有效地防止语言的石化。

交互作用论强调学习者与外部环境的交互作用，实际上更倾向于强调外部因素的作用，在一定程度上忽视了内部语言机制的作用。它在某些具体的问题上缺乏解释力，如为何同一母语背景的学生常常会在某些相同类型的偏误上发生石化，为何学习者在获得了肯定的情感反馈和否定的认知反馈后（这在课堂教学中很容易实现）仍然无法克服某些语言错误。

（3）文化适应模式

该模式由 Shumann（1976）提出，核心思想是二语习得是文化适应的一部分，学习者对目的语文化的适应程度，可以从社会距离和心理距离两个维度进行衡量，与其目的语水平有直接关系，二语习得是一个不断适应新文化的过程。在文化适应的过程中，学习者对目的语和目的语所在社团持有一定的社会距离和心理距离，语言学习动机的发展会受到阻碍，因此学习者重复使用有限的语言形式进行交际，使目的语的使用功能受到限制，就会导致石化的产生。

文化适应模式看到了社会文化差异及其造成的心理影响在语言学习过程中的作用，还是很有价值的，但是对于那些文化适应很好、学习动机很强，学习条件也都具备，但是学习效果却不尽如人意的学习者而言，文化适应模式仍然缺乏解释力。

除了以上三种解释模型，学界关于石化的成因还有诸多研究成果，例如神经委任假说（the Neutral Commitment Hypothesis）、参数设置假说（the Parameter-setting Hypothesis）、新陈代谢假说（the Metabolic Hypothesis）、完全迁移模型（the Full Transfer Modal）等。这些假说和模型分别从神经心理学、认知心理学、神经科学和进化论等不同视角对石化的产生进行了解释。目前来看，任何单个因素的解释力都是有限的，一个综合的、融合各种因素的理论或模式是必不可少的。对石化的解释不仅要以统一准确的定义为基础，更要建立在科学合理的研究方法上。（文秋芳，2010）

【案例分析】

上文我们已经指出，三井寿在发音和句法上的偏误总是反复出现、难以纠正就是因为这些偏误已经产生了"石化"。

日本学生常常将老师的"师"和"我是"的"是"发成英语中的 she[ʃiː]，这是他们将英语发音"迁移"至汉语的结果。

"动词+复合趋向补语（本义）+宾语"是日本学生很容易产生偏误，并发生石化的一个语法项目。王建勤（2006）在对日本留学生趋向补语习得的纵向调查中发现，日本学生初级阶段在"动词+复合趋向补语（本义）+宾语"这一项目上的使用错误率为50%，中、高级阶段则高达到100%，这一结果虽然与该项目出现的例句较少有关系，但也从侧面证明，学生对这一项目的掌握在中高级阶段仍没有什么进展。

为何在这一句型上，日本学生容易出错并发生石化现象呢？这主要是因为学生在习得的过程中，将宾语类推泛化了，错把某种宾语放在了不该出现的位置上，而这种类推泛化是负迁移引起的（王建勤，2006）。汉语中"动词+复合趋向动词（本义）+宾语"中的宾语有很大的限制，一般为数量（名）结构，但日语母语学习者常常忽视了这一点。另外，汉语中的"动词+复合趋向补语（本义）+宾语"中的宾语虽然不能是非数量名结构，但是日语中却可以出现非数量名宾语，如"その人を追い出す"（把那个人赶出去）中，宾语"その人"（那个人）为定指的体词性成分，可以作"动词+复合趋向补语"（"追い出す"）的宾语。日本学生受到母语负迁移的影响，就常常会把非数量名结构放在复合趋向宾语的后面。

【思考练习】

1. 在本节介绍的几种关于石化成因的解释中，你最认同哪种？为什么？
2. 你认为石化的形成是否与课堂教学有关？教学可以防止石化的产生还是会促进石化的形成？
3. 在你学习外语的过程中，是否遭遇过石化现象？请举例说明。
4. 外语学习环境下的石化与二语环境下的石化有何相同点？又有何不同之处？

【拓展阅读】

1. Selinker L. Interlanguage. *International Review of Applied Linguistics in Language Teaching*，1972，10(3).
2. 文秋芳. 二语习得重点问题研究. 北京：外语教学与研究出版社，2010.
3. 杨连瑞、刘汝山. 第二语言习得石化现象的发生学研究. 中国外语，2006(3).
4. 王建勤. 日本留学生汉语趋向补语习得研究，载于《汉语作为第二语言的学习者习得过程研究》. 北京：商务印书馆，2006.

第三节　输入、输出和互动

【案例导入】

张丽是一所大学汉语国际教育硕士专业研一的学生，研一下学期，学院安排她为学院的汉语留学生上口语课。因为是第一次站上讲台，张丽每次上课前都会做充分准备，根据教材精心安排教学内容、设计课堂会话练习，最大限度地为学生提供操练语法点和生词的机会。学期末教评的时候，张丽的努力得到了同学们的认可，同学们都肯定她"经常为我们提供用语言点和生词对话的机会"，但是也有同学给她提出了一些改进建议，说"她上课用的例子很难，生词太多"，还有"常常在对话练习的时候打断纠正自己，让我觉得很丢脸"。看到学生的评价后，张丽开始反思：问题到底出在哪里？以后应该如何改进？

【基础知识】

第二语言习得要经历语言从输入到输出的过程，输入是入口，输出是出口。因此，语言的输入和输出是第二语言习得研究要讨论的关键问题，不同的学者从不同的角度发表了自己的看法：Krashen（1979，1981，1982，1985）强调语言输入的作用，提出了"语言输入假设"（Input hypothesis），Michael Long（1981，1983）进一步提出了"互动假设"（Interaction hypothesis），他认为母语者在与非母语者对话时，除了会调整自己的语言形式外，还会对话语结构进行调整，即进行互动调整，这比为学习者提供可理解的语言输入更为重要；Swain（1985）则提出"语言输出假设"（Output hypothesis），认为语言输出迫使学习者必须对语言表达的形式进行加工，才能使二语学习者的语言能力得到全面发展。

1. 语言输入假设

语言输入假设是 Krashen 关于第二语言习得的"五个假设"中的一个核心假设，其他四个假设分别是：习得与学习假说（The Acquisition-Learning Hypothesis）、自然习得顺序假说（The Natural Order Hypothesis）、监控假说（The Monitor Hypothesis）、情感过滤假说（The Affective Filter Hypothesis），分别涉及习得与学习的区分和关系、自然习得顺序、监控和情感因素在二语习得中的作用等问题。语言输入假设解决的则是二语习得研究中的关键问题"我们如何习得语言"（How do we acquire language），其下又包括四项具体的主张：

（1）语言输入假设与习得相关，而非学习；

（2）通过理解语言中略超出我们现有语言水平的语言结构（i+1），我们才能习得；

（3）当交际是成功的、输入是可理解的并且充足的，i+1 就能够自动实现；

（4）语言产出能力是浮现的（emerge），而不是被教出来的。

这四项主张的核心是"可理解输入"（comprehensible input）。如果学习者当前的语言水平为 i，略高于学习者现有语言水平的语言材料即为可理解输入（i+1）。他指出："人类只能以一种方式习得语言，即通过信息的理解，或通过'可理解输入'的方式……我们通过理解包含 i+1 水平的语言输入，按照自然习得顺序，从目前的习得水平 i 进入下一阶段的习得水平 i+1。"（Krashen，1985）也就是说在 Krashen 看来，语言输入是第二语言习得发生的必要条件，但不是充要条件，"可理解输入"才是第二语言习得发生的充要条件。

在对外汉语教学中，为了适应学生的语言水平，汉语教师与学生交流时往往会对所用话语的语言形式进行调整，使用所谓的"教师语言"（teacher talk），这实际上就是为了给学生提供可理解的输入，例如当教师第一次用汉语发布"请打开书"这一课堂指令时，常常会伴随着下面的对话：

> 教师：请大家打开书。
> 学生：开书。
> 教师：对。书 book，打开 open。
> 学生：噢，打开书？

语言输入假设的价值在于强调了语言输入尤其是可理解输入的作用，也由此引发了二语习得领域诸多实验研究。但是"语言输入假设"仍有许多问题没有解决，例如：仅有输入语言习得就能发生吗？可理解性输入是否越多越好？如何确定输入是可理解的？另外，输入与习得之间其实并非直接联系，它们中间还要有学习者的"摄入"（intake）环节。输入是客观存在的信息，摄入是被学习者捕捉到进而进入学习者语言系统的信息。客观存在的信息即使再多，如果不能进入学习者语言系统，也无法促进习得。

2. 互动假设

鉴于语言输入假设存在诸多问题，在语言输入假设的基础上，Michael Long（1981，1983）提出了"互动假设"。要想充分理解和认识语言输入的本质及其对第二语言习得发展的影响，仅仅考察单向的语言输入是不够的，应该高度关注母语者和学习者共同参与的互动过程。

Long（1981）指出，在关于母语者与非母语者会话的研究中，常常混淆输入与互动这两个相关但是有区别的语言现象，前者指的是使用的语言形式，后者指的则是这些语言形式所承担的功能，例如详细阐述（expansion）、重复（repetition）和澄清（clarification）等。语言输入的调整（modified input）并不像 Krashen 所认为的那样是学习者获取可理解输入的关键，互动调整（modified interaction）其实更为重要。因此，Long（1981）专门区分了"语言输入调整"和"互动调整"，前者指语言形式的调整，后者指话语结构的调整，例如在以下 2个例子中：

> （1）母语者：你来。
> 　　非母语者：好的。
> （2）母语者：你要汉堡吗？
> 　　非母语者：啊？
> 　　母语者：你要吃什么？
> 　　非母语者：哦，是的，汉堡。

例(1)是一个典型的母语者发布"外国人"指令(foreigner talk)的例子,为了便于对方的理解,母语者主动简化了语言形式(与母语者对话时,同样语境下我们一般会说"请过来一下"),属于语言输入调整而非互动调整;例(2)则不同,在初次交流(第一个话轮)失败后,母语者通过语义重复(semantic repetition)进行了修复,因此属于互动调整。值得注意的是,第二个话轮中的问句"你要吃什么?"从句法结构来讲甚至比第一个话轮中的问句"你要吃汉堡吗"还要复杂(特殊疑问句 VS. 一般疑问句),但是因为母语者采用了语义重复的互动调整并为非母语者提供了语境线索,这足以保证全部信息的解码,因此第二个话轮最终实现了成功的交流效果。

为了验证自己的互动假设,Michael Long(1981)进行了一项配对互动任务实验。48名被试被分为两组,其中包括母语者—母语者16对,母语者—非母语者16对,每对被试面对面进行6项口头表达人物,如非正式会话、替换表达、游戏提示、参与游戏等。游戏结束后,Long分别对每对被试关于语言形式调整和互动调整的数据进行对比,结果发现母语者—母语者与母语者—非母语者两组在语言输入形式的调整上没有差异,而两组被试在互动调整上,包括更多的自我重复(more repetition)、更多的确认检查(more confirmation checks)、更多的理解检查(more comprehension checks)、更多的请求澄清(more clarification checks)等,存在重要的差别。特别是母语者为了解决交际困难会采取一些策略与非母语者进行意义的沟通,而不是通过教语法来解决问题。

Michael Long认为互动调整有助于增强语言输入的可理解性,但是要考察互动调整和语言形式调整是否能够促进语言习得实际上还需要完成以下几步证明步骤:(1)研究语言形式调整和互动调整是否可以为学习者提供可理解输入;(2)研究可理解输入是否能够促进语言习得;(3)由此推断,语言形式和互动调整是否有助于语言习得。(Michael Long,1985)为了完成这一证明过程,学者们也展开了不同的实证研究(Pica et al.,1987;Loshky,1994;Machey,1999),研究结果仍然存在不同甚至矛盾的地方,互动调整能否最终有助于语言习得仍有待于更多的实证研究来证明。

3. 语言输出假设

语言输入假设强调可理解输入对习得的作用,但否定输出的作用,认为输出只是习得结果,输入本身并不能促进习得。Swain(1985)对输入假设的主张提出了质疑和挑战,并由此提出了自己的假设:虽然可理解输入对于第二语言习得非常重要,但是它并不能保证学习者的语言输出可以达到接近母语者的高水平。

Swain这一假设的提出是基于她自己的一项实证研究,她在加拿大进行了一项"基于内容"(content-based)的法语作为第二语言教学的研究,结果发现,经过数年的沉浸式教学后,学生们的语言水平同母语者相比仍然有一定差距,她注意到学生们在语言的产出使用上并不是很积极主动。由此,Swain提出了"可理解输出假设"(Comprehensible Output Hypothesis),在这一假设下她强调了语言习得过程中语言输出的必要性,指出语言输出"迫使学习者由语义加工转向句法加工"(Swain,1985),也就是说,在语言产出时,学习者会被"强制"关注句法的使用,而在语言理解时,语言环境的存在使学习者只需要关注词汇项目(lexical items)即可,一些句法上的细节此时并非必要关注的对象。

Swain认为语言产出在中介语句法和形态的发展中起着关键的作用,因为它"能够促使学习者由在理解中普遍使用语义的、非确定的（deterministic）策略加工方式向准确产出所需的语法加工方式转变"。

除了 Swain 谈到的语言产出能够促进学习者加工方式转变的作用外，语言产出还能够为语言学习者提供语言反馈的机会，通过对话中的反馈，学习者可以发现他们的言语是否成功、正确，并据此修正自己的言语。

【案例分析】

在本例中学生反映的这两个问题："上课用的例子很难，生词太多"和"常常在对话练习的时候打断纠正自己，让我觉得很丢脸"其实涉及的就是学生习得过程中的语言输入和互动问题。

根据 Krashen 的语言输入假设，只有当学习者获得的是可理解输入时，习得才能自然进行，因此在课堂教学中，我们就需要考虑学生当下的语言水平并控制语言材料的难度，为学生提供充足的可理解输入。学生反映的"上课用的例子很难，生词太多"的问题其实就说明张丽此时为学生提供的输入并非是学生的可理解输入，不是 i+1，而是 i+3、i+5，甚至 i+10，所以，张丽日后就需要注意课堂上为学习提供语法点例句或者练习题时，不能出现太多的生词和超纲词，以免学生无法吸收。

学生反映的第二个问题："常常在对话练习的时候打断纠正自己，让我觉得很丢脸"，涉及的是互动交流中的反馈方式及效果问题。课堂中的更正反馈有多种形式，例如明确更正、重述（把学生的偏误用正确的方式重新述说一边）、请求澄清、提供元语言线索、诱导、重复（用升调重复学生有偏误的话语）等，其中重述是二语课堂上教师使用最多的反馈策略（Lyster&Ranta，1997），因为这一策略可以在一定程度上缓解学生因被纠正而产生的紧张感和挫折感。张丽的问题是在反馈方式上没有考虑学生的心理接受程度，如果在学生对话练习的时候打断学生，再用直接更正的方式，势必对学生的自尊心产生不良影响，从而影响他们对反馈的吸收效果。因此我们建议张丽以后再纠正学生的语言偏误时，充分考虑学生的情感因素，减少直接的显性反馈，多采用不影响意义传达和交流的间接反馈。另外在更正内容上，也可以只对那些普遍性的、顽固性的和影响意义传达的偏误进行更正，不必有错必纠。

【思考练习】

1. 语言的输入、互动和输出间是何关系？
2. 语言输入假设、互动假设和语言输出假设各有哪些局限？
3. 请结合你的对外汉语课堂教学实践，谈一谈你对"可理解输入"的认识。
4. 课堂教学内容的不同是否会影响教师更正性反馈方式的选择？如果是，你认为会如何影响？

【拓展阅读】

1. 祖晓梅. 汉语课堂的师生互动模式与第二语言习得. 语言教学与研究，2009（1）.
2. Long M. H. 1981. Input, interaction, and second-language acquisition. In Winitz H.

（eds.），Native Language and Foreign Language Acquisition，Annals New York Academy of Sciences 379.

3. Swain，M. 1985. Communicative competence：Some roles of comprehensible input and comprehensible output in its development. In Gass，S. & Madden，C. （eds.），Input in Second Languageacquisition. Rowley，MA：Newbury House.

4. Lyster，R.，Ranta，L. 1997. Corrective feedback and learner uptake：negotiation of form in communicative classroom. Studies in Second Language Acquisition 20.

第四节　多元发展模式

【案例导入】

今年王永作为国家汉办派出的汉语志愿者在美国一所孔子学院担任汉语教师，班上学生们的汉语水平为初级。本周他带着同学们一起学习了比较句，教材上出现了"A 比 B+形容词"（"大商场的东西比小商店的东西多"）、"A+比+B+形容词+数量补语"（"这件红的比那件绿的长两厘米"）、"不比"（"他不比我高"）三个不同的句式，课后练习中他发现学生们对于前两种句型的掌握情况还不错，出现的错误比较少，但是在"不比"句型上，许多同学都出现了错误，比如"＊我觉得第一名不比第二名漂亮""＊男孩子的成绩不比女孩子的那么好"等，小王有些疑惑，为什么同样是比字句，前两种比字句学生们掌握得很好，第三种却出现了这么多问题呢？

【基础知识】

1. 第二语言习得顺序的研究

20 世纪 70 年代，二语习得领域的研究者借鉴儿童第一语言语素习得顺序的研究方法，开始研究第二语言学习者的语素习得顺序。

Dulay 和 Burt(1973)首先进行了开创性的研究。他们调查了三个不同地方共 151 名西班牙语儿童对包括英语复数-s、进行时-ing、系动词和助动词 be、冠词 the/a、不规则动词过去式、一般现在时第三人称单数-s 和所有格 's 等英语语素的习得情况，发现这些语素在儿童语言中呈现一致的发展顺序。第二年(1974)，他们又对 60 名母语是西班牙语和 55 名母语是汉语的儿童进行类似调查，发现两组儿童在语素习得方面没有受到母语影响，对英语语素的习得顺序相同，他们由此得出结论：语素习得的自然顺序不受母语影响，母语迁移并不是一个重要因素。

Dulay 和 Burt 的研究是关于儿童第二语言习得的，其他学者则考察了成人第二语言习得习得的情况，例如 Bailey et al.（1974）考察了不同语言背景的学习者习得英语中 8 个功能词(functions)的习得顺序，被试分为两组，一组为西班牙母语者(22 人)，另外一组为其他语言母语者(包括汉语、希腊语、意大利语、土耳其语、日语、波斯语等 11 门语言，共 40 人)。Bailey 等根据被试掌握这些语素的精确顺序，来给语素排序，最终发现两组被试习得语素的相对难度一致，也意味着不同语言背景的学习者在功能词的习得上表现出了相同的习得顺序，此外，Bailey 得到的研究结果与 Dulay 和 Burt 的研究有很强的一致性，说明年龄差异没有影响习得顺序。Bailey 等的研究受到了一定的挑战，质疑者认为多母语背景组的被试组内差异过大，例如有的被试母语中有冠词，有的没有；有的有形态变化，有的没有。

Larsen-Freeman（1975）的研究则为语素自然习得顺序提供了反例，她考察了四种母语背景的被试（阿拉伯语、西班牙语、日语、波斯语）在听、说、读、写、模仿五种测验上表现出的语素准确度顺序，结果发现日语母语者在学习英语冠词时的准确率较其他母语者低，这在一定程度上说明母语和个体差异会导致语素习得顺序产生一定的差异。同时也使人们产生了质疑，用横向的准确度顺序来代替习得顺序是否准确；另外 Larsen-Freeman 还发现不同测验得到的顺序有差异，在说话/模仿测验中得到的语素准确度顺序与前人相似，而读/写测验中得到的语素准确度顺序却与前人不同。

学者们关于第二语言语素习得顺序研究的重要价值在于，在一定程度上证明了学习者在语素习得上遵循着共同的自然顺序，年龄、母语背景在这一过程中并不起很大的作用，不会影响习得顺序的改变。但是这些研究也面临诸多挑战，例如：学者们多是用横向的语素正确度顺序作为习得顺序排序，但是准确顺序真的能够反映习得顺序吗？正确的形式并不总是代表学习者已经习得了正确的语法结构，而且研究者只考察强制语言环境下的语素使用情况，忽视了非强制语言环境中被试的语素使用情况，也就是说，这种做法对于学习者使用的全部情况并没有充分地考察出来。还有，学习者的个体差异是显而易见的，但是这些研究重点关注学习者的共性，个体数据差异就被小组数据埋没了。最后，研究的结果也存在一定问题，英语语素习得的预测顺序能够代表整个二语习得过程都是按照一定顺序发生的吗？

总之，对于第二语言顺序研究来说，仅仅总结出顺序是不够的，关键是要做出解释，即什么因素会影响习得顺序？是显著性，还是母语影响，抑或是使用频率、语义复杂性？这些都需要研究者们的进一步研究。

2. 多元发展模式

鉴于 20 世纪 70 年代的第二语言习得顺序研究存在以上所说的种种分歧和挑战，学者们转而试图为二语习得的语言发展模式寻找更加合适的理论框架，多元发展模式由此应运而生了。

"多元发展模式"（multi-dimensional modal）是在汉堡大学"ZISA 研究小组"展开的一项关于德语语序习得顺序的实证研究的基础上提出来的。ZISA 是德语"Zweitsprachenerwerb italienischer und spanischer Arbeiter"（"意大利语和西班牙语工人的第二语言（德语）习得"）的简称，该小组成员有 Meisel、Clahson 和 Pienemann，他们对德语作为第二语言的习得顺序进行了调查研究。在研究中，他们既对 45 名母语为西班牙语和意大利语的成人学习者（20 名来自意大利，19 名来自西班牙，6 名来自葡萄牙）进行了横向调查，又对 12 名学习者进行了为期两年的跟踪调查。他们通过访谈的方法收集数据，对不同母语背景的学习者习得德语语序的情况进行了相近的分析，并由此提出了"多元发展模式"。

多元发展模式与其他二语习得顺序研究的不同之处在于，在这一模式下，学习者习得第二语言的过程是一个多元发展的过程，而不是一个单线发展过程（linear process），具体来说，一方面某些语言特征的发展有严格的发展顺序（developmental sequences），这种顺序既不受学习者个体因素的影响，也不受学习环境的影响；另一方面，学习者的语言发展具有个体差异（individual variation），不同的学习者在某些语言特征的发展上会有所不同。（Ellis，1994：382）

ZISA 小组针对学习者的第二语言发展模式进行了大量的实证研究，这些研究为多元发展模式奠定了坚实的理论基础。

王建勤（2014）将多元发展模式的理论框架归纳为"五个阶段""两条线索"和"三种策略"。其中"五个阶段"指的是 ZISA 项目的研究者在考察德语作为第二语言的语序习得顺序时发现的学习者所经历的五个发展阶段：第一阶段是典型顺序阶段（Canonical Order，SVO）；第二阶段是副词前置（Adverb preposing）阶段，学习者能够将副词提至句首，但还不会把主语和动词倒装；第三阶段是动词分离（Verb separation）阶段，学习者能够将助动词和动词分开；第四阶段是倒装（Inversion）阶段，学习者能够使用符合德语倒装规则的句子；第五阶段是动词结尾（Verb-end）阶段，学习者能够将从属句中的限定性动词放置在从句末尾。

"两条线索"是指学习者二语习得发展的两个维度：语言发展维度和个体差异维度，语言发展维度代表学习者在习得某些语言特征（发展性语言特征）时遵循严格的发展顺序，这一发展顺序由学习者的言语加工策略（processing constraints of strategies）决定，不受学习者个体因素和学习环境的影响，个体差异维度代表学习者第二语言能力的发展具有个体差异。这两条发展线索共同决定了第二语言习得发展的途径。

"三种策略"指的是学习者采用的三种言语加工策略，分别是典型顺序策略、首位/尾位策略、从属句策略。这三种策略相互结合，会形成不同级别的言语加工限制。也就是说，策略的使用与语序习得的五个发展阶段挂钩，并且"构成了自上而下的等级，当学习者要学习新的规则必须克服前面的加工策略的限制，然后才能进入下一阶段的学习过程"（王建勤，2014）。例如学习者没有克服典型顺序策略和首位/尾位策略的限制时，就处于第二个发展阶段——"副词前置阶段"，当他们克服了典型顺序策略但没有克服首位/尾位策略时，就处于第三个发展阶段——"动词分离（Verb separation）阶段"。

多元发展模式不仅能够充分解释学习者语言的发展，还建立了一个语言学习者语言发展的框架（Ellis，1994），在实践中也有很强的应用价值。例如我们可以根据语言发展阶段来制定教学大纲，还可以根据学生的语言发展阶段，确定哪些偏误是受发展制约的，哪些属于学生的个体差异，从而确定哪些偏误需要纠正，哪些偏误不必刻意纠正（因为这些偏误会随着学习者语言发展阶段的提高而逐渐消失）。但是多元发展模式也存在一定的局限，Larsen-Freeman 和 Long（2012）认为它虽然揭示了学习者在习得过程中的种种限制，但是并没有充分解释学习者在受限制的过程中究竟是如何学习的，也就是说虽然确定言语加工策略具有普遍意义，可以推广到其他语言的习得中，但是多元发展模式也并没有具体说明学习者到底是如何掌握语言规则的，比如与加工策略一致的语言结构是受哪种语言规则制约的？它们是如何被习得的？这些语言规则或者其他的语言规则是先天的吗？另外多元发展模式在如何确定学习者语言中的套话（formulaic chunks）和如何确定哪些语言特征属于受学习者个体差异支配的变异性特征上也存在一定的困难。例如一个学习者处于阶段一，却使用了属于阶段五的句子，他有可能是将句子作为一种套话、一种公式性话语背下来的，但是从多元发展模式中我们看不出应该如何鉴定哪些句子属于套话的方法；对于受学习者个体差异支配的变异性特征同样也是如此，多元发展模式告诉我们存在这样的变异性特征，但是却没有明确指出应该如何鉴定哪些特征是变异性特征。

【案例分析】

初级阶段的学生在"不比"句上出现了这么多偏误其实是因为教材没有充分考虑到学生现有的语言水平，将不适合学生语言水平的语言结构过早安排出现所致。根据可教性假设（Pienemann，1984），只有当所教的语言结构接近学习者现阶段在自然环境中有能力习得的语言结构时，正式的课堂教学才能促进语言习得；超越学习者心理语言接受程度的课堂教学无法帮助他们掌握所教的内容，也无法跨越语言的发展阶段。这意味着，我们的汉语教材或者课堂教学的语言点教学顺序需要与学生的自然习得顺序相契合，语法点的难度超越了学生能够接受的范围就无法习得了。

目前许多关于汉语比较句习得顺序的实证研究都表明，"不比"句式在比较句中属于难度较高的句型，需要在特定的语境下使用，最起码应该安排在中级后半段，初级阶段的学生很难真正掌握。而王永使用的教材将"不比"句安排了初级阶段首次学习比较句的时候，显然远远超出了学生的现有语言水平，学生自然无法习得。

另外，教材在解释"不比"时只说它是比较句的否定形式，"x 不比 y+A"意味着"x<y"或者"x＝y"也是不完善的，"对学生的习得不但没有帮助，可能还会有负面影响"（陈珺，周小兵，2005）实际上，"不比"在表示否定的同时，还具有反预期的语用功能，是一种表达主观性的句式（吴福祥，2004），因此，我们在中高级阶段教授"不比"句式时，不能仅仅告诉学生它是比较句的否定形式，更应该将它的语用含义和使用语境讲清楚。

【思考练习】

1. 如何理解母语迁移与第二语言习得顺序的关系？
2. 如何理解多元发展模式在对外汉语语法教学中的价值？
3. 多元发展模式和第二语言习得顺序研究是何关系？
4. 有研究发现，韩国留学生在习得双音节 VO 型离合词时，会首先采用合用（VO）的形式，如"＊他正睡觉着呢"；然后会采用"分用"的形式，即把某种成分（如补语、动态助词、定语等）插入 V 和 O 之间，如"他在生谁的气呢"；最后他们能够把 VO 分开，移入其他成分后在 VO 倒装，最终习得"昨天晚上觉睡好了吗"这样的结构。请你试着用多元发展模式解释韩国留学生习得 VO 型离合词时经历的语言发展阶段和言语加工材料。

【拓展阅读】

1. 吴福祥．试说"X 比不 Y·Z 的语用功能"．中国语文，2004（3）.
2. 陈珺、周小兵．比较句语法项目的选取和排序．语言教学与研究，2005（2）.
3. Meisel J. M. ，Clahsen H. ，Pienemann M. On Determining Developmental Stages in

Natural Second Language Acquisition，1981，3(2).

4. Larsen-Freeman D.，Long M. H. Introduction to second language acquisition research 第二语言习得研究概况. 北京：外语教学与研究出版社，2012.

参 考 文 献

[1]北京语言学院语言教学研究所编．现代汉语补语研究资料．北京语言学院出版社，1992．

[2]陈平．释汉语中与名词性成分相关的四组概念．中国语文，1987(2)．

[3]陈平．试论汉语中三种句子成分与语义成分的配位原则．中国语文，1994(3)．

[4]陈平．汉语双项名词句与话题—陈述结构．中国语文，2004(6)．

[5]陈一．汉语语法学史上对汉语语法特点的探索．通化师范学院学报，2010(9)．

[6]陈珺，周小兵．比较句语法项目的选取和排序．语言教学与研究，2005(2)．

[7]陈枫．对外汉语教学法．北京：中华书局，2008．

[8]陈楚华．汉泰副词对比．南京师范大学硕士学位论文，2005．

[9]陈小红．数量补语的用法和位置．暨南大学华文学院学报，2002(3)．

[10]崔立斌．日本学生汉语学习的语法错误分析与汉日语言对比．语言文字应用，2001(4)．

[11]崔立斌．韩国学生汉语介词学习错误分析．语言文字应用，2006(S2)．

[12]崔圭钵．韩国大学生汉语及其语法习得难易度分析——以韩国高丽大学中文系二、三年级为对象．双语教育研究，2014(2)．

[13]崔希亮．欧美学生汉语介词习得的特点及偏误分析．世界汉语教学，2005(3)．

[14]崔永华，杨寄洲．对外汉语课堂教学技巧．北京：北京语言大学出版社，2007．

[15]程棠．对外汉语教学目的、原则、方法(第2版)．北京：北京语言大学出版社，2008．

[16]程晓堂．任务型语言教学．北京：高等教育出版社，2004．

[17]杜婷婷．任务型对外汉语语法教学的探索与实践．浙江大学硕士学位论文，2010．

[18]董为光．副词"都"的"逐一看待"特性．语言研究，2003(1)．

[19]丁崇明．韩国汉语中高级水平学生语法偏误分析．北京师范大学学报(社会科学版)，2009(6)．

[20]戴浩一．时间顺序和汉语的语序．国外语言学，1988(1)．

[21]戴曼纯．二语习得的"显性"与"隐性"问题探讨．外国语言文学(季刊)，2005.(2)．

[22]方梅．宾语与数量词语的顺序问题．中国语文，1993(1)．

[23]范晓．关于汉语的语序问题(二)．汉语学习，2001(6)．

[24]范继淹．多项NP句，《范继淹语言学论文集》．北京：语文出版社，1984．

[25]高静．二语习得中的年龄因素与儿童外语教学．聊城大学学报(社会科学版)，2006(3)．

[26] 高顺全. 复合趋向补语引申用法的语义解释. 汉语学习, 2005 (2).

[27] 海姆斯、俞如珍. 论交际能力. 现代外国哲学社会科学文摘, 1984(9).

[28] 黄河. 常用副词共现时的次序. 北京大学中文系编《缀玉二集》. 北京：北京大学出版社, 1990.

[29] 何克抗. 教学设计理论与方法研究评论（上），电化教育研究, 1998(2).

[30] 贺卫国. 动词重叠能否与数量补语同现? 汉语学报, 2006(2).

[31] 何冰艳. 认知教学法是语法翻译法的翻版吗. 选自戴炜栋主编. 外语教学法的机遇与挑战——第二届中国外语教学法国际研讨会论文集. 上海：上海外语教育出版社, 2007.

[32] 韩越. 论日本学生的母语负迁移及其对策. 湖南大学学报(社会科学版), 1999(4).

[33] 金立鑫. 成分的定位和状语的顺序. 汉语学习, 1988(1).

[34] 季青峰. 对外汉语教学中的形容词重叠研究. 山东大学硕士学位论文, 2008.

[35] 靳洪刚, 侯晓明. 汉语作为第二语言实证研究纵观：显性与隐性学习、知识、教学. 世界汉语教学, 2016(2).

[36] 居红. 汉语趋向动词及动趋短语的语义和语法特点. 世界汉语教学, 1992(4).

[37] 鲁健冀. 偏误分析与对外汉语教学. 语言文字应用, 1992(1).

[38] 鲁健骥. 状态补语的语境背景及其他. 语言教学与研究, 1992(1).

[39] 李培元, 赵淑华, 刘山, 邵佩珍, 来思平. 编写《基础汉语课本》的若干问题. 语言教学与研究, 1980(4).

[40] 李晓琪. 关于建立词汇—语法教学模式的思考. 语言教学与研究, 2004(1).

[41] 李晓琪. 现代汉语虚词讲义. 北京：北京大学出版社, 2005.

[42] 李晓琪. 汉语虚词教学方法探讨. 北京：商务印书馆, 2007.

[43] 李晓琪, 章欣. "既 A 又 B" "既 A 也 B" 的异同分析. 暨南大学华文学院学报, 2005(3).

[44] 李晓琪. 章欣. 新形势下对外汉语语法教学研究. 汉语学习, 2010. (1).

[45] 李泉. 对外汉语教学语法研究述评. 世界汉语教学, 2006(2).

[46] 李泉、金允中. 对外汉语教学语法体系纵览. 海外华文教育, 2008(4).

[47] 李沛. 对外儿童汉语教学策略探讨——以韩国学生为例. 华中人文论丛, 2010(1).

[48] 李珠. 谈谈主谓谓语句. 语言教学与研究, 1979(2).

[49] 李淑红. 留学生使用汉语趋向补语的情况调查及分析. 民族教育研究, 2000(4).

[50] 李小荣. 谈对外汉语虚词教学. 世界汉语教学, 1997(4).

[51] 李先银. 表达导向的对外汉语语法教学模式探讨——以"了"的教学为例. 国际汉语教学研究, 2014(3).

[52] 李德津, 金德厚. 汉语语法教学. 北京：北京语言大学出版社, 2009.

[53] 吕文华. 对外汉语教材语法项目排序的原则及策略. 世界汉语教学, 2002(4).

[54] 吕文华. 关于述补结构系统的思考——兼谈对外汉语教学的补语系统. 世界汉语教学(3), 2001.

[55] 吕文华. 对外汉语教学语法讲义. 北京：北京大学出版社, 2014.

[56]卢晓，余瑾，杨红华．初中级泰国留学生汉语学习策略调查分析与教学启示．沙洋师范高等专科学校学报，2011(5)．

[57]卢福波．谈谈对外汉语表达语法的教学问题．语言教学与研究，2000(2)．

[58]卢福波．"了"与"的"的语用差异及其教学策略．暨南大学华文学院学报，2002(2)．

[59]卢福波．对外汉语教学语法的层级划分与项目排序问题．汉语学习，2003(2)．

[60]卢福波．语法教学与认知理念．汉语学习，2007.(3)．

[61]卢福波．汉语语法教学理论与方法．北京：北京大学出版社，2010.

[62]刘凤芹．日本国内大学生汉语学习策略调查分析．汉语学习，2012(4)．

[63]刘青．字法、句法与时间顺序原则之例外．汉语学习，2008(5)．

[64]刘兰民．现代汉语极性程度补语初探．北京师范大学学报(社会科学版)，2003(6)．

[65]刘月华．趋向补语通释．北京：北京语言大学出版社，1996.

[66]刘月华．状语的分类和多项状语的顺序．语法研究和探索(一)．北京：北京大学出版社，1983.

[67]刘月华．实用现代汉语语法(增订版)．北京：商务印书馆，2001.

[68]陆俭明．"对外汉语教学"中的语法教学．语言教学与研究，2000(3)．

[69]陆俭明．动词后趋向补语和宾语的位置问题．世界汉语教学，2002(1)．

[70]陆俭明．作为第二语言的汉语本体研究．北京：外语教学与研究出版社，2005.

[71]陆丙甫，应学风等．状态补语是汉语的显赫句法成分．中国语文，2015(3)．

[72]陆丙甫，金立鑫．语言类型学教程．北京：北京大学出版社，2015．

[73]陆丙甫．定语的外延性、内涵性和称谓性及其顺序，载于语法研究和探索(四)．北京：北京大学出版社，1988.

[74]陆庆和．实用对外汉语教学语法．北京：北京大学出版社，2006.

[75]林崇德．发展心理学，杭州：浙江教育出版社，2002.

[76]罗德·埃利斯．第二语言习得概论．北京：商务印书馆，2015.

[77]马真．现代汉语虚词研究方法论．北京：商务印书馆，2004.

[78]马真，陆俭明．形容词作结果补语情况考察(一)．汉语学习，1997(1)．

[79]马庆株．多从定名结构中形容词的类别和次序．中国语文，1995(5)．

[80]毛悦．汉语作为第二语言要素教学．北京：北京大学出版社，2010.

[81]梅立崇．现代汉语的"即使"假言句．世界汉语教学，1995(1)．

[82]孟琮．关于主语的语义类，《语法研究和探索》(4)．北京：北京大学出版社，1988.

[83]彭小川等．对外汉语教学语法释疑201例．北京：商务印书馆，2004.

[84]屈承熹．汉语篇章语法．北京：北京语言大学出版社，2006.

[85]齐沪扬．对外汉语教学语法．上海：复旦大学出版社，2014.

[86]斯科特·索恩伯里．朗文如何教语法．北京：人民邮电出版社，2011.

[87]宋玉柱．现代汉语特殊句式．太原：山西教育出版社，1991.

[88]杉村博文．可能补语的语义分析——从汉日语对比的角度．世界汉语教学，2010(2)．

[89]邵敬敏，任芝锳，李家树，税昌锡，吴立红．汉语语法专题研究(增订本)．北京：北京大学出版社，2009.

[90]孙德金.外国留学生汉语"得"字补语句习得情况考察.语言教学与研究,2002(6).

[91]孙德金.对外汉语语法教学中的形式与意义.语言教学与研究,2007(5).

[92]孙德金.对外汉语教学语法体系的历史与现状.玉溪师范学院学报,2012(5).

[93]佟慧君.外国人学汉语病句分析.北京:北京语言学院出版社,1986.

[94]熊仲儒.状态补语中的达成"得".语言科学,2014(3).

[95]许维翰.现代韩国语语法.北京:北京大学出版社,2004.

[96]项开喜.体词谓语句的功能透视.汉语学习,2001.(1).

[97]肖奚强.韩国学生汉语语法偏误分析.世界汉语教学,2000(2).

[98]肖奚强,颜明,乔俊,周文华.外国留学生汉语偏误案例分析.北京:世界图书出版公司,2015.

[99]邢福义.现代汉语的"即使"实言句.语言教学与研究,1985(4).

[100]邢福义.汉语复句研究.北京:商务印书馆,2001.

[101]夏纪梅,孔宪.外语课程设计的科学性初探.外语界,1999(1).

[102]吴福祥.汉语体标记"了"、"着"为什么不能强制性使用.当代语言学,2005(3).

[103]吴福祥.汉语能性述补结构"V得/不C"的语法化.中国语文,2002(1).

[104]吴福祥.试说"X比不Y·Z的语用功能".中国语文,2004(3).

[105]吴勇毅.对外汉语教学法.北京:商务印书馆,2012.

[106]吴中伟.怎样教语法:语法教学理论与实践.上海:华东师范大学出版社,2007.

[107]吴中伟,郭鹏.对外汉语任务型教学.北京:北京大学出版社,2009.

[108]吴怀成.动量词与宾语的语序选择问题.汉语学报,2011(1).

[109]王还.再谈谈"都".语言教学与研究,1988(2).

[110]王还.汉语结果补语的一些特点.语言教学与研究,1979(2).

[111]王建勤.日本留学生汉语趋向补语习得研究,载于《汉语作为第二语言的学习者习得过程研究》.北京:商务印书馆,2006.

[112]王建勤.第二语言习得研究.北京:商务印书馆,2014.

[113]王红旗.体词谓语句的范围和语法形式.汉语学习,2016(2).

[114]王海峰.国别化:对韩汉语教学法(上)——语言要素教学篇.北京:北京大学出版社,2011.

[115]王顺洪.日本人汉语学习研究.北京:北京大学出版社,2008.

[116]王砚农等.汉语动词—结果补语搭配词典.北京:北京语言学院出版社,1987.

[117]王鸿雁.二语习得中的年龄差异与语言教学.国外外语教学,2002(3).

[118]文秋芳,王海啸.学习者因素与大学英语四级考试成绩的关系.外语教学与研究,1996(4).

[119]文秋芳.二语习得重点问题研究.北京:外语教学与研究出版社,2010.

[120]韦储学."语言能力"与"语言运用"的区别及其对外语教学的启示.广西师范大学学报(哲学社会科学版),2002(2).

[121]威廉·克罗夫特.语言类型学与语言共性.上海:复旦大学出版社,2009.

[122]杨寄洲.对外汉语教学初级阶段语法项目的排序问题.语言教学与研究,2000(3).

[123]杨连瑞，刘汝山．第二语言习得石化现象的发生学研究．中国外语，2006(3)．

[124]杨建国．汉语作为第二语言教学语法．北京：北京大学出版社，2012．

[125]杨德峰．英语母语学习者趋向补语的习得顺序——基于汉语中介语语料库的研究，世界汉语教学，2003(2)．

[126]杨德峰．"时间顺序原则"与"动词+复合趋向动词"带宾语形成的句式．世界汉语教学，2005(3)．

[127]杨德峰．对外汉语教学核心语法．北京：北京大学出版社，2009．

[128]杨德峰．日语母语学习者的汉语复合趋向补语引申义习得情况分析——基于中介语语料库的研究，《第九届国际汉语教学研讨会论文选》编辑委员会．第九届国际汉语教学研讨会论文选．北京：高等教育出版社，2010．

[129]杨德峰．也谈主谓谓语句大、小主语的换位．语言研究，2012(1)．

[130]杨德峰，姚骏．韩国人学汉语常见语法错误释疑．北京：商务印书馆，2016．

[131]杨玉玲，应晨锦．现代汉语语法答问(上)．北京：北京大学出版社，2011．

[132]杨玉玲，应晨锦．现代汉语语法答问(下)．北京：北京大学出版社，2011．

[133]杨玉玲，吴中伟．国际汉语语法和语法教学．北京：高等教育出版社，2013．

[134]杨西彬．"在+V"与"V+着"的格式义及其对句法语用的制约．语言教学与研究，2013(1)．

[135]杨凯荣．论趋向补语和宾语的位置．汉语学报，2006(2)．

[136]袁毓林．关于认知语言学的理论思考．中国社会科学，1994(1)．

[137]袁毓林．话题化及其相关的语法过程．中国语文，1996(4)．

[138]袁毓林．定语顺序的认知解释及其理论蕴涵．中国社会科学，1999(2)．

[139]袁毓林．多项副词共现的语序原则及其认知解释．语言学论丛(第二十六辑)．北京：商务印书馆，2002．

[140]尹枝萍，郝兴跃．明示语法教学与暗示语法教学讨论．云南师范大学学报(哲学社会科学版)，2005(2)．

[141]曾君．对外汉语教材中的把字句考察．海外华文教育，2014(4)．

[142]祖晓梅．汉语课堂的师生互动模式与第二语言习得．语言教学与研究，2009(1)．

[143]祖人植．对外汉语教学语法系统研究思路述评——从语言共性与个性的视角．北京大学学报(哲学社会科学版)，2002(4)．

[144]赵元任．中国话的文法．香港：香港中文大学出版社，1980．

[145]赵元任．汉语口语语法．北京：商务印书馆，1979．

[146]赵宗玑，姚双云．从语体视角看"因为""由于"的差异性．当代修辞学，2016(1)．

[147]赵金铭．教外国人汉语语法的一些原则问题．语言教学与研究，1994(2)．

[148]赵金铭．对外汉语语法教学的三个阶段及其教学主旨．世界汉语教学，1996(3)．

[149]赵金铭．对外汉语教学概论．北京：商务印书馆，2004．

[150]赵金铭．对外汉语教学语法与语法教学．语言文字应用，2002(1)．

[151]张岩红．汉日对比语言学．北京：高等教育出版社，2014．

[152]张西环．儿童二语习得过程研究．海外英语，2014(2)．

[153]张旺熹．主谓谓语结构的语义模式．世界汉语教学，1993(3)．

[154]张旺熹．对外汉语本体教学概论．北京：商务印书馆，2013．

[155]张伯江，方梅．汉语功能语法研究．南昌：江西教育出版社，1996．

[156]张会平，刘永兵．英语介词学习与概念迁移——以常用介词搭配与类联接为例．外语教学与研究(外国语文双月刊)，2013(4)．

[157]张慧娜．"复合动趋式+宾语"句式的研究与对外汉语教学．内蒙古师范大学硕士论文，2008．

[158]张谊生．程度副词充当补语的多维考察．世界汉语教学，2000(2)．

[159]张和生．汉语可以这样教——语言要素篇．北京：商务印书馆，2008．

[160]章兼中．国外外语教学法主要流派．福州：福建教育出版社，2016．

[161]周清艳，张静静．"以后"和"后来"．湛江海洋大学学报，2005(2)．

[162]周钰烨．游戏教学法在韩国小学汉语课堂中的应用．山东师范大学硕士学位论文，2013．

[163]周健．汉语课堂教学技巧325例．北京：商务印书馆，2010．

[164]周小兵．外国人学汉语语法偏误研究．北京：北京语言大学出版社，2007．

[165]周小兵，王宇．与副词"都"有关的偏误分析．汉语学习，2007(1)．

[166]周守晋．汉语课怎样解释语法点——理解语法点的实质，简化解释方案．《第九届国际汉语教学研讨会论文选》编委会．第九届国际汉语教学研讨会论文选．北京：高等教育出版社，2010．

[167]周日安．体词谓语句的分类．赣南师专学报，1994(1)．

[168]郑懿德．汉语语法难点释疑．北京：华语教学出版社，1992．

[169]朱景松．形容词重叠式的语法意义．语文研究，2003(3)．

[170]朱德熙．语法讲义．北京：商务印书馆，1982．

[171]Bailey N., Madden C., Krashen S. Is there a "natural sequence" in adult second language learning? *Language Learning*, 1974, 24(2): 235-243.

[172]Bialystok E. Some evidence for the integrity and interaction of two knowledge sources. In Anderson R. (Ed.) *New dimensions in second language acquisition research*. Rowley, Mass: Newbury House, 1981.

[173]Chomsky. N. Aspects of the Theory of Syntax. Cambridge University Press, 1965.

[174]Cohen A. D. Strategies in learning and using a second language. London and New York: Longman, 1998.

[175]Dulay H., Burt M. Should we teach children syntax? *Language Learning*, 1974, 23 (2): 245-258.

[176]Dulay H., Burt M. Natural sequences in child second language acquisition. *Language Learning*, 1974, 24(1): 37-53.

[177]Ellis R. *Understanding second language acquisition*. Oxford: Oxford University Press, 1985.

[178]Ellis R. *The study of second language acquisition*. Oxford: Oxford University Press, 1994.

［179］Ellis R. The Study of Second Language Acquisition. 上海：上海外语教育出版社，1999.

［180］Ellis R. Task-based Language Learning and Teaching, Oxford University Press, 2003.

［181］Han Z-H. Fossilization：five central issues. *International Journal of Applied Linguistics*, 2004, 14(2)：212-242.

［182］Hyltenstam K. Lexical characteristics of near - native second - language learners of Swedish. *Journal of Multilingual and Multicultural Development*, 1988, 9(1-2)：67-84.

［183］Jarvis S. Conceptual transfer：crosslinguistic effects in categorization and construal. Bilingualism：Language and Cognition, 2011, 14(1)：1-8.

［184］Krashen S. D. Some issues relating to the Monitor Model. In Brown H. et al. (eds.) *On TESOL*, 77. Washington D. C. ：TESOL, 1977.

［185］Krashen S. D. *Second Language Acquisition and Second Language Learning*. Oxford：Pergamon, 1981.

［186］Krashen S. D. *Principles and Practice in Second Language Acquisition*. Oxford Pergamon Press, 1982.

［187］Krashen. S. D. *The Input Hypothesis*：*Issues and Implications*. London：Longman, 1985.

［188］Jarvis, S. *Conceptual transfer in the interlingual lexicon*. Bloomington, Indiana：Indiana University Linguistics Club Publications, 1998.

［189］Larsen-Freeman D. An explanation for the morpheme acquisition order of second language learners. *Language Learning*, 1976, 26(1)：125-134.

［190］Larsen-Freeman D. , Long M. H. Introduction to second language acquisition research 第二语言习得研究概况. 北京：外语教学与研究出版社，2012.

［191］Lenneberg E. *Biological Foundations of Language*. New York：Wiley, 1967.

［192］Long M. H. Input, interaction, and second-language acquisition. In Winitz H. (eds.), Native Language and Foreign Language Acquisition, Annals New York Academy of Sciences 379, 1981, 259-278.

［193］Long M. Native speaker/non-native speaker conversation and the negotiation of comprehensible input. *Applied Linguistics*, 1983, 4(2)：126-141.

［194］Lyster, R. , Ranta, L. Corrective feedback and learner uptake：negotiation of form in communicative classroom. Studies in Second Language Acquisition 20, 1997, 37-66.

［195］Meisel J. M. , Clahsen H. , Pienemann M. On Determining Developmental Stages in Natural Second Language Acquisition, 1981, 3(2)：109-135.

［196］Mckay, Penny. Assesing Young Learners. Cambridge：Cambridge University Press, 2006.

［197］O'malley J. , Chamot A. *Learning strategies in second language acquisition*. Cambridge：Cambridge University Press, 1990.

［198］Oxford R. , Nyikos M. Variables Affecting Choice of Language Learning Strategies by University Students. The Modern Language Journal, 1989, 73(3)：291-300.

［199］Oxford R. *Language learning strategies*：*What every teacher should know*. Rowley, Mass. ：Newbury House, 1990.

[200] Pienemann M. Psychological constrains on the teachability of languages. *Studies in Second Language Acquisition*, 1984, 6(2): 186-214.

[201] Pavlenko A. , Jarvis S. Bidirectional transfer. *Applied Linguistics*, 2002, 23(2): 190-214.

[202] Politzer R. , McGroarty M. An exploratory study of learning behaviours and their relationship to gains inlinguistic and communicative competence. *TESOL Quarterly*, 1985, 19 (1): 103-123.

[203] Preston D. *Social linguistic and second language acquisition.* Oxford: Blackwell, 1989.

[204] Schumann J. *The Pidginization Process: A Model for Second Language Acquisition.* Rowley, MA: Newbury House, 1978.

[205] Schumann J. Research on the acculturation model for second language acquisition. Journal of Multilingual and Multicultural Development, 1986, 7(5): 379-392.

[206] Selinker L. Interlanguage. *International Review of Applied Linguistics in Language Teaching*, 1972, 10(3): 209-231.

[207] Steinberg, Dannny. An Introduction to Psycholiguistics. New York: Longman, 1993.

[208] Swain, M. Communicative competence: Some roles of comprehensible input and comprehensible output in its development. In Gass, S. & Madden, C. (eds.), Input in Second Languageacquisition, 1985, 235-253. Rowley, MA: Newbury House.

[209] Takahashi T, Beebe L. Cross-Linguistic Influence in the Speech Act of Correction. In Kasper G. & Blum-Kulka S. (eds.). *Interlanguage Pragmatics.* NY: Oxford University Press, 1993.

[210] Vigil N. , Oller J. Rule fossilization: A tentative model. Language Learning. 1976, 26 (2): 281-295.

[211] Wen Q, Johnson R. K. L2 Learner Variables and English Achievement: A Study of Tertiary-level English Majors in China. *Applied Linguistics*, 1997, 18(1): 27-48.